KB161342

조직문화가
전략을 살린다

구성원들의 마음을 움직여
성과로 이끄는 조직문화 큐레이션

조직문화가
전략을 살린다

안근용·조원규·한승진 지음

PlanB
DESIGN

'조직문화는 기업의 최후의 보루다'라는 금언이 있다. 나는 이 금언을 믿고 회사 내에서 바람직한 조직문화를 구축하기 위해 노력하고 있는 조직문화 신봉자이다. 지금은 4차 산업혁명으로 대변되고 있는 급변의 시대이다. 그 변혁의 와중에도 조직문화의 중요성은 여전히 강조되고 있고 그 필요성과 효용성은 오히려 더 증대되고 있다고 봐야 하겠다.

《조직문화가 전략을 살린다》는 기업전략에서 조직문화가 실행력을 살리고 기업의 성과 창출에 기여한다는 말일 것이다. 바람직한 조직문화는 먼저 소속 구성원들의 행복에 초점을 맞춘 조직문화 활동이 전개되도록 해야 한다. 구성원들이 서로 신뢰하고 협력하여 즐겁게 맡은 업무에 몰입할 수 있도록 하면 그 결과는 고객가치 창출에 기여하게 되고 이는 자연스럽게 성과로 이어지는 선순환 구조가 형성되기 때문이다.

이 책은 실무자뿐만 아니라 경영자가 읽어야 할 것이다. 조직문화는 톱다운이 중요하기 때문이다. 조직문화는 경영자의 전문적인 노하우를 필요로 한다. 경영자가 조직문화에 대하여 제대로 모른 채 경영을 한다는 것은 마치 복식을 제대로 이해하지 못한 채 체형에도 맞지 않은 옷을 입는 것과 같다고 하겠다. 남이 하는 것이 보기 좋고 그럴싸해 보인다고 조직에 맞지 않는 조직문화를 도입 시행하는 경우가 왕왕 있기 때문이다.

조직문화를 체계적으로 이해하고 이를 바탕으로 선순환의 지속 가능한 경영을 원하는 모든 사람들이 이 책을 읽어보길 권한다.

한미글로벌㈜ 회장 **김종훈**

'빨리 가려면 혼자 가고, 멀리 가려면 같이 가라'는 경구는 오늘날 성공을 향하여 질주하는 경영자들이 항상 명심해야 할 말이다. 일반적인 기업들의 성장 과정을 보면 창업자가 혼자서 모든 것을 결정하고 시행하는 단계로 시작한다. 이 단계의 CEO는 Chief Everything Officer의 역할을 하면서 기업을 키운다. 그러나 기업이 갓 걸음마 단계를 넘어서 걷고 뛰는 단계로 들어서면 CEO는 Chief Executive Officer로서 조직원들과 함께 조직문화를 만들어가게 된다. 기업 창업 시에 수립하였던 미래 비전이나 전략이 보다 구체적으로 사업에 접목되고 작동되는 단계로 들어가는 것이다.

성공하는 기업들은 조직에 최적화되고 긍정적인 조직문화를 통하여 추구하는 비전을 구현해 나아간다. 그러나 현실은 많은 기업들이 제대로 된 조직문화를 만들지 못하고 이로 인하여 비전이나 전략의 달성이 어려워진다는 것이다. 특히 창업자가 모든 것을 결정하고 일일이 간섭하는 조직은 미래 발전을 위한 조직문화를 구축하는 것이 어려워진다.

중요한 것은 조직문화의 중요성을 모르는 기업은 별로 없는데 실제로 제대로 된 조직문화를 어떻게 구축하면 되는지를 아는 기업 역시 거의 없다는 점이다. 《조직문화가 전략을 살린다》는 이런 면에서 기업을 이끌어가는 경영자는 물론 구성원 모두가 조직문화에 대한 새로운 인사이트를 가지게 하는 내용을 담고 있다. 저자들은 기업들이 조직문화를 제대로 만들지 못하는 이유를 분석하고, 조직문화를 개선하는 구체적인 방법까지 제시하고 있다.

여러 산업 분야가 융합되고 연결되어 새로운 사업이 창출되고 있는 4차 산업혁명의 시대에 기업이 생존하고 성공하기 위해서는 모든 구성원의 창의성과 열정이 기업의 비전과 목표의 달성에 끊임없는 에너지를 제공하는 조직문화가 필수적이다. 많은 경영자들과 기업들이 이 책을 통하여 조직문화를 제대로 만드는 데 도움이 되기를 바란다.

차 바이오그룹 회장 **송재훈**

'진정한 조직문화'란
무엇이고 어떻게 구축할 것인가

많은 리더와 조직문화 담당자는 좋은! 아니 적어도 조직에 적합한 조직문화를 만들기 위해 백화점에서 신상품 찾듯 새로운 사례와 제도를 찾는다. 그렇게 해서 찾아낸 타사의 좋은 제도나 이벤트를 보고는 감동하여 리더와 구성원들에게 이를 소개하고 설득하여 적용한다. 하지만 조직문화에 대한 바른 이해가 없는 상태에서 적용한다면 이런 노력은 이내 수포로 돌아가고 만다. 제도나 이벤트는 단지 수단일 뿐인데 이것이 전부가 되어 조직의 가치나 미션, 비전, 경영 철학과는 무관한 상태로 조직문화를 회사의 홍보거리 정도로 쓰고 마는 경우를 보게 된다. 정말 안타까운 일이다. 이 책은 제대로 된 조직문화 구축을 위해 조직문화란 무엇이고 어떻게 구축할 수 있는지 고민하는 리더와 조직문화 담당자의 노력을 가치 있게 만들어 주기 위해 집필하였다.

'조직문화가 무엇이고, 효과적인 조직문화를 어떻게 구축할 수 있을까?' 이에 대한 의문을 풀기 위해 오랜 탐구의 시간을 보냈다. 그 과정에서 조직문화에 대해 확실하게 인지하는 사람이 많지 않다는 것을 알게 되었다. 이를 유형으로 분류하면 대략 3가지다.

첫째, 모든 것을 조직문화로 탓하는 유형이다. 조직문화가 무엇인지도, 우리 조직의 문화가 왜 그렇게 되었는지도 모른 채 오로지 조직문화 탓만 한다.

문제가 어떻게 발생한 것인지 원인을 추적해 나가다가도 어느 순간에는 "우리 조직문화는 이래서 문제야."로 결론을 내려버린다. 이혼 사유를 모두 성격차이로 치부해버리는 것과 같다.

둘째, 조직문화를 복리후생 정도로 보는 유형이다. 사랑과 같이 추상적인 단어에 대한 인식이 사람마다 다른 것처럼, 조직문화에 대한 이해의 정도 차이는 심하다. 어떤 이는 조직의 분위기로, 어떤 이는 복리후생 정도로, 어떤 이는 경영 요소로 받아들인다. 많은 사람들이 직원의 복리후생이 좋으면 조직문화가 좋은 조직으로 단정짓곤 한다.

셋째, 조직문화를 제도의 범주로 보는 유형이다. 모든 제도에는 장·단점이 있으므로 조직에 적합한지를 판단하여 도입해야 하는데 그렇지 못한 경우가 많다. 자기에게 어울리지 않는 옷을 사 놓고서 옷을 탓하는 우를 저지르는 것처럼, 제도를 도입할 때 판단과 실행에 따른 문제를 제도 자체의 문제로 치부해 버린다. 실상 잘 알지 못한 채로 많이 듣는 말이라서 마치 아는 것처럼 종종 착각에 빠진다.

이 책의 파트 1에서는 필자들의 경험, 다양한 인터뷰, 조사 등을 통해 파악한 '조직문화를 망치는 전형적인 5가지 유형'을 소개한다. 파트 2에서는 조직문화를 민드는 방법과 주의힐 점을 다룬다. 긱 문화에 모두 특싱이 있으므로 일반적인 경영 관점으로 접근해서는 조직에 적합한 문화를 만들 수 없기 때문이다. 파트 3에서는 조직문화를 제도별로 짚어본다. 조직문화는 조직 내의 다양한 제도를 구성원들이 경험하면서 형성되고 축적된다. 그래서 회의 · 회식 · 휴가 · 교육 제도를 무엇을 위해 만들고 어떻게 설정하는가가 중요하다. 파트 4에서는 조직문화의 트렌드 및 각종 이슈에 대해 이야기한다.

우리가 직접 경험하거나 적용한 사례도 있지만 익히 알려진 사례도 소개하였다. 조직문화에서 제도나 이벤트가 얼마나 좋은지를 이해시키기보다는 그것을 어떤 눈으로 보아야 하는지, 그 이면의 본질을 볼 수 있도록 설명하는 것에 역점을 두었다. 겉으로 드러난 현상뿐 아니라 눈에 보이지 않는 것을 알아낼 능력을 갖춰야 조직문화를 온전히 볼 수 있기 때문이다.

우리는 몰라서 못하기보다는 알고 있지만 실행을 못한다. 대개는 바르게 이해하지 못해서, 혹은 알고 있어도 제대로 실행할 엄두가 나지 않아서 못한다. 그러면서도 한편으론 계속 더 좋은 방법을 찾아 방황한다. 그 누구도 만족시키지 못한 채 뭔가를 계속 아쉬워하면서 찾아 다니는 것이다.

이 책에는 인간의 욕구를 다룬 매슬로의 욕구 5단계, 경영자나 관리자가 구성원들을 어떤 관점에서 보느냐를 다룬 맥그리거의 X 이론, Y 이론 등 다양한 이론과 모델이 등장한다. 이런 조직문화 관련 이론이 현장에서 어떻게 활용되고 어떻게 적용되는지를 다루었다. 이 책을 읽다 보면 '그 이론을 이렇게 활용할 수도 있구나!' 하는 느낌을 가질 것이다.

더불어 조직문화 구축의 잘못된 유형을 파악하기 위한 뼈대를 제시했다. 이것은 우리가 조직문화를 볼 때의 관점을 정리한 틀이기 때문에 누구나 받아들일 수 있는 정답은 아닐 것이다. 독자분들 스스로가 자신만의 관觀, 인사이트Insight, 프레임워크Framework를 개발해서 제대로 조직문화를 진단하고 개선하는 노력을 했으면 좋겠다.

필자들은 조직문화를 전문적으로 공부한 학자는 아니지만 오랫동안 각자의 조직에서 조직문화와 변화 관리를 담당하면서 시행착오를 겪었던 현장의 실무자들이다. '조직문화에 관심을 두고 무언가 해보려는 이들이 우리와 같은 시행착오를 겪지 않았으면' 하는 마음에서 이 책을 기획하게 되었다. 조직문화의 문제점을 파악하는 법, 조직의 정체성을 확인하고 조직문화 전반을 설계하고 개선하는 방법을 담았다.

우리가 정답을 제시했다고 생각하진 않는다. 올바른 조직문화 구축은 많은 시간이 필요한 일이니 홀로 분투하지 말고, 함께 고민을 나누며 해답을 찾아가자는 뜻에서 이 일을 시작했고, 이 책을 통해 함께 공부하자고 제안한다.(https://cafe.naver.com/culture4organization) 더불어 조직 구성원들도 조직문화를 조금 더 넓게 바라보고 받아들였으면 하는 바람이다. 부족한 부분이 있더라도 이해해주길 진심으로 바란다.

감사할 분들이 많다. 바쁜 와중에도 방향을 잡아주신 김종혁 실장님, 격려와 함께 미처 생각지도 못한 구성을 잡아준 김진영 교수님, 이 정도밖에 못 봤다고 조심스럽게 내밀었지만 큰 의견을 주신 김재학 소장님, 적극적으로 힘을 보태주신 김동철 본부장님과 조정기 실장님, 신선한 충격을 주신 꿈꿀 자유 강병철 대표님께 감사드린다. 많은 지지를 해주신 한국HR협회와 이 글을 마무리하는 데 영감과 시간과 공간을 허락해주신, 최초를 창조하는 그룹 콘셉트 코리아Concept Corea에도 애정을 담아 감사드린다.

필자 일동

Contents

02))) 조직문화 설계하기

알아두면 유용한 조직문화 구축방법

※ 일반적으로 기업문화Corporate Culture, 조직문화Organization Culture 등을 혼용해서 쓰고 있는데, 이 책에서는 '조직문화'를 '기업문화'보다 더 큰 개념으로 보고 '조직문화'를 주로 사용했다.

조직문화를
제대로 만들지 못하는
5가지 유형

조직 내에 발생하는 문제를 해결하기 위해서는 현실을 객관적으로 직시하고 어떤 상황인지를 함께 인지하는 것이 첫걸음이다. 그래야만 고민을 함께 시작할 수 있기 때문이다. 많은 조사와 이야기를 통해 조직문화에 악영향을 미치는 패턴이 있음을 알았다. 다양한 방식으로 분류할 수 있겠지만 필자들은 이를 5가지, '철학의 혼선, 제도의 오용, 리더의 무능, 직원의 무지, 관리의 부재'로 정리하였다. 이는 대안을 마련하는 데 도움이 될 것이다. 다만, 5가지 유형이 단독으로 나타나기보다는 복합적으로 나타나기 때문에 인과관계와 우선순위를 매겨서 부족한 점을 보완하면 좋겠다. 이번 파트에서는 5가지 유형을 차례대로 설명한다.

Chapter 1

[철학의 혼선] 조직은 어디를 향해 가는가?

우리가 가진 유일한 경쟁 우위는 회사의 문화와 가치이다.

- 하워드 슐츠 -

조직이 존재하는 이유(Mission)를
구성원들과 함께 공유하기

미션, 비전, 핵심 가치, 업의 본질 등은 조직이
나아갈 방향을 나타내는 나침반이자 판단의 잣대이다. 이 가치 체계가 불
명확하거나 잘못 설정되면 조직문화도 엉망이 될 뿐 아니라 조직을 운영하
는 데 큰 어려움이 따른다.

다음의 3가지 경우, 흔히 '조직문화의 방향성이 없다'고 한다. 첫째는 회
사가 존재하는 이유, 즉 미션을 모르거나 구성원들이 미션에 동의하지 않
아 정체성의 혼란을 겪는 경우다. 둘째는 업에 따라 일하는 방식이 다른데,
업의 개념을 모르고 있거나 일하는 방식과 업의 특성이 맞지 않아 일에 갈
피를 잡지 못하는 경우다. 셋째는 핵심 가치를 잘못 추출하여 미션이나 비
전과 상충하는 상황이다. 그렇다면 조직문화의 방향성을 모를 때 해야 할

점검 포인트로는 어떤 것이 있을까? 지금부터 한 가지씩 살펴보자.

조직문화의 방향성을 모를 때 해야 할 점검 포인트

구분	점검 포인트
1. 미션이란 무엇이며 어떻게 정착해야 할 것인가?	조직의 가치 체계의 의미와 역할을 제대로 알고 있는가?
	가치 체계에서 구성원들이 자부심을 느끼고 있는가?
	가치 체계를 공유하기 위해 지속해서 노력하는가?
2. 업(業)이란 개념을 올바르게 이해하고 있는가?	구성원들이 공감, 공유하는 업의 개념이 있는가?
	업의 개념 수준이 지나치게 높은가? 혹은 낮은가?
	업의 개념이 미션과 핵심 가치 등과 부합하는가?
3. 핵심 가치는 무엇이고 제 역할을 하지 못하는 이유는 무엇인가?	조직에 필요한 가치로 핵심 가치를 만들었는가?
	핵심 가치를 구성원들에게 잘 설명하는가?
	핵심 가치를 구성원들이 어떻게 활용하는가?

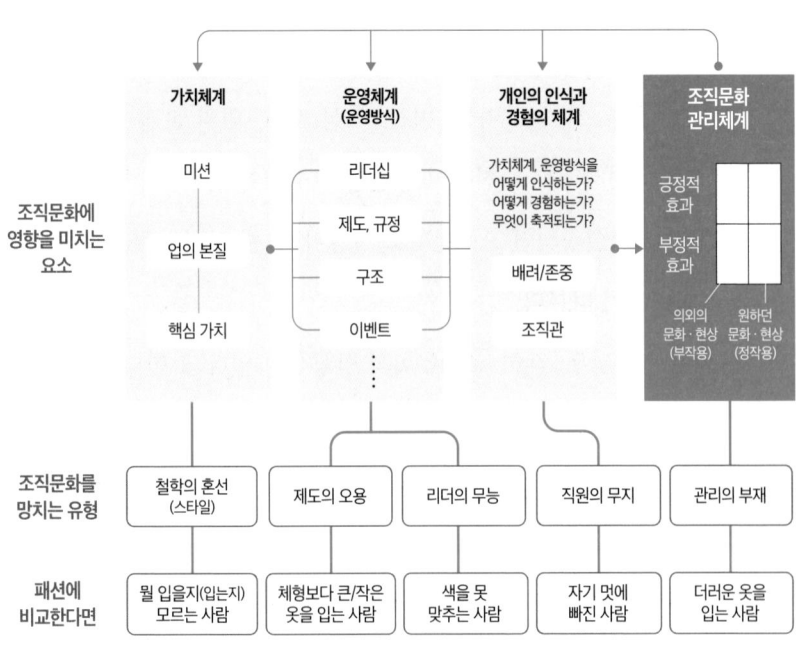

경영 철학, 경영 방침, 미션
일단 외우고 보라

"박 상무님, 우리 회사의 미션이 무엇인지 아십니까?"

임원 회의 중 갑자기 최고 경영자가 한 임원을 지목하며 이렇게 질문을 던졌다. 갑자기 질문을 받은 임원은 당황한 기색이 역력했다.

"죄송합니다. 모르겠습니다."

최고 경영자는 멈추지 않고 다른 임원에게 질문했다.

"이 전무님, 우리 회사의 비전이 무엇인지 아십니까?"

마찬가지로 질문을 받은 임원은 답하지 못했다. 그와 함께 최고 경영자의 얼굴색도 점점 어두워져갔다.

"김 상무! 당신은 우리 회사의 핵심 가치가 무엇인지 아는가?"

임원을 존대하는 분위기와 존댓말도 어느덧 사라졌고 최고 경영자의 목소리도 점점 냉랭해졌다. 회의에 참석한 다른 임원들에게 질문은 계속 이어졌다. 그렇지만 "죄송합니다."라는 말 뒤에 엉뚱한 대답과 궁색한 답변이 이어졌다. 마지막 임원에게까지 질문은 이어지지 못한 채 급기야 최고 경영자는 크게 화를 냈다.

"아니, 나와 경영을 함께한다는 사람들이 조직의 비전도 숙지하지 못하고 있다는 것이 어디 말이나 되는 일입니까?"

이는 실제 사례로 지금도 어디선가 벌어지고 있을지도 모르는 일이다. 어쩌면 이 글을 읽고 있는 독자의 상황일 수도 있다. 하지만 상심할 필요는 없다. 대다수가 그렇기 때문이다. 수년간 많은 조직에서 강의해본 경험에 따르면 자신이 속한 조직의 경영 철학인 미션, 비전, 핵심 가치를 모두 숙지히는 사람은 그리 많지 않다.

'경영 철학, 경영 방침, 미션' 이를 어떻게 부르건 간에 그것을 꼭 외워야 하는지 묻는다면 반드시 숙지하고 외워야 한다고 대답하겠다. '조직'에 대한 정의가 다양하게 해석될 수 있지만, 공통적인 것은 '공동의 목표(목적)를 달성하기 위하여 모였다'라는 것이다. 공동의 목표를 위해 조직은 구조와 규범, 프로세스를 만들고 역할을 나누어 활동을 하는 것이다. 중요한 것은 공동의 목표(목적)라는 것이다. 조직에 근무하면서 왜 모였는지도, 무엇을 하는지도 모르고 있다는 것 자체가 말이 되지 않는다. 따라서 한 조직의 구성원으로 그 조직의 본질을 알고 숙지하는 것은 꼭 필요한 일이다.

구성원들이 경영 철학을 숙지했을 때의 힘은 크다. 조직의 방향성을 알고 일하는 것과 방향도 모르고 각자가 생각하는 방향으로 일하는 것과는 확연히 다르다. 일하기 어려운 조직과 일하기 좋은 조직은 여기서부터 구별된다.

지향점이 다른 인재인지 알면서도 그럴싸한 역량이 있는 듯하여, 혹은 당장 인력이 필요해서 채용하기도 한다. 그러고 난 뒤 그 사람이 두고두고 조직의 뜨거운 감자로 남아 조직이 종종 골머리를 앓기도 한다. 이는 마치 지향하는 목적지가 다른 승객을 한 차에 태우고 가는 버스가 운행하는 내내 운전자는 물론이고 승객들도 서로 속을 썩는 격이다. 결국에는 양쪽 모두 커다란 손실을 본다. 따라서 모든 조직은 새로운 구성원을 채용한 이후에도 지속하여 구성원이 조직의 경영 이념과 핵심 가치를 기억하는지와 이를 업무에 활용하는지 확인해야 한다. 이것이 조직이 구성원들과 소통해야 하는 근본적인 이유이다.

연인들이 서로의 사랑을 확인하는 것처럼 기업도 지속해서 구성원들의 사랑을 확인하고 또 확인해야 한다. 매년 · 반기 · 분기 등 정기적으로 구성원 만족도 조사, 조직문화 진단 조사에서 반드시 가치 체계, 이를테면 조직의 미션 · 비전 · 핵심 가치를 숙지하는지 점검하는 이유도 그 때문이다. '구성원들이 조직의 가치 체계를 얼마나 알고 있는지'야말로 조직문화가 얼마나 건강한지를 보여주는 기본 지표이다. 조직의 가치 체계를 숙지하는 것 자체가 조직문화 활동의 목적이 아니라, 그것을 실행하고 내재화해 성과를 내는 것이야말로 궁극적인 목적이다.

미션, 비전, 핵심 가치에서
자부심을 느끼는가

대충 작성한 자료를 다른 사람 앞에서 발표하는 일은 창피해서 피하고 싶지만, 며칠 동안 정성껏 준비한 자료를 발표한다면 긴장되지만 한편으론 기대 된다. 또 마찬가지로 미션, 비전, 핵심 가치는 외부에 드러낼 때 창피한 내용이어서는 안 된다. 창피한 가치 체계는 공감할 수도, 공유할 수도 없기 때문이다. 그래서 가치체계를 만들 때 조직은 조직의 존재 목적을 명확히 하여, 구성원들이 일에서 의미를 찾아 자부심이 생기도록 해 주고 구성원들에게 조직의 미래모습을 통해 기대감을 심어주는 것을 간과해서는 안 된다. 이러한 가치체계에 대한 자부심과 기대감이 좋은 조직문화를 만드는 자양분이 되기 때문이다.

간혹 미션, 비전, 핵심 가치 등의 개념을 혼재해서 사용하고 구성원들

산에도 비선에 들어갈 말이 미선에 포함되어 있나고 논쟁을 벌이기도 한다. 형식이 전부는 아니더라도 형식 때문에 본질을 어지럽혀서는 안 된다. 따라서 형식적인 요소에도 신경을 쓸 필요가 있다.

처음 경영 체계(가치 체계)를 만들 때는 구성원들을 대상으로 여러 번 설문 조사를 하여 의견을 수렴하기도 하고 거창하게 선포식도 한다. 대대적인 교육과 각종 홍보를 통해 새롭게 만든 경영 비전, 미션, 핵심 가치를 알린다. 그 흔적은 조직 홈페이지와 업무 수첩, 조직 홍보 책자 등에 남아 있다. 그럼에도 경영 비전, 미션, 핵심 가치를 숙지하지 못하는 구성원들이 여전히 많다.

이 문제를 해결하기 위해 다양한 노력을 기울인다. 매주 월요일 아침마다 진행하는 방송 시간에 정기적으로 미션, 비전, 핵심 가치를 전 구성원이 복창하게 하는 곳도 있고, 조직의 중요한 회의마다 경영 체계를 복창하고 시작하는 곳도 있다. 어떤 조직에서는 구성원들에게 경영 체계를 일목요연하게 정리한 카드를 만들어 배포하고 항상 몸에 지니게 한다. 조직문화 담당자가 모든 현장을 찾아가서 교육하며 경영 체계를 알리는 조직도 있다. 입문교육에 경영 체계 과정을 만들어 신규로 입사하는 구성원에게 매 순간 의사 결정의 기준으로 사용하도록 수시로 교육하기도 한다.

이러한 노력은 매우 중요하다. 조직의 구성원은 성인이기 때문에 주체적으로 사고한다. 한두 마디 좋은 말에 설득당하지 않는다. 조직의 방향에 맞는 사람을 채용했다고 해도 방향성이 맞을 확률이 높은 것이지 100% 딱 들어맞는 것은 아니다. 따라서 조직문화 담당자는 조직의 가치 체계를 수시로 구성원들에게 각인시키는 활동을 해야 한다. 어설프게 진행해서도 안 되고, 하다가 그만두어서도 안 된다. 체계적으로 소통하고 충분히 애써야 한다. 그 과정이 진정성 있게 느껴질 때 구성원들은 진심으로 받아들이기 때문이다. 조직의 가치와 철학을 쉼 없이 구성원들과 소통하고 공유하는 조직이 좋은 조직문화가 있는 곳이다.

대다수 조직이 이 과정을 간과하여 조직 혁신 초창기에만 잠깐 반짝하고 그만둔다. 그 이유로 '4차 산업혁명과 같은 변화를 앞둔 시대에 언제 미션, 비전, 핵심 가치 같은 걸 따지며 일을 할 수 있느냐'라는 내부의 우려 때문이다. 이런 우려는 미션, 비전, 핵심 가치에 관한 이해가 부족해서 생긴 것이다. 오히려 변화에 빠르게 대처하기 위해, 그리고 현업에서 빠른 의사결정을 하기 위해 정말 필요한 가치판단 기준이 미션, 비전, 핵심 가치임을 잊지 말아야 한다.

업(業)의 개념 이해와
명확한 방향성이 가진 힘 활용하기

'업業이란 입체적인 사고를 통해 자기 자신을 이해하고 기업이 영위하는 사업의 본질과 특성을 이해하여 직급에 따른 직무를 수행하는 것이다.'

이는 삼성그룹 이건희 전前회장의 업業에 대한 정의이다. 보험업은 사람 모집, 증권업은 상담, 시계는 패션산업, 백화점은 부동산업, 호텔은 장치산업이 업의 본질이라는 이야기는 이미 널리 알려져 있다. 또한 이건희 전前회장은 '반도체는 시간에서 승패가 나는 시간 산업'이라고 정의했다. 동시에 경쟁사보다 한발 앞설 것을 강조했고 이를 양심 산업이라 칭했다. 300여 개의 공정에서 실수를 줄이고 책임을 떠넘기지 않는 것이 중요하기 때문에 한마음으로 서로 믿고 일하는 풍토를 조성해야 함을 의미한 것이었다.

조직문화를 살펴보는 데 군이 업의 개념까지 이야기해야 하느냐고 물어볼 수 있다. 하지만 업의 개념은 조직이 일하는 방식을 결정짓는 가장 상위의 요소이기 때문에 매우 중요하다. 업의 개념에 따라 각종 시스템과 제도, 구성원의 마인드 등이 달라진다. 이 전前 회장은 경영전략을 세우기 이전에 업의 개념을 정립하는 것부터 고민했다. 경영자가 업의 개념을 모르면 전략과 전술이 나올 수 없고, 전략과 전술이 없다면 조직을 관리할 수 없으며 돈을 어디에 투자해야 하고 어떤 인재를 채용해야 하는지 헷갈릴 수밖에 없다고 보았다.

업의 개념을 알고 그에 따라 제도와 시스템을 설계하면 좋은 조직문화를 만들고 높은 성과를 낼 가능성이 커진다. 반대로 업의 개념을 모르면 국적 불명의 제도와 시스템을 만들면서 그 속에서 일하는 구성원들이 혼란을 겪게 된다. 후자의 대표적인 사례로 호칭 파괴를 들 수 있다. 직위에 상관없이 서로 간의 호칭을 '~(님)'으로 부른다. 구글, 페이스북 등 미국 실리콘밸리의 기업문화가 유행처럼 번지면서 우리나라도 이를 2000년대에 들여왔다. 이후 많은 기업이 창의적 분위기와 자유롭게 의사소통하는 조직을 만들 목적으로 도입했다. 잘 정착된 회사도 있고 소통과 동기부여에 어려움을 겪으면서 분위기만 이상해진 채 예전 방식으로 회귀한 회사도 적지 않다.

창의를 발휘하고 자유롭게 소통하는 조직은 호칭 파괴뿐 아니라 일하는 방법, 직급 체계, 의사 결정 과정, 평가ㆍ인센티브 시스템 등에서 혁신이 함께 이루어져야 만들 수 있다. 호칭 파괴 캠페인 하나만 보고 이를 실패한 제도로 생각해서는 안 된다. 다양한 제도를 어떻게 우리 조직에 적용할 것인지를 고민하기 이선에 과연 호칭을 없애는 것이 우리 업의 개념에 맞는지부터 생각해야 한다.

연령대가 비슷한 젊은 사원들 위주로 구성된 IT나 디자인 관련 회사에서는 창의적인 생각과 협력이 중요하다. 직급이나 직책에 따른 서열이 업무에 장애가 될 수 있으므로 호칭 파괴가 도움이 될 수 있다. 하지만 안전 관리가 중요한 제조업 회사나 법률, 재무와 같이 책임을 중요시하는 회사는 감독, 조정하는 관리 계층이 필요하며 이런 조직에서는 호칭 파괴가 맞지 않을 수 있다.

대한민국 사회는 격식을 중요시하기 때문에 자기가 만나는 사람의 직책을 따진다. 사람을 만나는 업이 중요할 때는 호칭 파괴가 업의 수행에 어려움을 가져올 수 있다. 높은 직책의 사람이 상대방에게 더 큰 신뢰를 줄 수 있기 때문이다. 때로는 위로 올라가는 단계를 밟으면서 문제를 해결하는 것이 바람직하고 앞으로 발생할 문제를 예방할 수 있는 업도 있다. 관리, 감독, 조정, 리뷰 등의 책임을 구분할 수 있어야 하고 여기에 호칭이 중요한 역할을 한다. 호칭 파괴를 도입했다가 다시 원점으로 돌아온 회사를 찾아 업의 개념을 살펴보면 쉽게 이해할 수 있다.[1] 업의 개념과 특징을 조금 더 고민했더라면 이와 같은 시행착오는 겪지 않았을 것이다.

---

[1]   호칭 파괴를 도입했다가 이를 폐지하고 기존 직급 체계로 돌아온 기업은 인터넷에서 찾아볼 수 있다.

업의 수준이
조직의 수준이다

업의 개념이 있다고 하더라도 업의 수준에 따라 일하는 방식과 조직문화는 하늘과 땅 차이다. 현대 경영학의 아버지로 불리는 피터 드러커Peter Drucker의 세 석공 이야기를 참고하면 이해가 쉽다.

성당을 건설하는 현장에서 "지금 당신은 무슨 일을 하고 있소?"라고 질문했다. 첫 번째 석공은 "나는 지금 밥벌이를 하고 있소."라고 답했다, 두 번째 석공은 "돌을 쪼는 데는 이 지방을 통틀어 내가 최고 솜씨를 가졌다는 것을 보여주고 있소."라며 연신 망치질을 했다. 세 번째 석공은 희망과 꿈이 번득이는 눈빛으로 말하기를 "나는 역사에 길이 남을 대성당을 짓고 있소."라고 했다.

세 석공의 일하는 방식은 어떻게 다를까? 또한 일의 성과는 어떨까? 굳이 이야기하지 않더라도 뻔하다. 똑같이 돌을 쪼는 일이긴 하지만 그 업을 어떻게 인식하고 있는가에 따라서 결과는 달라진다.

"지금 당신은 무슨 일을 하고 있는가?"라는 질문은 매우 강력하다. 답변으로 업을 얼마나 이해하고 있는지와 그에 대한 열정과 성과를 가늠해 볼 수 있기 때문이다. 의사에게 이러한 질문을 던져보면 이런 대답이 돌아온다.

"하루에 60명씩 진료를 합니다. 진찰료가 너무 낮아서 죽어라 환자를 봐야 합니다."

"환자가 원래의 자기 삶으로 돌아갔을 때 보람을 느낍니다."

전자는 고친다는 개념에서 볼 때 자동차 수리공과 다를 바 없다. 반면

후자는 사람의 삶을 지속시킨다는 관점에서 스스로가 전문성을 익히며 환자에게 더 진지하게 다가간다. 어느 의사에게 몸을 맡기고 싶은지는 굳이 묻지 않더라도 자명하다.

일이 이루어지는 단계를 투입Input ⇨ 활동Activity ⇨ 산출Output ⇨ 결과Outcome로 구분해볼 때 돌을 쪼는 일이나 환자를 고치는 일은 '활동' 수준의 업의 개념이다. 건물을 짓는 일이나 국내 최초 로봇수술 1만 건 달성은 '산출' 수준의 업의 개념이다. 반면, 역사에 길이 남을 대성당을 짓는 일이나 500g 이하의 초미숙아를 치료함으로써 생명 탄생의 한계를 극복하는 것은 '결과' 수준의 업의 개념이다. 조직문화의 수준이 높고 가치를 지향하는 기업일수록 '활동' 수준보다는 '결과' 수준의 업의 개념을 도출하고 이를 구성원과 자주 공유한다.

다음의 질문을 통해 업의 관점에서 조직문화를 점검해볼 수 있다.

• 우리 조직은 업의 개념이 있는가?
• 우리 조직이 가진 업의 개념은 무엇인가?
• 우리 조직이 가진 업의 수준은 어느 단계인가?
• 그 업의 달성을 위해 도입한 제도는 무엇인가?
• 그 제도가 조직문화에 좋은 영향을 미치고 있는가?
• 업의 개념이 우리가 지향하는 조직문화와 잘 맞는가?

업의 개념이 때로는 추상적이어서 판단하기 어려울 때도 있다. 이럴 때는 조직의 핵심 성과지표KPI, Key Performance Indicator를 살펴보는 것도 판단에 도움을 준다. 핵심 성과지표는 미션과 비전으로부터 도출되어 단계별로 점검해야 할 포인트이기 때문에 반드시 업의 개념과 수준을 포함하고 있어야 한다.

업의 개념을 알고 그에 따라 제도와 시스템을 설계하면 좋은 조직문화를 만들고 높은 성과를 낼 가능성이 커진다. 반대로 업의 개념을 모르면 국적 불명의 제도와 시스템을 만들면서 그 속에서 일하는 구성원들이 혼란을 겪는다.

핵심 가치(Core Value) 활용을 통한
일하는 재미 올리기

공유 가치Shared Value는 조직 내에서 바람직한 행동을 제시하는 기본규범이며 구성원들이 공유하는 가치관이자 신념을 뜻한다. 이를 핵심 가치Core Value라고도 한다. 이는 조직문화의 주요한 요소로서 조직 내부를 통합하고 외부에 대응하는 방법을 안내해 주는 기준이다. 조직에 따라 다소 차이는 있지만, 일반적으로 4~6개 내외의 공유 가치(핵심 가치)를 설정하고 있다.[2]

---

2   〈공유 가치〉, HRD 용어사전, ㈜중앙경제, 2010.

핵심 가치는 많은 조직에서 중요하게 여긴다. 그래서 이를 만들어 홈페이지 등에 게시하고 있지만, 하지만 핵심 가치가 주는 효과를 체감하는 조직은 많지 않다. 왜 그런 것일까? 그 이유를 크게 3가지로 구분해볼 수 있다.

첫째, 핵심 가치를 보여주기식으로 만들었거나 조직의 미션 및 비전과 무관한 좋은 말들로 설정했기 때문이다. 둘째, 핵심 가치가 말이 아닌 행동으로 어떻게 드러나야 하는지 구체적으로 설명해 주지 않기 때문이다. 셋째, 핵심 가치를 조직 생활에 알맞게 활용하지 못하고 있기 때문이다.

간단히 정리하면, 필요한지도 모르고 무슨 말인지도 모르며 활용할 줄 몰라서 핵심 가치가 쓸모 없어지는 것이다.

소극적인 성격이라서 남들 앞에서 발표를 못 하는 사람이 있다고 하자. 이 사람에게 필요한 것은 무엇일까? 과감하게 도전할 수 있는 적극성이지 창의성이나 협동심이 아니다. 조직의 핵심 가치를 살피다 보면 필요한 가치를 간과하고 그럴싸한 좋은 단어만 강조하는 조직을 많이 접한다.

일반적으로 핵심 가치를 만드는 과정을 살펴보면 왜 그렇게 되었는지 이해할 수 있다. 사업주나 대표의 의지가 많이 반영되면 '주인의식, 책임감, 헌신'과 같은 유형의 키워드가 주를 이룬다. 직원을 대상으로 한 설문이나 인터뷰를 통해 핵심 가치를 도출하면 '직원 우선, 인간 존중, 일과 삶의 균형' 등과 같은 키워드가 선정된다. 형식적으로는 직원의 의견을 모아 핵심 가치를 결정한 것처럼 꾸며놓고 소유주나 대표의 의견 중심으로 결정하는 경우도 종종 있다. 아니면 조직 전체의 미션과 업을 수행하는 데 필요한 가치를 도출해야 하는데 구성원 각자가 원하는 것을 골라 선정해 버리기도 한다.

상황이 이렇다 보니 핵심 가치는 공감을 얻기도 어렵고 조직에도 도움이 되지 않는다. 성실, 근면, 봉사, 정직은 1970~1980년대 사훈에서 주로 사용하였고, 창의, 혁신, 협업, 도전은 오늘날 주로 사용하는 단어이다. 이제 감이 잡히는가? 대표나 오너로서는 구성원들이 더 적극적으로 주인처럼 일해주기를 바라고, 구성원들로서는 회사가 자신을 더 인정해주고 존중해주었으면 하는 바람은 당연하다. 그러므로 냉철하게 현실을 직시하고 투명한 과정 아래에서 구성원들이 공감할 수 있는 핵심 가치를 정하는 것이 중요하다.

자체적으로 객관성을 유지하면서 현재를 진단하고 필요한 가치를 찾아낼 수 없다면 제3자에게 자문하거나 도움을 얻는 것도 고려할 만하다. 핵심 가치는 어느 개인이 추구하는 목표도 아니고 조직을 홍보하는 수단도 아니다. 구성원들의 의견을 듣는 것도 중요하지만 조직 차원에서 필요한 가치여야 한다는 점을 명심해야 한다.

핵심 가치를 조직의 언어로
구성원들을 이해시킨다

모 TV 프로그램에서 '민주주의의 정의'에 대해 질문했다. 이에 대해 패널은 각자가 생각하는 민주주의에 대해 이야기했다. 어떤 이는 다수결이라고 했고, 어떤 이는 윈스턴 처칠이라고 대답했다. 어떤 이는 와인처럼 계속 숙성해야 하니 와인이 생각난다고 했다. 또 어떤 이는 자유, 책임, 공평 등 교과서 같은 답변을 했다. 참여한 사람 모두가 서로 다른 의견을 냈다. 영국 철학자 카를 포퍼Karl Raimund Popper는 민주주의를 '다수 국민이 마음을 먹었을 때 정권을 평화적으로 교체할 수 있는 것'으로 정의했다.[3] 이처럼 어떤 용어는 사람마다 다양한 해석을 낳기도 한다.

핵심 가치는 추상적인 말인 경우가 많아서 구성원들의 머릿속에 그려지는 의미가 다를 가능성이 높다. 익숙한 단어라서 마치 그 단어를 알고 있는 것처럼 착각하기도 한다. 그러므로 핵심 가치를 만들고 나서 조직의 언어로 구성원들을 이해시키는 과정이 필요하다. 이 과정에서 단어나 어구를 단순히 설명해주는 것이 아니라 그 가치를 이해함으로써 어떤 행동을 해야 하는지를 알려주는 것이 중요하다. 핵심 가치를 체화시키려면 그 단어를 외우는 데 머무르지 않고 핵심 가치에 따라 의사 결정(선택)을 하고 선택한 것을 실행하면서 행동이 몸에 배도록 한다. 여기에는 모범 사례를 모아 꾸준히 보여주는 방법이 가장 효과적이다.

A 기업은 일 년에 한 번씩 핵심 가치별로 우수 사례를 모아 평가한 뒤 '올해의 열정상, 올해의 도전상' 등과 같이 포상해 구성원들이 알 수 있도록 한다. B 기업은 임원회의 시작 전에 직원들이 직접 핵심 가치 실행 사례를 발표하고 현장에서 금주의 사례를 투표로 결정한다. 이로써 핵심 가치의

---

3   포퍼는 어떤 국가가 민주주의 체제인지 전제정치 체제인지 가리는 기준을 정리했다. 다수 국민이 마음을 먹었을 때 정권을 평화적으로 교체할 수 있다면 그 나라는 민주주의 국가다. 그게 불가능한 나라는 독재국가다. 평화적 정권교체를 가능하게 하는 법률과 제도가 이에 없다면 민주주의기 이니다. 그런 제도가 있다고 해도 싱싱적으로 작동하지 않아 평화적 정권교체가 사실상 불가능하다면 그 역시 민주주의가 아니다.(카를 포퍼 지음, 이한구 옮김, 《열린 사회와 그 적들》, 민음사, 2006, 209쪽)

중요성을 알리고 이를 실천한 사람에게 자부심을 심어준다. C 기업은 승진 시에 핵심 가치별로 자신의 사례를 기술한 글을 심사한다. 승진을 위해서 라도 핵심 가치를 이해하고 그에 맞는 행동을 해야지 글을 쓸 수 있다. 그 러려면 평소에도 핵심 가치에 지속적인 관심을 둘 수밖에 없다. D 기업은 핵심 가치 실천인을 선정한다. 추천을 받아 심사 후 선정이 되면 상금을 주 고 이에 대한 사진을 인트라넷에 띄운다. 핵심 가치 실천인을 작은 영웅으 로 만들어 인정해주고 구성원들이 그런 행동을 하도록 유도한다. E 기업은 임원이 핵심 가치 사내 강사가 되어 매번 교육 현장을 이끌기도 한다.

핵심 가치와 관련하여 조직이 수행할 단계는 다음과 같다. 첫 번째 단계 는 몇 개의 단어로 구성된 핵심 가치를 만든다. 두 번째 단계는 그런 핵심 가치를 자세히 설명해 구성원들이 알도록 한다. 세 번째 단계는 핵심 가치 별로 어떻게 행동하는 것이 바람직한지 계속 관리하고 공유해 내재화한다. 당신의 조직은 몇 번째 단계인지 진단해 보라.

A 기업 사례

핵심 가치 : "조직 내 공정성을 높여라!"

- 공정한 보상을 위해서 인사평가 항목 및 방법을 구성원들에게 알려준다. 정 기적으로 평가와 관련된 정보를 공유하고 진행 과정을 구성원 모두가 알 수 있도록 한다.

- 조직 내 편견을 없애기 위해서 여러 구성원의 의견을 경청하는 자리를 자주 마련한다. 구성원과 점심 식사를 같이 하거나 미팅을 통해 일체감을 느끼도 록 한다.

• 조직 내 정의를 구현하기 위해서 학연, 지연, 성별을 구분하지 않아야 하며 그런 말조차 하지 말아야 한다. 개개인의 다양성을 인정하고 구성원들의 개인적인 성향을 존중해준다.

"우리는 의사 결정 권한이 없는 존재라서 핵심 가치를 쓸 일이 없는데요. 핵심 가치는 그냥 외워두는 것일 뿐인데요."

구성원들에게 핵심 가치가 일하는 데 도움이 되느냐고 물어볼 때 이런 답이 나오면 올바르게 활용하지 못한 사례라고 볼 수 있다. 이런 조직에서의 구성원들에게 변화, 혁신, 창의성, 열정이나 주인의식 등의 이야기는 멀고 먼 이야기일 뿐이다.

핵심 가치는 조직 구성원 모두가 의사 결정할 때 판단하는 기준이다. 어느 조직의 구성원이라는 증거가 그 조직을 상징하는 로고나 배지의 착용 등 외형적일 수도 있지만 사실상 핵심 가치를 내재화한 사람이 진정한 그 조직의 구성원이다. 이런 구성원이 많을수록 핵심 가치를 잘 공유하고 활용하여 조직문화를 바람직하게 만들어 간다.

평상시 구성원이 품의를 올리는 과정에서 핵심 가치를 기준으로 업무 품의를 올리는지 팀장과 임원 등의 경영진이 지속하여 확인하는 장치를 마련하는 것도 매우 좋은 방법이다. 품의를 왜 하려고 하는지 핵심 가치 관점에서 묻고 생각해본다. 이때 팀장급 리더는 담당자에게 경영진은 팀장급 리더에게 왜 시행해야 하는지 묻고 그 답이 핵심 가치와 들어맞는지 종종 확인해야 한다. 그렇게 함으로써 핵심 가치가 그 조직의 업무처리에 근간이 되도록 한다. 핵심 가치로 일을 처리하면 임원·팀장·담당자가 일을 처리할 때마다 같은 유형의 결과를 얻을 수 있어 업무가 쉽고 빠르게 진행된다. 이것이야말로 핵심 가치가 지닌 힘이다.

Chapter 2

[제도의 오용]
제도는 누구를 위한 것인가?

시장에서 승리하려면 먼저 직장에서 승리해야 한다.

- 더그 코넌트 -

제도가 조직에
적합한지 알아보기

조직문화를 구축한다고 이곳저곳을 벤치마킹하여 조직의 문화적 특성을 고려하지 않은 채 많은 제도를 도입하거나 이벤트를 하기도 한다. 그런데 이렇게 되면 본래의 취지가 왜곡될 뿐 아니라 구성원들은 도입되는 제도와 이벤트에 지치기 쉽다.

제도나 이벤트가 우리 조직에 맞는지를 파악하기 위해서는 거울 같은 관점View이 필요하다. 첫 번째 관점은 매슬로Abraham Harold Maslow의 욕구 5단계이다. 조직의 핵심 가치나 지향하는 가치와 제도가 충족하고자 하는 욕구를 이 틀 안에 함께 넣어보면 일치 정도를 쉽게 파악할 수 있다.

두 번째로 미국식인지 일본식인지를 구분해 본다. 우리나라는 일본과 미국의 영향을 많이 받았기 때문에 내부에서 일본식 유형과 미국식 유형이

충돌하는 조직이 많다. 이를 구분해서 정리만 잘해도 일관성 있는 제도를 유지할 수 있다.

세 번째는 통일성과 다양성의 관점으로 살펴본다. 조직이 성장하면서 통일성을 추구하는 제도가 있고 다양성이 필요한 제도가 있다. 그런데 추구하는 방향과 틀이 잘못 설계되거나 우선순위가 바뀌면 구성원들이 혼란을 겪게 된다.

절대적으로 나쁘거나 혹은 절대적으로 좋은 제도는 없다. 그렇지만 아무리 좋다고 해도 조직에 맞지 않으면 적용해서는 안 된다. 지금부터는 3가지 관점을 통해 맞지 않는 제도를 도입해서 조직문화에 부정적인 영향을 끼친 유형을 살펴 보자.

제도가 제대로 작동하는지 확인할 수 있는 3가지 기준

구분	점검 포인트
1. 제도가 조직에 적합하지 않은 상황	핵심 가치, 제도 등이 매슬로의 욕구 5단계 관점에서 일관성을 보이는가?
2. 제도의 취지를 모르고 도입한 상황	각종 제도 등을 추진하는 방식에 있어 일관성을 보이는가?
3. 방향성이 불명확한 상황	각종 제도 등이 다양성이나 통일성 관점에서 일관성을 보이는가?

조직에 새로운 제도나 시스템 적용 시 제대로 도입하고 있는지 판단할 때의 사용하는 척도로 경영학 조직행위론에서 늘 소개하는 매슬로의 욕구 5단계 이론을 추천한다. 매슬로의 욕구 5단계 이론이 언제 적에 나온 것인데 4차 산업혁명 시대에 이를 거론하느냐 싶을 수도 있겠지만 조직문화 차원에서 그만큼 설득력 있는 이론이 없기 때문이다. 매슬로의 욕구 5단계

	설명	관련된 제도	
자아실현의 욕구 (Self Actualization)	자신의 잠재적 능력을 최대한 실현시키고자 하는 욕구(성장)	개인의 기술향상, 창조적 활동 추구, 가치관	고차원 욕구
존경의 욕구 (Esteem)	자신을 존중하며 타인으로부터 인정과 관심, 존중을 받고자 하는 욕구	직위 상승, 어려운 업무 완수, 포상, 네임 밸류	
사랑, 사회 소속감 추구 욕구 (Love & Belonging)	사회 일원으로서 어딘가에 소속하려는 욕구(애정, 소속감, 동료애)	집단 분위기 조성, 사내 동아리 운영 등	
안전의 욕구 (Safety)	안전과 육체적, 감정적인 해로움으로부터 자신을 보호하려는 욕구	직무 혹은 작업의 안정, 일과 삶의 균형	저차원 욕구
생리적 욕구 (Physiological)	인간이 삶을 유지하기 위해 필요로 하는 기초적 욕구, 주로 신체적 욕구	기본임금, 휴식, 작업환경	

이론을 고찰하고 검증한 논문은 수도 없이 많고 이를 인용하고 준거로 한 사례도 인터넷을 통해 쉽게 찾을 수 있으므로 여기서는 필요한 사항만 간단히 살펴보고자 한다.

생리적 욕구는 인간의 삶을 유지하는 데 필요한 먹을 것, 마실 것, 쉴 곳을 찾는 기초적 욕구다. 이는 기본임금, 휴식, 작업 환경과 관련이 깊다. 안전의 욕구는 자기 방위 욕구라고도 하며 신체적·정신적 위험을 회피하려는 욕구로 조직 내에서는 안정적인 직무나 작업과 관련이 있다. 세 번째는 사회 일원으로서 어딘가에 소속되려는 욕구다. 집단 분위기 조성이나 사내 동아리 운영과 관련이 있다. 네 번째는 자기존중, 자율성, 성취감 등 내적인 자존 요인과 지위, 인정, 관심과 같은 외부적인 존경요인을 바라는 욕구다. 직위가 상승하고, 어려운 업무를 완성하며, 타인과 비교했을 때 높은 성과를 내면 충족된다. 마지막은 자신의 잠재적 능력을 최대한 실현하고자 하는 욕구, 다시 말해 자신이 될 수 있는 것이 되고자 하는 욕구다. 생리적 욕구와 안전의 욕구를 저低차원 욕구, 나머지를 고高차원 욕구로 구분하기도 한다.

매슬로는 인간의 욕구를 5단계로 나누어 이 욕구가 순서에 따라 하위 욕구에서 상위 욕구로 발현된다고 보았다. 그러니까 충족되지 못한 욕구가 동기 요인이 되며 낮은 수준의 욕구를 만족한 뒤 상위 수단으로 진행한다고 한다. 처음에는 배고픔을 해소하는데 만족하지만, 사회적 수준이 올라가면서 단순히 배울 채울 음식이 아니라 맛있는 음식을 찾게 되고 그다음에는 분위기, 서비스 등을 고려한 식당을 찾는다.

"욕구가 5가지밖에 없느냐? 한순간에 2개 이상의 욕구가 동시에 동기나 행동으로 발현될 수 있지 않으냐?" 등의 비판도 있다. 하지만 여기서는 인간의 욕구를 단계로 나누어 체계적으로 설명하려는 데 큰 의미가 있다. 이런 점 때문에 적합한 조직문화인지를 판단할 때 유용하다. 리더가 바라는 욕구, 구성원들이 바라는 욕구, 제도가 충족시키려는 욕구를 비교함으로써 불일치 정도를 눈으로 확인할 수 있기 때문이다. 매슬로의 이론이 조직문화 차원에서 어떻게 활용되는지 3가지 방법을 소개한다.

매슬로의 이론이
조직문화 차원에서 활용되는 3가지 방법

첫째, 리더와 구성원들의 지향점 차이를 확인할 수 있다.

조직의 최고 경영자는 구성원들이 단박에 매슬로의 3단계에 해당하는 고차원 욕구 수준이기를 바란다. 구성원들이 조직에 대한 책임 의식을 가지고 맡은 일에 자주적으로 열심히 과업에 몰두해 조직 발전에 이바지하는

닥월한 싱과를 내었으면 한다. 반면 조직의 구성원들은 조직이 적어도 그들의 기본적인 요구 사항인 매슬로의 1단계나 2단계 정도의 조건을 만들어주고 보장해주기를 원한다.

이처럼 서로 다른 시각차로 인해 많은 조직은 조직문화 구축 단계에서 동상이몽을 하거나 조직문화에 임하는 모습이 달라서 서로 실망한다. 그리고는 잊을 만하면 한 번씩 진행하는 조직문화 혁신 활동을 무의미하다고 생각한다. 따라서 조직문화 담당자와 최고 경영자는 이 점을 인지하고 조직문화 활동을 시작해야 한다. 특히 조직문화 혁신을 처음 추진하는 조직은 최고 경영자와 조직 구성원들의 관심사가 서로 다름을 반드시 알고 있어야 한다.

매슬로의 욕구단계설을 이용하면 시계열적으로도 의미 있는 분석이 가능하다. 자아실현의 욕구가 충만해서 입사하지만, 조직 내에서 많은 좌절을 겪으면서 이러한 욕구는 점점 줄어든다. 직장을 급여나 주는, 생리적 욕구를 충족시켜 주는 곳으로 인식하는 구성원이 많다면 전반적으로 조직의 가치 체계와 운영체계를 점검해야 한다. 가치 체계는 미션, 비전, 핵심 가치이고 운영체계는 리더십, 제도 등이다. 어떤 일을 하는 것인지는 중요하지 않고 안정적으로 급여만 받을 수 있으면 그것만으로 만족한다는 극히 일부 공무원(소위 철밥통이라 불리는 사람들)과 공시족은 2단계 수준이 견고한 성이기 때문에 일반적인 노력으로는 그 이상 수준으로 넘어가기 어렵다. 우리 조직은 어느 수준에 있는지를 매슬로 욕구 5단계 이론으로 살피는 것도 흥미롭지만 다른 조직의 수준을 측정해 보는 것도 의미있다.

둘째, 구성원들의 불만 사항을 분류할 수 있다.

조직문화 담당자라면 구성원들의 불만 사항이나 요구 사항을 매슬로의 욕구 5단계를 기준으로 분류해볼 수 있다. 구성원들이 허기와 갈증, 무력감과 피곤함과 관련된 불만 사항을 내놓는다면 그것은 생리적인 욕구이자 생존 욕구를 표출한 것이다. 그렇다면 구성원들이 즐거움과 포만감, 따뜻함과 안락감을 느끼도록 하는 프로그램을 마련하여 대응한다.

　　구성원들이 미래에 대한 불안감, 교육의 필요성, 직책과 과업에 대한 걱정 및 위험을 느끼면 안전욕구를 표출한다. 구성원들에게 인간적인 조직생활에 필요한 것이 무엇인지 조사해보고 구성원들이 확신과 조화로움을 느낄 수 있는 프로그램을 기획해 제공해주어야 한다. 아울러 고용 안정성을 확보해주는 정책도 병행해야 한다.

　　구성원들의 요구 사항 중 거부감, 소외, 비판, 비난의 내용이 나온다면 구성원들의 사회적 욕구가 표출된 것이다. 구성원들이 소속감과 수용성을 느끼게 하고 조직에서 친분을 쌓을 수 있도록 해야 한다. 아마도 이때가 조직문화 혁신 활동이 가장 잘 일어나는 시기이자 필요한 시기이다.

　　구성원들에게 상위의 욕구인 존중 욕구가 충만하다면 긍정적인 문화가 형성될 가능성이 매우 높다. 우리는 누구나 자신이 하는 일로 인해 타인에게 존중받기를 원한다. 지금 맡은 일보다 더 존중받는 일을 하고 싶어 한다. 자신의 존재와 역할에 대한 인식이 깊어짐으로써 생기는 욕구다. 이때는 더 높은 수준의 업무를 맡기거나 권한을 위임하는 등 높은 수준의 과제를 부여하는 것이 바람직하다.

　　셋째, 제도의 가치를 높일 수 있다.

　　같은 제도라고 하더라도 어떻게 운영하느냐에 따라 충족시킬 수 있는 욕구 수준이 다르다. 많은 조직에서 구내식당을 운영한다. 구내식당을 단순히 먹을 고민을 해결해주는 시설로 운영하면 그것은 구성원들의 생리적 욕구를 충족시키는 제도다. 하지만 예를 들어 조금 더 신경을 써서 호텔의 주방장을 채용하고 고급 식자재를 사용하는 한편 고객, 가족, 친구를 초청해 함께 식사할 수 있는 식당으로 가치를 확대하면 이는 3단계(사회적 욕구)에서 4단계(존중의 욕구)를 지향하는 제도이다. 최고급 요리사의 음식을 맛보면서 '내가 존중받고 있구나.'라고 느낄 수 있기 때문이다.

실제로 일주일에 하루를 가족과 함께 지내라는 의미에서 일찍 퇴근하는 패밀리 데이로 운영하는 회사가 많다. 하지만 구성원들이 "차라리 없었으면 좋겠습니다. 그 시간에 퇴근할 수도 없고 누구 놀리는 것도 아니고…."라는 말을 하는 경우를 많이 볼 때 제대로 된 효과를 거두고 있는지 의심스럽다. 독특하고 다양한 복지로 널리 알려진 ㈜마이다스아이티는 한 달에 한 번 시크릿 셰프Secret Chef의 날을 운영한다. 구성원들이 사내 인트라넷에서 신청하면 퇴근 시간에 맞춰 5성급 호텔 출신 셰프의 요리가 반조리 상태로 제공된다. 상세하게 적힌 셰프의 레시피까지 포함돼 있어서 요리에 자신 없는 구성원들도 손쉽게 가족을 위해 요리를 할 수 있다. 한 달에 한 번이지만 가족과 멋진 하루를 보낼 수 있도록 하는 조직의 배려다. 형식적으로 실시하는 패밀리 데이가 아니다.

회의도 마찬가지다. 리더가 무엇을 물어볼까 봐 고개를 숙이거나 눈치 보고 앉아 있는 회의, 리더가 돌아가면서 한마디씩 하라고 지시하는 회의는 생존의 장일 뿐이다. 반면 자기가 제시한 의견이 적극적으로 받아들여져서 실행되는 회의나 반대 의견이지만 불이익이 없는 회의는 자아실현의

장이 된다.

덧붙이자면 조직의 수준을 정확히 알고 있어야 실행에도 도움이 된다. 욕구의 수준이 낮은 조직은 거창한 제도를 도입하기보다는 사소한 행동을 바꾸는 것부터 시작해야 한다. 성적이 저조한 학생에게는 공부 습관과 시간 관리법을 먼저 가르쳐야 하는 것과 같은 원리다. 이들을 옆집 친구와 비교하거나 여러 학원을 보낸다고 성적이 나아지지는 않는다. 반대로 욕구가 높은 수준의 조직은 지나친 간섭과 구체적인 지시보다는 일의 의미와 이유를 설명하여 동기를 부여하는 것이 바람직하다. 자기 자신의 기준이 높으므로 먼저 일의 완성도를 챙기기 때문이다.

같은 제도라도 다 똑같은 효과를 낼 수 없고, 상황에 따라 다르게 운영되어야 한다. 자신의 회사에서 운영되는 제도를 자세히 파악해 매슬로 욕구 5단계 중 어느 수준에 해당하는지를 평가해본다. 다른 조직에서 운영되는 제도가 우리 조직에서는 잘 체화되지 않는 이유를 발견하게 될 것이다.

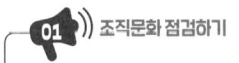

제도의 취지가
제대로 살아있는지 살펴보기

우 ⇨ 좌 ⇨ 우/좌 ⇨ 우는 무엇을 나타낼까?
좌파, 우파를 이야기하는 것이 아니다. 이것은 우리나라의 통행 방향 원칙
의 변화이다. 우측통행을 시작으로 좌측통행으로 바뀌었다가 우측통행과
좌측통행이 혼재하다가 현재는 우측통행이 되었다. 통행 문제가 뭐가 중요
하냐고 할지 모르지만 좌·우측 선택의 문제는 차량 출입구, 운전자 위치,
도로 방향뿐 아니라 회전문 위치와 같은 생활방식에 큰 영향을 미칠 정도
로 매우 중요하다.

우리나라는 전통적으로 우측통행이 기본이었다. 조선 시대 종묘제례나
조선 의궤 행렬에서 우측통행을 했다. 1903년, 대한제국 고종황제가 우리
나라 최초의 자동차인 황제 전용 어차를 들여오고 나서 2년 뒤 보행자와

차마 車馬의 우측 규정[4]을 발표했다.

일제강점기가 되자 상황이 달라졌다. 조선으로 건너오는 일본인이 점차 많아지고 교통량도 차츰 늘어나면서 일본인의 불평이 이어졌기 때문이다. 일본은 전차를 출입구가 다르게 조선용으로 따로 만들어야 해서 번거로웠다. 결국, 1921년 12월 1일부터 대한민국은 일본과 같이 좌측통행으로 바꾸었다. 당시 갑작스러운 변화로 우측통행에 익숙했던 대한민국 사람들은 곳곳에서 탈선사고, 충돌사고 등 많은 불편을 겪었다고 한다.[5]

광복이 되고 나니 미국이 진주 進駐하면서 우측통행으로 바꾸었다. 일방적으로 우측통행으로 바꾸고 안 지키면 군법으로 다스리겠다고 으름장을 놓았다. 24년간 좌측통행에 익숙해진 국민들은 다시 우측통행을 해야 했다. 다만, 차량에만 우측통행이 적용됐다. 보행은 좌측통행 그대로였다. 이후 50년 이상 차량은 오른쪽으로 통행하면서 사람은 왼쪽으로 걷는 유일한 나라가 됐다.

사회 규칙의 혼선으로 사회적 논란이 계속됐다. 그러다 2009년 10월 1일에 법 개정으로 모든 도로에 우측통행을 원칙으로 통일했고, 2010년 7월 1일부로 시행됐다. 하지만 철도는 일제강점기의 잔재가 남아 아직도 좌측통행을 하는 구간이 있다.

---

4   '도로에서 보행자는 우측, 우마·제차는 도로 중앙부의 우방을 통행할 것', '도로상에서 보행자·우마·제차가 만났을 때에는 서로가 우방으로 피할 것', '다만 실차와 공차가 만났을 때에는 공차가 피양할 것', '우마·제차가 앞에 가는 자를 주월코자 할 때에는 좌방으로 나아갈 것' 등이 주요한 내용임.
5   전국사회교사모임, 《사회선생님도 궁금한 101가지 사회질문사전》, 북멘토, 2011, 39쪽.

영국은 대표적인 좌측통행 국가이다. 마차 오른쪽에 앉은 마부가 우측통행을 하면 채찍질을 하다 보행자를 때려 상처를 입힐 수 있으니 좌측통행을 했다. 그러다 1800년대 자동차가 운행되면서 도로 건설과 함께 교통법규가 제정됐고 1835년, 자동차의 좌측통행을 의무화했다. 대영제국에 속했던 나라는 영국의 규칙을 따랐고 일본과 태국은 영국 기술의 영향을 받았기 때문에 좌측통행을 택했다(일본 근대화 시기 처음으로 도시계획을 짤 때 기사로 초빙돼 관여한 사람이 영국인이었다고 한다).

일본은 대부분의 사무라이 무사가 오른손잡이인지라 보통 그들은 왼쪽 허리에 칼집을 차고 다녔다. 오른쪽으로 걸으면 맞은편에서 걸어오는 사무라이가 찬 칼집에 부딪혀 시비가 생길 수 있는 탓에 좌측통행을 해 왔기에 이를 자연스럽게 받아들일 수 있었다고 한다.

힘 있는 국가의 편의에 따라 제도가 바뀌어 힘 없는 국민들만 고달팠다. 갑자기 통행 방식을 길게 이야기하는 이유는 이것이 조직문화를 개선한다고 제도를 도입하는 상황과 크게 다르지 않기 때문이다.

이런 비극적인 상황이 우리나라 조직문화에도 유사하게 벌어진다. 통행 방식을 제도, 힘 있는 국가를 리더, 국민을 조직의 구성원이라고 볼 수 있다. 이랬다저랬다 하는 규칙을 세우면 많은 구성원들이 피로감을 느낀다. 많은 조직을 관찰해보면 현재 차량은 우측, 보행은 좌측인 세 번째 단계(마치 광복 이후의 혼란한 상황)에 속한 조직이 적지 않다. 지금 이 글을 읽고 있는 독자분들의 조직에서 우왕좌왕하고 있는 것은 무엇일까?

일본식 제도와 미국식 제도의 구분이 필요하다

우리나라 제도는 역사적으로 일본과 미국의 영향을 많이 받았다. 제도가 적용되기 위해서는 그 제도가 어떤 배경에서 만들어졌는지 아는 것도 중요하다. 회사에 도입된 어떤 체계와 문화가 일본의 영향을 많이 받았는지, 미국의 영향을 많이 받았는지 구분해 보는 일은 의미가 있다.

일본은 입사 후 정년까지 일하는 평생 직장이 많은 편이다. 반면 미국은 고용과 해고가 쉬운 편이어서 필요할 때마다 사람을 채용하고 직무와 근로 기간과 조건 등을 계약서에 정해놓고 정해진 일만 한다. 이렇게 고용과 근로 방식이 달라서 교육 방식도 다르다. 편의상 일본식 기업교육 형태와 미국식 기업교육 형태로 구분해 특성을 살펴보자.

일본식은 직원이 오랫동안 함께 할 사람이기 때문에 회사 차원에서 지속해서 교육하는 것이 중요했다. 집체교육이 발달했고 직종·급별로 시켜야 하는 '교육체계도'를 만들어 직원을 장기적으로 육성하고자 했다. 반면 미국식은 일을 명확히 정의하고 그 일을 수행할 사람을 채용하기 때문에 해야 할 것과 하지 말아야 할 것을 기술한 직무명세서를 스스로 이해하고 업무를 수행해야 한다. 개인이 직접 전문가를 찾아 부족한 부분을 배워야 하므로 코칭, 멘토링 등 개인 대 개인 교육 방식이 발전했다. "교육을 어떻게 하고 있는가?"라는 물음에 "교육을 왜 회사가 시켜요, 교육된 사람을 채용하면 되지."라는 미국 기업 파슨스_{파슨스 브링커호프}의 답변이 미국 문화에서는 일반적이다. 요약하면 일본식은 회사가 주도적으로 교육하고 미국식은 업무를 위해서 개인이 알아서 배워야 한다.

일본식과 미국식을 정확하게 나눌 수도 없고 어떤 방식이 더 우월하다고 말할 수도 없다. 상황에 따라 적합한 방법을 조화롭게 사용하면 된다. 예를 들어 전체주의적 문화가 강한 조직에는 일본식 방법을 적용하고 소수를 대상으로 토의와 토론이 활성화된 조직에는 미국식 방법을 적용할 수 있다. 문제는 상황과 방법을 이해하지 못하고 특정 방식을 무리하게 적용하려는 데서 발생한다. 특히 우리나라는 현실은 일본식인데 미국식이 좋아 보여서 그것을 지향하다 보니 빈번하게 혼란을 초래한다.

우리나라는 계층이 많다. 신입 직원부터 대리, 과장, 부장, 이사 등 적어도 5단계 이상의 계층을 가진 조직이 주를 이룬다. 계층이 많으면 전달 교육이 많아진다. 토의와 토론보다는 구구절절 설명하는 방식의 교육 형태가 많다. 우리나라 리더는 "아직도 말뜻을 못 알아먹는 구성원들이 많아. 교육 좀 똑바로 해."라는 말을 하곤 한다. 이런 상황에서 남들이 좋다고 해서 코칭이나 멘토링 등을 도입하면 그 취지에 맞는 효과를 거두기가 어렵다.

	A 증권사	B 증권사
경영 방향	성과지향(경쟁유도)	안정지향(충성유도)
고용 형태	영업직 70%는 계약직	계약직 1% 미만(정규직 비율 최고 수준)
급여 형태	기본연봉 낮고, 성과급 비중 높음 (총 연봉은 높은 편)	중견 증권사 대비 다소 낮은 편
주요 특징	• 실적 압박으로 인한 업무강도 높고 스트레스 많음 • 전반적으로 직원 이탈 비율 높음	• 직원 간 나이 차이 심함 (젊은 직원들의 퇴사율 높음) • 고연차 직원: 가족 같은 조직문화로 매니저 이탈이 적은 편 • 저연차 직원: 보수적인 문화로 도전정신이 강한 젊은 직원 퇴사율 높음 • 변화 대응 속도가 느림

같은 업을 수행하는 A, B 두 증권사는 업계에서는 상당히 높은 성과를 달성하는 회사로 알려졌지만 추구하는 방향과 운영방식이 전혀 다르다. 어느 쪽이 일본식이고 미국식인지 굳이 설명하지 않더라도 표를 보면 쉽게 이해할 수 있다. 어떤 제도든지 긍정적인 부분도 있고 부정적인 부분도 있다. 먼저 제도의 특성을 이해하고 그 제도의 단점을 보완하는 방향으로 완성도를 높여 가야 한다.

직급 체계는 일본식, 보상 방식은 미국식 성과주의, 조직문화는 대한민국식처럼 편리하거나 최적화된 방법을 모아 두었다고 전체 합이 최고가 되지 않는다. 부분 최적화가 아닌 조화로운 체계를 만드는 것이 중요하다. 그러기 위해서라도 제도의 기원이나 특성을 파악할 필요가 있다.

엉터리 대한민국형에서 일등 대한민국형으로

정확히 구분하기는 어렵지만 그래도 미국식인지 일본식인지 구분하기를 요청하면 의외의 답을 내놓는다. 바로 '대한민국형'이라는 대답이다. 독특한 형태로 만든 곳도 있지만 대부분 일본식과 미국식이 혼재된 우왕좌왕형을 대한민국형이라 이름 붙인 것인데, 이때는 "우리만의 방식으로 발전시켰습니다. ○○식입니다."라고 말을 한다(회사 이름을 붙여 삼성식, 현대식, 대우식 등으로 말함).

대한민국형의 사전적인 뜻은 대한민국 특유의 형식이나 방식이란 의미이다. 현재 대한민국에서는 뭔가 외국에서 만들어낸 뛰어난 제품이나 콘텐

츠가 있으년 ㅗ 이름 앞에 이 대한민국형이란 단어를 붙여 '우리도 비슷한 것을 만들 수 있다!' 내지는 '우리도 비슷한 것 만들어서 대박을 내겠다!'라는 선언을 하고 이를 투자 유치에 주로 사용한다.[6]

수십 년간 기반을 탄탄하게 다지고 이를 바탕으로 성공을 일구어낸 사례를 우리 기업이 모방한다. 이러한 대한민국형은 기반 구축 과정을 건너뛴다. 원가를 덜 투입하면서 단기적인 성과를 수확하려는 의도로 기획하다 보니 외형만 그럴싸한 산출물을 만들어내고 결국은 사업이 졸속으로 끝난다. '대한민국형'이라는 단어 자체가 엉터리 모방품을 의미하며 비판의 상징이 되기도 한다. 대한민국형이라는 키워드로 데이터를 분석해보면 부실, 졸속, 예산 낭비가 연관 단어로 나타난다고 한다.[7] 대표적인 사례로 꼽히는 것이 대한민국형 닌텐도(일명 명텐도), 대한민국형 포켓몬고, K도스(1991년 MS-도스의 대한민국형), 티맥스(대한민국형 OS) 등이다.

이런 상황이다 보니 '대한민국형을 만들기 위해서 정부의 무관심이 오히려 도움이 된다'거나 '대한민국형이 죽어야 대한민국이 산다'는 자성의 목소리가 나온다. 대한민국이라는 수식어가 붙었을 때 좋다·우수하다 등의 이미지를 만들려면 세계 시장에서 경쟁력을 갖출 수 있도록 만들어야 한다.

국가와 조직이라는 경계만 다를 뿐이다. 그런 차원에서 대한민국형은

---

6 〈한국형〉, 위키백과, (2018.8.20.).
7 "한국형 키워드 부실, 졸속, 예산 낭비 등 부정적". YTN, 2016. 7. 29.

우리나라 문화의 단면이기도 하다. 따라서 현재 조직이 도입한 제도나 이벤트가 취지와 상황에 맞게 작동하고 있는지 아니면 단지 우리 방식이라고 우기고 있는 것은 아닌지 자세히 살펴봐야 한다.

직급 체계는 일본식, 보상 방식은 미국식 성과주의, 조직문화는 대한민국식처럼 편리하거나 최적화된 방법을 모아 두었다고 전체 합이 최고가 되지 않는다. 부분 최적화가 아닌 조화로운 체계를 만드는 것이 중요하다. 그러기 위해서라도 제도의 기원이나 특성을 알아야 한다.

제도를 통하여
조직 활성화 방안 찾기

제도를 도입할 때, 특정 직군이나 직종에만 적용할지 아니면 전체 다 적용해야 하는지, 특정 지점만 예외적으로 허용해야 하는지 등의 대화가 조직 내에서는 늘 일어난다. 심지어 명함을 두고 통일성 있게 제작할 것인지 기본 조건만 주고 일정 부분 자율을 허용할 것인지에 대해 토론을 벌인 조직을 목격한 적도 있다. 여러 부서가 있는, 특히 다수의 사업장이나 지점이 있는 조직은 무엇인가를 도입할 때마다 이를 전 부서(혹은 지점, 국외지사)에 같이 적용할 것인지 아니면 특성(개성)을 고려해 적용할 것인지에 대해 늘 고민하기 마련이다. 조금 더 확장하면 이는 중앙 집권과 지방 분권의 문제이기도 하다.

사전적으로 통일성은 다양한 요소가 있으면서도 전체가 하나로 파악되는 성질이고, 다양성은 모양, 빛깔, 형태, 양식 등이 여러 가지로 많은 특성을 의미한다. 통일성과 다양성이 상충관계Trade-Off에 놓인다는 것이 갈등과 문제를 발생시키는 원인이 되기도 한다. 통일성을 강화하면 다양성이 약해지고 다양성을 강화하면 통일성이 약해지기 때문이다. 그래서 제도를 도입하고 조직문화를 구축할 때 통일성과 다양성을 어떻게 반영할 것인지 명확히 해야 할 필요가 있다. 예를 들어 몇 개 지점은 통일된 복장을 하고, 몇 개 지점은 자유로운 복장을 허용한다고 생각해보자. 그렇다면 이런 문제를 어떻게 풀어야 할까?

통일성과 다양성의 상충관계는 조형, 건축, 디자인 등의 영역에서 가장 먼저 고민했다. 바로 보이는 삶의 공간을 설계하는 것이기에 이 분야에서의 고민은 조직문화를 고민하는 사람에게도 시사하는 바가 크다. 통일성은 보기 편하고 이해하기 쉽지만, 변화가 없어 새로운 느낌이 들지 않는다. 여기에는 적절한 수준의 다양성을 불어넣는 것이 필요하다. 반면 다양성은 새로운 느낌을 주면서 창의적 영감을 불어넣을 수 있지만 대신 번잡함을 줄 수 있다. 여기에는 적절한 수준의 통일성을 불어넣는 것이 필요하다.

조형, 건축, 디자인에서는 통일성과 다양성을 적절하게 조화하여 상충의 모순문제를 해결하고자 한다. 여기서 적절함을 조절할 수 있는 역량이 그 대상의 가치를 높일 수도 있고 낮출 수도 있는 중요한 요소이다. 이때 어떤 것을 먼저 위치시키느냐에 따라서 다양성의 통일Unity in Diversity과 통일성의 다양Diversity in Unity으로 조화의 수준이 드러난다.

건축가 유현준은 도시를 형태와 재료 2가지 요소로 나누어 네 종류의 도시로 구분한다. 첫째 도시 유형은 형태도 단순한 상자이고 재료도 단순한 콘크리트이며 디자인을 통일힌 대힌민국의 아파드 단지이다. 둘째 도시 유형은 형태는 복잡한데 재료는 단순하여 광고로도 유명하고 파란 돔과 흰 벽하면 생각나는 그리스 산토리니 섬이 여기에 해당한다. 보스턴의 뉴베리 거리는 신축하거나 리모델링하는 건축물의 모든 재료에 붉은 벽돌을 사용하도록 규제함으로써 재료의 통일감을 보존하여 아름다운 거리를 유지한다. 셋째 도시 유형은 형태는 단순한데 재료가 복잡한 서울의 논현동 뒷골목이다. 콘크리트, 벽돌, 타일 등 다양한 재료지만 같은 디자인의 집들이 모여 있기 때문이다. 넷째 도시 유형은 형태도 복잡하고 재료도 복잡한 서울의 청담동 명품 플래그숍Flagship Store 거리이다.

그는 형태가 다양하고 재료가 통일되었을 때 도시 공간이 다이내믹하고 좋아진다고 이야기한다. 둘째 도시 유형이다. 가장 선호하지 않는 종류를 직접 언급하지 않지만 "도시가 통일성이 없어 보이고 우리의 미적 감각에서 허용할 수 있는 다양성의 한계를 넘어 카오스 수준으로 가 버린 것이다."[8]라는 문장을 통해 일정 부분 유추할 수 있다.

첫 번째 유형은 통일성(획일성에 가까운), 두 번째 유형은 다양성 속에서 재료의 통일을 이야기했기에 다양성의 통일Unity in Diversity, 세 번째 유형은 통일된 디자인 속에서 다양성을 추구했기에 통일성의 다양Diversity in Unity, 네 번째 유형은 다양성(카오스에 가까운)으로 볼 수 있다.

---

8   유현준, 《도시는 무엇으로 사는가》, 을유문화사, 2015, 57쪽.

통일성과 다양성
조화를 위한 두 방향

통일성, 다양성, 통일성 속의 다양성, 다양성 속의 통일성이라는 4가지를 일직선으로 배치해 보면 다음과 같다.

통일성 (Unity)	통일성 속의 다양성 (Diversity in Unity)	다양성 속의 통일성 (Unity in Diversity)	다양성 (Diversity)

통일성에서 다양성을 추구하는 → ← 다양성에서 통일성을 추구하는

통일성이나 다양성을 극단으로 추구하기보다는 2가지를 적절하게 조화시키고자 한다면 통일성을 기반으로 다양성을 확대해 갈 수 있고, 다양성을 기반으로 통일성을 확대해 갈 수도 있다. 통일성에서 다양성까지 추구하는 방향의 예는 군대나 우리나라의 다수 기업들이다. 군대는 통일성의 대표적인 조직으로 개인 가치보다 집단 가치와 보안을 중시한다. 그런데 우리나라의 가족 구조가 대가족에서 핵가족으로 바뀌면서 신세대들은 개인 중심 생활에 익숙하다. 그러다 보니 최근 병영 생활에서도 개인의 개성과 다양성을 어느 정도 허용할 것인지 고민이 많다.

우리나라의 많은 조직은 통일성 속의 다양성을 추구하는 단계의 초기에 있다. 산업화 및 군부 시대를 거치면서 전체주의적 사상에 많이 노출되었고 제조업의 특성상 통일성이 장점으로 작용하여 성공으로 이끈 조직이 많았기 때문이다. 경영자가 원하는 경영 철학과 조직문화를 강요하며 여기서 어긋나면 충성심이 없거나 성과가 저조한 것으로 생각하기도 했다. 하지만 서비스업이 발전하고 정보화 사회에 이르러 다양성의 가치가 중시되면서

이러한 오해가 조금씩 줄어들었다. 성과에 의해서 판단하고 개인을 존중하고 개인 역량을 끌어내는 문화가 받아들여졌다.

다양성에서 통일성까지 추구하는 방향의 예는 유럽연합EU이나 다국적 기업이다. 이런 조직들은 각 나라의 고유한 문화와 전통을 존중하면서 통일을 추구한다. 유럽연합은 경제 공동체 구축에서부터 시작했지만, 지금은 문화 공동체를 위한 노력도 기울인다. 보조성의 원칙이 대표적이다. 이는 국가 차원에서 지원할 수 없으면 유럽 차원에서 지원한다는 원칙으로 문화 영역에서 유럽연합 활동의 정당성을 확보하기 위함이다.[9] 또한 상당수 다국적 기업이 각 국가의 특성을 존중하면서도 하나의 기업이라는 공동체 의식과 관리 체계를 갖추기 위해 통일성을 지향하는 것도 예라고 볼 수 있다.

우리 조직에서도 조직이 어느 가치 상태에 있는지, 어떤 방향으로 나아가려고 하는지, 조직 내의 많은 제도가 어느 선상에 있는지 알아야 한다. 그렇게 해야지 제도가 일정한 방향으로 가는지를 알 수 있고 미비한 사항을 보완할 수 있기 때문이다.

통일성을 갖추려면 시간과 노력을 투입해 규정을 만들고 정형화된 매뉴얼을 만든다. 즉, 표준화를 한다. 그리고 이를 전파하기 위해 교육하고 규정을 잘 지키고 있는지를 감시하는 관리 체계를 강화한다. 관리 체계는 사

---

9   진인혜, 〈다양성 속의 하나 지향하는 EU의 문화정책과 시민단체〉, 유럽사회문화 제5권, 연세대학교 유럽사회문화연구소, 2010, 102쪽.

람이 될 수도 있고 시스템이 될 수도 있다. 이때 구성원들로서는 외워야할 것이 계속 늘어나 많은 이들이 피로감을 호소한다. 규정이나 표준을 어기면 그에 따라 벌을 주는 피드백 체계도 발전한다. 복장부터 고객 대응 요령에 이르기까지 수백 페이지의 매뉴얼이 있는 국내 모 항공사가 대표적인 예다.

반면 다양성을 추구한다면 구성원들이 따라야 할 원칙과 방향을 제시하고 나머지는 하부 조직이나 개인의 역량과 판단에 맡긴다. 여기서는 다양한 사례를 공유하면서 구성원들이 원칙과 방향에 맞는 것인지 아닌지를 스스로 판단하는 과정이 중요하다. 외울 것이 거의 없거나 수첩 한 페이지 안에 들어갈 몇 개의 단어나 몇 개의 문장이 전부일 수 있다. 구성원들이 도전하고 나서 실수나 실패를 해도 용인되고, 긍정적 피드백을 받는다. 권한을 위임했으므로 그만큼 많은 성과를 요구하기도 한다. 모든 상황에서 스스로 최선의 판단을 내릴 것이라는 오직 하나의 규칙만을 강조하는 미국의 모 백화점이 좋은 예가 될 수 있다.

통일성을 기반으로 하는 조직문화에서는 규정, 규칙, 매뉴얼 등을 갖추고 이를 갱신하고 교육하는 것이 중요하다. 그렇게 하지 않으면 관습과 윗사람의 방식이 조직 내에 자리 잡을 위험이 있다. 다양성을 기반으로 하는 조직문화라고 하면 원칙에 따라 이루어진 다양한 사례를 공유하는 장을 마련하는 것이 중요하다. 그렇게 하지 않으면 규칙이 없다거나 관리가 전혀 되지 않는다고 인식될 위험이 있다. 통일성과 다양성의 조화는 조직문화뿐 아니라 모든 영역에서 항상 고민하는 문제이다. 이제 우리 조직이 어떤 위치에서 어느 방향을 지향해야 하는지 살폈으면 한다.

Chapter 3

[리더의 무능]
리더는 할 일을 하고 있는가?

문화는 직원들이 매일 수백 가지의 결정을 내리는 지침이다.
- 프랜시스 프레이, 앤 모리스 -

조직문화는
리더의 관심 없이는 어렵다

리더가 조직에 미치는 영향이 얼마나 큰지를 설명할 필요가 없는 것처럼 리더가 조직문화에 미치는 영향도 매우 크다. 그런데 많은 조직에서 리더 스스로 본인의 스타일(혹은 컬러)을 모른다. 심지어 다른 스타일로 착각하고 있는 경우도 많다. 그렇지만 구성원들은 리더의 스타일이 무엇인지 알고 그것이 어울리는지도 안다. 리더가 조직문화에 관해 생각이 없거나, 본심을 숨기고 가면을 쓰고 있거나, 일관되지 않고 변덕을 부리는 것은 조직문화에 구축하는데 큰 걸림돌이다.

경계가 있는 조직에서 문화에 가장 큰 영향을 미치는 사람은 리더이다. 부서에서는 부서장이고 회사 전체로는 대표가 리더이다. 방향 제시 없이 야단만 치는 선임, 장기적 안목 없이 단기 성과만을 강조하는 최고 경영자,

조직문화 구축에 리더가 제 역할을 하지 못하는 경우 점검 포인트

구분	점검 포인트
1. 리더가 조직문화에 무관심하지는 않은가	리더가 조직문화에 관해 관심이 있는가?
	조직문화 개선을 위해 리더가 적극적으로 참여하는 것이 있는가?
	리더가 조직문화 구축 책임에 대해 인지하고 있는가?
2. 리더의 본심과 언행이 다르지는 않은가	리더의 말과 행동이 일치하는가?
	리더가 솔선수범하는가?
3. 리더의 변덕이 지나치게 심하지는 않은가	리더의 변덕이 심한가?
	조직의 예측 가능성 수준이 높은가?

모든 것을 숫자로만 인식하고 파악하려는 관리자와 같은 리더들의 무지가 우리나라 조직문화를 멍들게 한다.

조직문화가 중요한지 모르는 리더들은 조직문화에 영향을 미칠 수 있는 다양한 수단이 있어도 이를 활용하지 않는다. 이런 리더들은 인재 채용과 배치, 사원 교육, 공간 구성, 각종 행사, 면담, 회식 등의 기회를 날리고 있다. 그러면서 다른 회사에서 도입한 제도를 따라하기 급급하다. 옆 부서가 회식했다고 하면 우리도 하자고 한다. 마치 은혜를 베풀듯 그걸 도입하라고 한다. 무분별하게 다른 조직의 구조와 방법을 도입해서 기존 가치 체계를 혼란스럽게 하거나 구성원들을 쓸데없이 동원하여 피곤하게 만든다. 그러다가 경기가 어려워지면 조직문화와 관련된 예산이나 인력을 가장 먼저 줄인다.

조직 내 리더에게 조직문화를 바꿀 권한과 기회가 가장 많다. 그런데 자신의 역할이 매우 중요하다는 것을 모르거나 알고 있다고 착각하는 리더들이 의외로 많다. 이런 리더가 있는 조직에서 좋은 문화를 구축한다는 것은 사실상 불가능하다. 구성원들이 따라다니면서 이야기해줄 수 있는 것이 아니기에 리더 스스로 질문을 던져보아야 한다.

'나는 정말 조직문화가 중요하다고 생각하는가? 겉으로는 중요하다고 말하면서 정작 그만큼의 시간과 관심을 두고 노력을 하고 있는가? 무엇을 통해 조직문화를 확인하고 있는가?'

이 질문에 답하지 못한다면 먼저 공부하고 자신만의 관觀을 만들어야 한다. 조직의 리더는 조직문화를 구축할 책임이 있고 조직문화를 대표하는 사람이다. 중요하다고 생각한 것에는 그만큼 노력을 기울여야 한다.

리더는 제도를 만들 힘이 있고 구성원들의 행동에 직접 영향을 미칠 수 있다. 리더가 어떤 행동을 중시하는지, 어떤 사람을 대우하는지를 보면 리더의 생각과 가치관을 미루어 짐작할 수 있다. 가치관은 무형無形이라서 볼 수는 없지만 말, 행동, 제스처 등을 통해 드러난다. 고객 우선이라고 외치면서 고객 전용 주차장에 자신의 차를 먼저 주차하는 리더의 모습을 보면 직원들이 무슨 생각을 하겠는가?

지각한 직원을 두고 "늦게 와서 아침부터 왜 인상 쓰고 있는 건데!"라고 말하는 리더와 "얼굴이 왜 이렇게 안 좋아? 어디 아픈 것 아니야?"라고 말을 시작하는 리더는 180도 다른 영향을 미친다. 전자는 "저런 사람이 리더라고? 그러니까 회사가 이 모양이지."라는 부정적인 생각이 조직에 자리 잡는다. 이처럼 리더와 관계된 경험은 조직문화 구축에 직접적인 영향을 미치는 중요한 요소이다.

보통 조직문화를 평가할 때 설문 조사를 하는데 눈에 보이지 않는 조직문화의 특성상 설문 조사만으로는 한계가 있다. 리더가 하는 인사평가와

다면평가, 직원들을 대상으로 하는 리더십 평가로 보완한다. 리더가 조직의 핵심 가치를 얼마나 이해하고 있고 어떻게 실행하고 있는지, 조직문화를 어떻게 인식하고 있는지를 살펴볼 수 있다. 하지만 이 부분을 생략하거나 분석에 활용하는 조직은 거의 없다.

우리 조직문화가 공정한지, 잘 적용되고 있는지를 생각해볼 수도 있지만, '나의 리더는 공정한가?'를 물어보는 것도 조직문화의 현실을 적나라하게 파악하는 방법이다. 우리라고 하면 나도 포함되는 범위라서 관대하게 대답하는 경향이 있지만, 나의 리더라고 한정 지으면 조금 더 객관화할 수 있다(혹은 더 가혹하게 평가한다). 여기서 나온 결과를 리더의 승진이나 역량 평가에 어떻게 반영할 것인가를 고민하기보다는 조직문화를 진단하고 개선하는 수단으로 활용하는 것이 좋다. 예를 들어 리더십 교육에 조직문화를 넣어 미흡한 부분을 보완하도록 한다.

조직문화는 구성원들의 경험이 쌓여서 형성되고 구성원들의 경험은 리더와의 관계 속에서 많은 영향을 받는다. 리더의 말과 행동은 조직문화를 만드는 좋은 자양분이자 현재 수준을 파악할 수 있는 가늠자와 같다. 리더에 대한 평가를 적절하게 활용하는 것은 조직문화 구축에서 좋은 수단을 확보하는 것이기도 하다.

리더의 본심과 언행이
조직문화에 미치는 영향

최고 경영자나 임원진과 이야기하다 보면 조직 분위기가 좋지 않은 탓을 구성원들의 책임인 양 말하거나 조직문화의 문제로 돌리는 경우를 목격한다. 구성원들의 정신상태가 문제라고 하면서 "직원들 정신(군기) 좀 바짝 들게 자극적으로 교육해주세요. 직원이 변해야 하는데 도통 변할 생각을 하지 않으니 큰일입니다. 잘 좀 부탁드립니다."라는 잔소리 같은 교육을 요구한다. 이런 조직을 가만히 들여다보면 문제는 정작 최고 경영자에게 있다. 자신은 관료주의 스타일로 벽을 쌓으면서 구성원들에게는 수평적 문화가 중요하다고 강조한다. 소통과 협력을 이야기하다가 야단과 험한 말, 욕, 거친 행동을 일삼는다.

입으로는 "돈, 돈" 하면서 구성원들에게는 충성으로 일하라고 한다. 이런 이율배반적인 말과 행동에 구성원들은 혼란스러워하나가 사언스네 리더를 신뢰하지 않게 된다. 그 결과 문화 현상은 엉망으로 나타난다. 리더의 본마음과 행동이 일치하지 않아서 그렇다. 리더가 바뀌면 구성원들도 바뀌고 문화도 바뀐다. 위에서 바꾸지 않으니까 모든 것이 바뀌지 않는다. 리더는 조직문화를 구축하는 주체이기도 하지만 조직문화를 허물거나 흩트리는 주범이기도 하다. 신뢰하는 분위기와 문화는 어떤 원인의 결과로 나타나는 종속변수다. 일종의 증상이지 병의 원인이 아니다.

리더가 A라고 생각하면서 B라고 말하면 구성원들은 혼란에 빠진다. 이렇게 리더의 속마음과 말과 행동이 일치하지 않아서 구성원들이 고생하는 일이 뜻밖에 많다. 특히 영리가 목적이 아닌 비영리단체 조직에서 이러한 현상을 자주 찾아볼 수 있다. 리더는 깐깐한 소리를 하고 싶지만 좋은 사람으로 비치고 싶어 차마 그 소리를 하지 못하고 에둘러 표현하거나 다른 사람을 통해 본심을 전달한다. 그렇게 되면 구성원들은 처음 한두 번은 속을지 모르지만, 시간이 지나면서 리더가 어떤 사람인지 알게 된다. 따라서 리더는 본인이 어떤 성향인지 파악하고 있어야 한다. 그렇지 않으면 조직 구성원들이 모두 알고 있는데 정작 본인만 모르는 상황이 발생한다.

리더는 자신의 성향을 제대로 파악할 것

리더의 성향에 관해서는 다양한 연구가 있는데 그중 알면 도움이 되는 연구가 있다. 경영자나 관리자가 구성원을 대하는 관점에 대한 X 이론 Y 이론으로, 1960년에 더글러스 맥그리거Douglas McGregor 교수가 발표한 연구이다.[10] 이는 경영학을 공부한 사람이라면 반드시 배우는 내용이다. 맥그리거는 다음과 같은 인간관을 X 이론이라 했다.

①인간은 선천적으로 일을 싫어하며 가능한 한 일을 하지 않고 지냈으면 한다. ②기업 내의 목표 달성을 위해서는 통제, 명령, 상벌이 필요하다. ③종업원은 대체로 평범하며 자발적으로 책임을 지기보다는 명령받기를 좋아하고 안전 제일주의의 사고 행동을 취한다.

이와는 다른 다음과 같은 인간관을 Y 이론이라고 했다.

①오락이나 휴식처럼 일에 심신을 바치는 것은 인간의 본성이다. ②상벌만이 기업목표 달성의 수단은 아니며 조건에 따라서 인간은 스스로 목표를 향해 전력을 기울이려고 한다. ③보통 인간은 책임을 수용하고 심지어는 조직을 구하는 것을 배울 수 있다(안전 제일주의는 인간의 본성이 아니다). ④새로운 당면문제를 잘 처리하는 능력은 특정인에게만 있는 것이 아니다. 오히려 현재 기업 내에서 구성원들의 지적 능력이 발휘되지 않을 수 있다.

맥그리거가 살아 있었을 당시인 1950~1960년대는 제조업 중심으로 관리와 통제 수단이 적합하다고 생각한 X 이론의 경영자가 많았다. 서비스 업종이 발달하면서 의사 결정과 책임에 구성원들을 참여시키는 것이 직무

---

10 더글러스 맥그리거는 MIT 슬론 경영대학원 교수로서, 1960년 저서 《기업의 인간적 측면Human Side of Enterprise》에서 인간의 본성과 행동에 대한 관리자의 개인적인 가정이 개인의 직원 관리 방식을 결정한다며 제시한 X 이론과 Y 이론으로 알려져 있다.

동기를 극대화할 수 있다고 생각하는 Y 이론의 경영자가 많아지게 되었다. 매슬로의 욕구 5단계 설과 연계해 X 이론은 생존, 안전 등의 저차원 욕구와, Y 이론은 참여와 자기계발의 고차원 욕구와 맥을 같이한다고 해석하기도 한다. X 이론과 Y 이론은 단순한 개념이긴 하지만 직관적인 이해가 가능하여 아직 유용한 연구이다.

이 연구를 활용하여 조직문화를 해석해 보자. X 이론과 Y 이론 성향의 리더가 각각 X 이론과 Y 이론에 근거한 제도를 도입한다면, 구성원의 대응을 2×2 매트릭스에 따라 다음과 같은 4가지 유형으로 분류할 수 있다.

구분		리더의 본심	
		X 이론 권위적 리더십 경제적 합리성 강조 당근과 채찍 공식적 조직 중시 고도의 계층제	Y 이론 민주적 리더십 자아실현 인간관 자기통제, 자기책임 비공식적 조직 활용 수평적 문화
리더의 언행	중앙집권, 권위 강제, 명령, 벌칙 책임제 강화 경제적 보상체계 강화	**옛날 아버지형**	상황종속형 (상황우선형)
	분권, 권한의 위임 목표 관리, 자기평가 자발적 처리 개방적, 동태적 구조	속이 뻔한 형 (본인은 안그런 척 형)	**자율민주형**

옛날 아버지형은 리더의 성향이 권위적이고 리더가 조직을 통제하는 것을 선호한다. 리더의 행동과 규준에 있어서 명령과 벌칙을 중요시하고 엄격함을 추구한다. 자율 민주형은 리더의 성향이 민주적이고 개인에게 맡기는 것을 선호하면서 리더는 권한을 위임하고 개방적인 행동을 한다. 두 유

형에서는 구성원이 혼란을 겪을 가능성이 낮다. 더 나은 제도나 문화를 떠나서 개인 차원에서 보면 일관된 모습을 경험하기 때문에 업무를 할 때 예측 가능성이 높다.

반면 상황 종속형과 속이 뻔한 유형은 리더의 진짜 마음과 겉으로 드러난 언행 사이에 차이가 나기 때문에 구성원들이 인지 부조화와 같은 혼란을 겪는다. 구성원은 그 상황을 피하거나(관심을 끊어버리거나), 자신에게 유리한 것만 받아들이고 불리한 것을 거부하는 확증 편향Confirmation Bias이나 체리 피킹Cherry Picking[11] 등의 현상을 보이기도 한다. 리더의 본심을 따르다가 제도나 이벤트 등이 보여주기나 일회성으로 전락하기 쉽다.

특히, 최근 우리나라 조직에서는 속이 뻔한 유형이 많이 있다. 이 유형의 리더는 지금까지 권위적인 조직에서 성장했기에 X 이론적 성향이지만 최근 호칭을 파괴하고 수평적 조직문화를 구축해야 한다고 듣게 되면서(실제로 수평적 조직문화 구축이 답인 것처럼 이야기하는 매체) 마음에도 없는 Y 이론적 발언을 하거나 규칙을 들여온다. 하지만 그런다고 제도가 잘 정착되겠는가? 잠시 본 모습을 숨기지만 결국 본 모습으로 돌아온다. 또 공식적인 자리에서는 Y 이론적 발언을 하고 비공식적인 자리나 사적 만남에서는 X 이론적으로 지시와 통제를 하는 경우도 여기에 해당한다.

---

11 일반적으로 자신에게 불리한 사례나 자료는 숨기고 유리한 자료만을 보여주며 자신의 견해 또는 입장을 지켜내려는 편향적 태도

상황종속형은 매우 특이하다. 리더는 민주적인 Y 이론 성향의 사람인데 조직은 이미 X 이론적인 관리와 통제가 자리 잡았다. 이는 일반적으로 쉽게 목격할 수 있는 것은 아니고 2~3년마다 리더가 바뀌는 공공기관에서 간혹 찾아볼 수 있다. 이때 리더는 수평적 문화나 참여적 문화를 만들기 위해 소통의 장을 만드는 등의 시도를 하지만 순혈주의, 폐쇄성, 규정 중심의 문화가 워낙 뿌리 깊어서 리더의 힘만으로 이를 바꾸기는 역부족이다. 리더가 여기에만 에너지를 쏟을 수도 없고 임기도 짧다. 이 마저도 이벤트로 끝나고 구성원들은 이것을 재미있는 추억거리 정도로 여긴다.

문제를 파악하는 관점에서는 속이 뻔한 유형에 주목할 필요가 있다. 방향은 2가지로 명확하다. 하나는 X 이론의 성향을 그대로 보여서 X 이론적 행동을 하고 제도를 운용하는 것이고, 또 하나는 X 이론의 성향을 고쳐 Y 이론의 성향으로 바꾸고 이에 맞는 제도를 운용하는 것이다. 후자는 리더가 성향을 바꾸는 계기와 과정을 구성원들이 이해할 수 있도록 충분히 설명해야 한다. 구성원들은 바보가 아니다. 가식적으로 하는 것과 진심으로 하는 것 정도는 구분할 수 있다. 리더는 자기의 스타일(컬러)을 드러내야 한다. 이름하여 리더 본색本色이다. 자신의 성향이 어떤지 구성원들을 통해 객관적으로 확인해보자.

때로는 너무도 가혹한
리더의 역할

리더가 되면 갖게 되는 3가지의 심心이 있는데 첫째는 '더 벌고 싶고, 더 높아지고 싶고, 더 존중받고 싶은 욕심'이다. 둘째는 '구성원들이 나를 속이는 것 아닌가하는 의심'이다. 셋째는 '리더가 이번에는 또 왜 그러지? 이제 와서 딴소리야라는 변심'이다. 어느 정도의 욕심, 의심, 변심은 필요하지만, 이것이 지나치면 본인뿐 아니라 조직에 큰 해를 끼칠 수 있기에 리더는 적절한 균형을 유지하도록 노력해야 한다.

욕심, 의심, 변심에는 작은 차이가 있다. 욕심과 의심은 리더의 말과 행동에서 엿볼 수 있는데 비해, 리더의 변심은 구성원들의 반응을 관찰할 때 더 많이 보인다. 사람에게 자기합리화는 본능이다. 그러다 보니 대다수의 리더는 자신의 변덕 정도를 인지하지 못한다. 변덕이 심해서 언제 어떻게 비뀔지 모른다는 사실을 구성원들은 다 아는데 본인만 모른다.

리더가 변덕이 심하면 구성원들은 불안감 속에서 지낸다. 긍정적인 조직문화를 기대하긴 어렵다.

A 방향으로 가자고 해서 밤을 새워가며 자료를 만들어서 보고하는데 갑자기 A가 아니고 B 방향이 낫다고 다시 준비하라고 한다. 그럴 수도 있겠다 싶어 이해하려는 순간 "A가 말이 되느냐? 생각이 있는 사람이냐? 어제 내 이야기는 이게 아니었는데."라고 한다. 의사 결정을 바꾼 이유를 합리적으로 설명하기보다는 구성원을 자신의 말을 잘못 이해한 사람으로 몰아붙인다. 이러한 과정이 반복되면 구성원들은 리더의 말을 신뢰하지 않는다. 리더의 말은 계속 가벼워져서 허공에 맴돌 뿐이다. 구성원들은 리더의 결정이 바뀔 때마다 대응하기 위해 바쁘게 일하지만, 시간이 지날수록 바쁜 척한다. 이러한 조직은 늘 바쁜 듯 보이지만 막상 진행되는 일은 별로 없다는 특징이 있다. '이번에는 어떻게 바뀔까?'라며 불안한 사람과 '바뀌든 말든 무슨 상관이야.'라고 체념하는 사람들로 점점 가득 찬다.

이처럼 리더가 변덕을 부리면 구성원들은 불확실성 상태에 놓인다. 불확실성 상태라고 함은 예측해도 소용없는 상태를 의미한다. 예측하고 대비할 수 없으면 정신적 스트레스를 촉발한다. 이는 인간뿐 아니라 동물에게도 해당하는 기본적인 메커니즘이다. 이와 관련된 재미있는 실험이 있다.

두 군데 쥐를 나누어놓고 같은 정도의 전기충격을 가한다. 한쪽에는 전기충격 전에 경고음을 울렸고 다른 한쪽은 아무런 신호를 주지 않은 채 전기충격을 주었다. 그랬더니 전기충격 전에 경고음을 울렸던 쪽의 쥐가 궤양이 적게 생겼다. 경고음을 듣는 쥐는 무서운 일이 언제 일어나는지 알 수 있으므로 언제 긴장을 풀 수 있는지도 알았다. 반면 경고음이 없었던 쥐는 언제 충격이 올지 모르기 때문에 항상 긴장을 늦출 수 없었다. 경고음이란 나쁜 소식을 듣는 것이기는 하지만 더는 나빠지지 않는다는 생각에 안심할 수도 있다. 예측할 수 있으면 긴장을 조절할 수 있다.[12]

실제 사례도 있다. 제2차 세계대전 당시 나치가 영국에 폭격을 감행했을 때 런던은 매일 밤 어김없이 폭격을 맞았다. 시민들에게는 엄청난 스트레스였다. 한편 영국 교외에서는 일주일에 한 번 정도 폭격이 있었다. 공격을 받을 때 생기는 스트레스는 적었지만 언제 당할지 가늠하기 어려웠다. 그런데 매일 폭격을 받는 런던보다 교외 지역의 궤양 환자가 늘어났다. 예측 가능성이 떨어져서 그 불안감으로 신체적 건강이 나빠졌기 때문이다. 폭격이 3개월쯤 계속되어 폭격에 익숙해질 무렵, 궤양 환자의 비율이 정상으로 돌아갔다고 한다.

전기 자극이 아니더라도 일정 간격을 두고 우리 속에 사료를 넣어주는 실험과 시도 때도 없이 불규칙한 간격으로 사료를 넣어주는 실험을 비교하면 쥐는 같은 양의 사료를 받지만, 예측 가능성이 떨어질 때 스트레스와 관계된 호르몬 수치가 올라간다. 이는 굶주림과 통증 등의 신체적 스트레스를 주지 않더라도 예측할 수 없으면 스트레스가 생긴다고 알려주는 실험이다. 이처럼 리더의 변덕이 예측 가능성을 떨어뜨려 구성원들의 스트레스를 유발함을 입증하는 사례는 많다.

---

12   로버트 새폴스키 지음, 이지윤·이재담 옮김, 《스트레스》, 사이언스북스, 2008, 384~386쪽.

일관된 학대보다
변덕이 더 나쁘다

리더의 변덕Justice Variability으로 인한 스트레스가 어느 정도로 나쁜 것인가에 관한 연구가 있다. 연구자는 161명의 대학생들에게 주가를 예측하는 과제를 주었다. 예측한 결과에 대하여 관리자가 피실험자인 대학생들에게 피드백할 때 대학생들의 스트레스에 어떤 영향을 주는지 알아보는 실험이었다.[13]

대학생들은 15회마다 1회씩 피드백을 받는 방식으로 12회의 피드백을 받았다. 이때 무작위로 3개 그룹으로 나뉘어 서로 다른 유형의 피드백을 받았다. 첫 번째 집단에게는 "끝까지 애써주셔서 감사합니다. 당신과 함께 일하게 돼 기쁩니다." 등과 같이 항상 공정한Always Fair 피드백을 주었다. 두 번째 집단에게는 "부끄러운 성과이다. 의지가 없는 사람과 일하는 것은 별로입니다." 등과 같이 항상 불공정한Always Unfair 피드백을 주었다. 마지막 세 번째 집단에게는 때로는 긍정적, 때로는 부정적으로 일관성이 없는Variably Fair 피드백을 주었다.

실험이 끝난 후에 피실험자에게 피드백이 공정했는지, 피드백 결과를 얼마나 자주 확인했는지를 물었으며 실험 전후의 심장박동 변화를 측정해 스트레스 수준을 확인했다. 그 결과는 어떠하였을까?

---

13 Fadel K. Matta, et al., "Is consistently unfair better than sporadically fair? An investigation of justice variability and stress", *Academy of Management Journal*, Vol. 60, No.2, 2014. pp. 1~63.

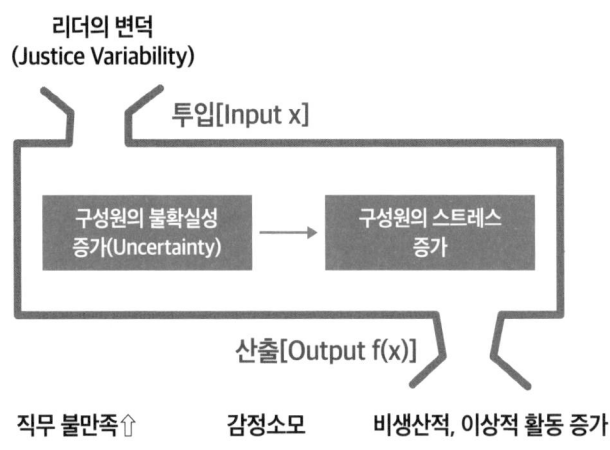

리더의 변덕
(Justice Variability)

투입[Input x]

구성원의 불확실성
증가(Uncertainty) → 구성원의 스트레스
증가

산출[Output f(x)]

직무 불만족↑   감정소모   비생산적, 이상적 활동 증가

관리자의 피드백에 대해서는 첫 번째 집단이 가장 공정한 것으로 나타났고 세 번째 집단, 두 번째 집단 순이었다. 긍정적 피드백의 개수와 같은 순서였다(첫 번째 집단은 12개, 두 번째 집단은 0개, 세 번째 집단은 6개). 피드백 결과를 확인한 횟수조차 첫 번째 집단, 세 번째 집단, 두 번째 집단 순이었다.

하지만 스트레스 결과는 좀 달랐다. 첫 번째 집단의 스트레스 수준이 가장 낮았고, 그 집단 다음이 두 번째 집단이었으며, 세 번째 집단이 가장 높았다. 다시 말해, 스트레스는 건건이 나쁜 대우를 받는 직원보다 변덕스러운 상사를 둔 구성원들이 더 받게 된다는 사실을 증명한다.

세계적인 경영 학술지에 소개된 이 실험은 리더의 변덕이 구성원들의 불확실성을 증가시켜 스트레스를 높인다는 결과를 보여주었다. 리더가 변덕을 부리면 구성원들은 직무 불만족, 감정의 불필요한 소모, 비생산적이거나 비정상적 활동이 증가했다. 이렇듯 일관된 학대보다 변덕이 더 나쁠 수 있다.

데이터가 자원이 되는 시대이나. 그런 자원에서 구글은 데이티리는 가장 큰 자원을 가진 부자 기업이다. 전 세계 사람을 대상으로 어떤 글을 읽고 있는지, 어떤 물건을 사는지, 어디를 여행했는지 등 모든 글과 사진 데이터를 축적해 연구한다. 구글의 인사정책에도 데이터를 적극적으로 활용한다. 구성원들을 분석하는 전담 인원을 따로 두고 있으며, 특히 성공적인 리더를 만들기 위한 연구에 심혈을 기울인다.

구글이 정의한 성공적인 리더란 바로 '행동을 예측할 수 있는 리더'이다. 리더가 일관성을 유지해야 구성원들이 갑자기 방향을 틀어야 하나 걱정하지 않고 일에 몰두할 수 있고 자유롭게 일할 수 있는 여건이 조성되기 때문이다.[14]

인구구조의 변화, 4차 산업혁명, 환율과 금리 변동 등 산업 환경은 급격하게 바뀌고 있다. 많은 기업이 불확실한 외부 환경에 위기감을 느끼고 이에 대응하기 위해 구성원들에게 민첩한 조직이 되라고 한다. 그런데 외부의 불확실성에 대해서는 그렇게 강조하면서도 정작 내부의 불확실성에 대해서 신경 쓰는 조직은 많지 않다.

내부의 불확실성 중 대표적인 것이 리더의 변덕이다. 리더가 변덕스러워서 결정의 방향을 예측할 수 없으면 구성원들이 불안하여 업무에 몰두하

14 Walter Chen, "Why Google's Best Leaders Aren't Stanford Grads With Perfect SATs(Google's Data-driven People Analytics Team Uncovers the Surprising Character Trait That Makes For Great Leaders.)", iDoneThis, 2014. 7., 〈https://www.inc.com/walter-chen/google-isn-8217-t-looking-for-stanford-and-mit-grads-it-8217-s-looking-for-this-.html〉

기 어렵다. 이런 조직에서는 긍정적인 조직문화가 자리 잡기 힘들다. 그렇다고 한번 정한 결정을 절대 바꾸지 말라는 것은 아니다. 요즘같이 하루에도 몇 번씩 요동치는 기업 환경에서 전략은 바뀔 수 있다. 전략적 고민과 의사 결정의 어려움을 제대로 경험하지 못한 구성원들로서는 갑자기 바뀌는 리더의 태도를 오해할 수 있다. 이때 커뮤니케이션이 많이 필요하다. 바꿔야 하는 이유를 충분히 이해시키는 과정을 통해 그것을 변덕이 아닌 유연함으로 받아들일 수 있도록 해야 한다. '우리 리더가 바꾸자고 했으면 충분한 이유가 있을 거야. 결국 결과가 좋았잖아.'라는 확신이 생길 수 있도록 좋은 경험이 축적되어야 한다.

Chapter 4

[직원의 무지]
구성원들이 조직을 이해하고 있는가?
'너희들이 조직문화를 알아?'

조직의 성공 여부는 자신을 둘러싼 사람들에게 달려 있다.
- 도널드 럼즈펠드 -

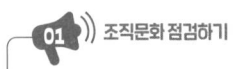

조직에는 왜
인성 무식자, 조직 무식자가 꼭 있지

조직에서 일한다는 것에는 노동을 제공하고 그에 따른 대가를 받는다는 기본 가정이 있다. 하지만 대가에만 집중하거나 대접받는 것에만 관심을 두면, 기본 가정이 깨져서 조직문화가 바르게 작동하지 않는다. 구성원들이 조직을 생각하는 수준이 낮거나 거의 없는 경우도 있다.

'무개념, 무식자'라는 말이 유행한 적이 있다. 무개념은 개념이 전혀 없다는 말이고 무식자는 배우지 못해 아는 것이 없는 사람을 일컫는 말이다. 주로 기본적인 상식에 어긋나는 말과 행동을 했을 때 사용되는 말로 두 단어 모두 부정적으로 사용한다.

조직 내에는 다양한 무개념 혹은 무식자가 존재한다. 부하 직원에게 인격 모독성 발언을 하고 지나친 성적표현을 하는 인성 무식자, 조직인지 학교인지 구분 못 하는 조직 무식자, 복리후생이 조직문화를 구성하는 전부인 양 착각하는 조직문화 무식자 등이 있다.

이런 무개념이나 무식자는 2가지 측면에서 조직에 좋지 않은 영향을 미친다. 첫째는 미꾸라지 한 마리가 흙탕물을 만드는 것처럼 조직 분위기를 흐린다. 하지만 정작 자신은 이를 인지하지 못한다. 둘째는 주위 사람을 좋지 않은 방향으로 물들인다. 가만히 내버려 두면 처음엔 팀, 그다음에는 사업부, 마침내 조직 전체가 온갖 무식자로 넘쳐난다. 무식자가 많은 조직은 결코 바람직한 조직문화를 만들 수 없다. 조직문화를 진단할 때는 반드시 구성원의 조직에 대한 이해수준을 확인해야 한다.

구성원의 조직관이 부족한 경우 점검 포인트

구분	점검 포인트
1. 인성 무식자, 조직 무식자를 경계하라	법적, 윤리적, 도덕적 사건이 자주 발생하는가?
	위의 문제를 일으킨 구성원을 관리하는가?
	동아리, 친목 단체, 학교라는 말이 자주 들리는가?
	월급 루팡, 무임승차자가 많다고 평가되는가?
	젊은 구성원의 퇴사가 많은가?
	1인당 생산성이 감소하는가?
2. 조직문화 무식자가 많은지 살펴보라	조직문화 개선 사례가 있는가?
	개선 활동에 직원의 적극적인 참여와 호응이 있는가?
	구성원이 조직문화를 복리후생 개선으로 인식하는가?

우리나라 사회는 아직도 조직을 위해 구성원이 많이 희생하는 구조이기에 조직 차원에서 고민할 것이 많다. 하지만 종종 구성원이 지나치게 조직

을 향해 요구하기도 한다. 조직에서 구성원을 위해 해야 할 의무가 있는 것처럼 구성원도 조직을 위해 기본적으로 받아들여야 하는 사항이 있다. 이번 내용은 기본적인 것부터 지키지 못하는 일부 구성원에 관한 이야기다.

인성 무식자

그렇다면 지금부터는 '인성 무식자, 조직 무식자'에 대해 좀 더 살펴보겠다. 일단 나이부터 묻고 자기보다 나이가 적다 싶으면 반말하는 선배, 화난다고 부하나 다른 구성원에게 폭력을 행사하는 상사, 입에 담긴 어려운 음담패설과 성희롱으로 다른 구성원의 눈물과 분노를 자아내는 인간, 근무시간을 조작해 서류를 꾸민 뒤 연장 근로수당을 받는 동료, 포토샵으로 영수증을 조작해 횡령하는 구성원 등은 법적, 윤리적, 도덕적으로 문제가 있는 사람들이다.

이들의 문제는 인간으로서 갖추어야 할 소양의 문제이지 조직에서 해결할 수 있는 문제가 아니다. 타고난 것이기에 조직에서 개과천선 시킬 수 있는 사안이 아니다. 오히려 이런 구성원을 걸러낼 수 있는 채용 시스템을 점검하거나 징계 규정을 보완해 빨리 내보내는 방안을 마련하는 것이 더 낫다. 이런 이야기를 군이 하는 것은 일부 조직에서는 이런 사람을 그대로 안고 가기 때문이다. "그동안 회사를 위해 기여한 것이 있는데 그까짓 일로 내보낼 수 있느냐? 그래도 일은 잘해. 저 사람 나가봐야 사람 구실도 못 할 텐데." 등의 논리로 옹호하는데, 조직은 이들을 고용하고 있음으로 상대적으로 잃고 있는 부분을 냉정히 따져봐야 한다.

조직 무식자

'가장 바쁜 시기마다 결혼한 여성 구성원 대부분이 육아휴직을 내는 바람에 그 일을 공익근무 요원이 대신하는 것이 과연 옳은가' 하는 문제가 온라인 상에서 화제가 된 적이 있다. 의료 수익을 성과지표에 반영하면서 3개월에 한 번씩 와도 될 재진 환자를 매달 불러들여 재진료를 챙기는 의사도 있다.

패션 무식자에게 패션에 관해서 이야기하면 '패션을 모르느니, 표현의 자유를 억압한다느니, 고리타분하다'는 이야기를 듣는다. 이처럼 조직 무식자에게 과한 점을 지적하면 '있는 제도를 이용하는 것인데 왜 막느냐, 내가 수평적으로 소통한다'는 식으로 이야기를 한다. 심하면 개인 SNS, 직업 관련 사이트, 민원, 청와대 게시판에 불이익을 당했다고 소문을 내거나 신고하기도 한다. 우리나라에는 이런 조직 무식자가 뜻밖에도 많다. 심각한 조직 무식자와 이야기를 나누다 보면 "왜 회사에 들어오셨나요? 그럼 퇴사하시면 되겠네요."라고 반문하고 싶을 때가 한두 번이 아니다. 이럴 때면 경영자나 리더의 하소연이 이해가 간다. 조직 무식자가 회사에 많으면 뭘 해도 원활하게 진행되지 못하고 조직 자체가 엉망이 된다. 조직 무식자의 말과 행동, 근로 행태 때문에 좋은 구성원마저도 조직 무식자로 오해받게 되는 경우도 발생한다.

조직 내에 조직 무식자가 많다는 것을 어떻게 알 수 있을까? 앞선 예처럼 조직은 전혀 생각하지 않고 자기 잇속만 챙기는 사례가 생겨나기 시작하면 의심해보아야 한다. 이들은 '조직을 위해 개인이 언제까지 희생해야 하는가, 우리의 삶도 소중하다.'라고 그럴듯한 말을 내세우지만, 이는 자신의 행위를 정당화하기 위해 이용하는 말일 뿐이다. 조직 무식자는 조직을 위해 희생하지 않는다. 이들은 조직이 손해를 보더라도 내가 손해를 보면 안 된다고 생각하는 사람들로 진짜 조직을 위해 희생하는 사람을 이용할 뿐이다. 또 하나의 단서는 조직 내에서 공식적이거나 비공식적으로 사용하는 말과 글이다. "우리 조직은 동아리 수준이에요. 이게 친선모임인지 조직인지. 이게 학교도 아니고⋯."와 같은 말을 듣고 글을 읽었다면 조직 무식자가 많은 조직임을 의심해야 한다.

조직 무식자가 알아야 할
3가지 조직 개념

조직 개념이 없는 자를 '조직 무식자'라거나 '조직 무개념자'라고 부른다. 그렇다면 조직 개념이 있다는 것은 무슨 뜻일까? 적어도 조직, 계약, 주인과 대리인 관계의 개념을 아는 것이다. 자기 일이 조직과 계약을 맺고 대리인 관점에서 일을 수행하는 것임을 안다.

조직에는 다양한 정의가 있다. 생물체를 구성하는 단위로서의 정의도 있지만, 사회적 단위로 한정 지어 보면 특정한 목적을 위해 의도적으로 구성된 사람의 집합체로 볼 수 있다. 특정한 목적, 즉 사명을 위한 모임이다. 가정이나 국가처럼 구성원이 선택할 수 없는 것이 아닌 자신의 의지로 선택한다. 조직도 나를 선택할 수 있지만 나도 조직을 선택할 수 있다. '조직에서 일한다'는 것에는 공통의 목표인 사명을 달성할 의무와 함께 선택할 권리도 동시에 주어진다. 그런데 조직의 사명이 무엇인지도 모르고 자신이 조직을 선택할 권리를 포기했으니 조직도 자신을 선택할 권리를 포기하라고 종용한다. 이들이 조직 무식자다. 서로 선택받기 위해 성실하게 사명을 다해야 하는 것은 조직과 구성원의 기본적인 권리이고 의무이다(냉혹하게 들리겠지만 조직에 도움이 되지 않으면 포기할 수 있는 권리도 조직에 있어야 한다).

계약에도 다양한 정의가 있다. 기본적인 정의는 복수당사자의 반대 방향 의사표시의 합치로써 이루어지는 법률행위로 계약이 성립되면 각 당사자는 계약의 내용을 성실히 이행할 의무를 부담한다. 필요한 일을 해주고 정당하게 대가를 요구한다. 우리는 근로계약을 맺고 조직에서 일한다. 이는 학교나 동아리나 친목 모임과 가장 구별되는 특징이다. 쌍방의 이해관계가 다르다는 점에 합의해 계약이 이루어진 것이고 서로 주고받는 관계임에도 조직을 부모 역할로 착각해서 조직이 무엇이든지 다 해주어야 하는 것으로 인식하는 구성원도 있다. 조직의 사정은 고려하지 않고 다른 조직과 비교해서 무리한 요구를 하는 예도 있다. 이들 역시 조직 무식자다.

주인과 대리인 관계는 주인이 모든 일을 직접 수행하는 것이 불가능하기에 자신보다 유능한 사람에게 권한을 위임해 대리인이 일을 대신한다. 국민-국회의원, 주주-경영자, 고용주-노동자 등의 관계가 예이다. 이러한 예에서 보듯, 우리 사회에서는 주인-대리인 관계가 가장 기본적인 관계이다.

주인-대리인 문제는 1970년대부터 경제학자와 정치학자가 제기했다.[15] 대신하면 이해관계가 상충할 수 있다는 근본적인 한계가 있다. 주주는 주가 상승 등 회사 전체의 이익을 기대하지만, 대리인인 전문 경영인은 자신의 연봉과 처우에 집착하여 엇박자가 날 수 있다. 대리인이 그 일에 대한 지식과 노하우(혹은 편법)가 있으면 주인의 이익보다 자신의 이익을 위해 행동할 수 있다. 이 때문에 도덕적 해이와 역선택 현상이 나타난다. 이는 조직문화에 직접적인 악영향을 끼친다.

도덕적 해이가 있는 대리인은 주인이 대리인의 행동을 일일이 감시하지 못하는 상황을 이용해 자신의 이익을 위해 행동한다. 근로자가 감시가 소홀할 때 일을 열심히 하지 않는 것, 보험에 가입하고 나서 사고에 대해 주의를 덜 기울이는 것 등이 그러한 예이다. 조직의 오너는 이를 예방하기 위해 감사나 사외이사를 초빙해 감시하고 스톡옵션과 같은 인센티브를 주어 온 힘을 다하도록 한다. 또는 손실 일부를 같이 책임지도록 해 이해관계를 일치시키려고 노력한다. 조직 관점에서 보았을 때 감사실, 인센티브, 징계 제도 등이 있는 것은 바로 이 때문이다.

조직을 해치는
월급 루팡과 무임승차자

주인과 대리인 사이에 신뢰가 없고 제도도 부실하다면 월급 루팡[16]이 출현한다. 월급 루팡은 조직에서 하는 일은 없는데 월급은 꼬박꼬박 가져가는 직원을 일컫는 말로 '월급 도둑'이라고 불리기도 한다.

---

15 1973년 펜실베이니아대학교의 스테펀 로스Stephen Ross, 1976년 하버드 비즈니스 스쿨의 마이클 젠슨Michael C. Jensen과 로체스터대학교의 윌리엄 맥클링William Meckling 등.
16 도둑의 대명사인 괴도 '루팡'에서 나왔다.

역선택은 노녁석 해이가 반복될 때 나타난다. 월급 도둑이 발생하면 시장으로서는 구성원들(직원들)에게 월급 주기가 아깝다(마음 속으로도 도둑놈들이라고 생각한다). 월급 인상, 복리후생 확대에 주저하게 된다. 그러면 실력 있는 사람은 원하는 수준의 급여를 받지 못하니 자신을 인정해주는 곳으로 이직하고 조직에는 월급 루팡만 남는다. 여기서 월급 루팡은 평가나 감시기능이 정상으로 작동하지 않도록 죽을힘을 다해 노력한다. 그래야지 근무 태만과 무능력이 들키지 않기 때문이다. 똑똑한 사람은 채용하지 못하도록 방해하고, 실력 있는 인재를 시기하여 따돌리고 뒷말로 힘들게 해 내쫓고 평가 제도의 문제점을 계속 이야기하면서 제 기능을 못 하게 한다. 그러면서 조직은 월급 루팡 세상(도둑놈 세상)[17]이 된다. 이를 역선택이라고 한다.

일반적으로 역선택을 예방하는 방법에는 정보를 가진 자가 정보를 공유하는 '신호', 정보를 갖지 못한 쪽에서 상대방의 특성을 알아내려고 노력하는 '선별', 신용도에 따라 차별적으로 대응하는 '신용 할당' 등이 있다. 업무 일지나 자기평가서 등을 작성하는 것이 '신호', 면담 · 멘토링 · 고민 상담

17 역선택의 예로 중고차 시장을 많이 든다. 중고차 시장에서 소비자는 어떤 차가 좋은지 나쁜지 모르기 때문에 평균가격에 사려는 유인이 있다. 판매자 입장에서는 평균적인 가격에 좋은 차를 내놓으면 손해이므로 상대적으로 나쁜 차를 내놓는다. 평균적인 가격에 소비자가 차를 사면 소비자는 불만이 쌓이고 중고차 시장을 피하고, 소비가 줄어드니까 가격은 더 떨어지고 판매자는 질 낮은 차만 팔려고 하는 악순환이 벌어진다. 이 상황을 겉으로는 번지르르하지만 그 실제는 좋지 않은 레몬에서 유래해 레몬 문제, 혹은 레몬 마켓이라고 한다.
18 이한영, 《너 이런 경제법칙 알아?(네이버에서 가장 많이 검색한 경제학 키워드 100)》 중 '링겔만 효과', 21세기북스, 2016. 93쪽.

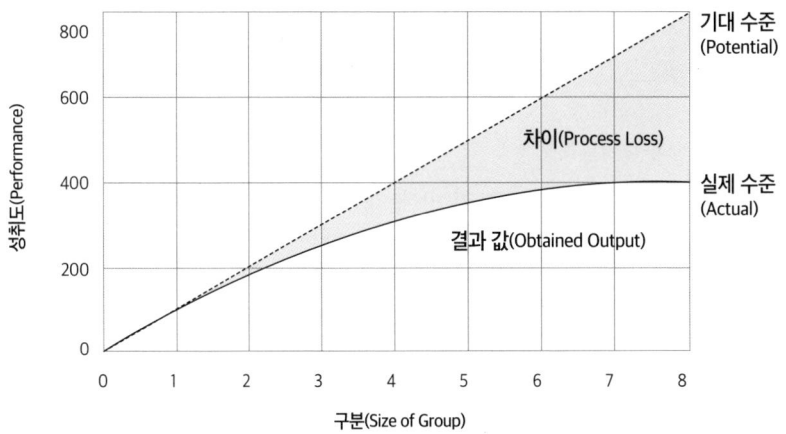

구분	(사장의)기대 수준	실제 수준	차이
1명일 때	100% × 1명 = 100%	100% × 1명 = 100%	0%
3명일 때	100% × 3명 = 300% + α	83% × 3명 = 249%	51% + α
8명일 때	100% × 8명 = 800% + α	49% × 8명 = 392%	408% + α

등이 '선별', 평가 결과에 따라 급여나 인센티브를 차등 지급하는 것 등이 '신용 할당' 사례라고 볼 수 있다. 월급 루팡의 세상이라고 하면 이런 기능이 규정대로 작동하고 있는지를 검토해야 한다.

프랑스의 농업 전문 엔지니어였던 맥시밀리언 링겔만Maximilien Ringelmann은 1913년, 수레를 끄는 말 두 마리의 능력은 한 마리 말이 끌 때 보여주는 능력의 2배가 되지 못한다는 사실을 알아냈다. 그리고 줄다리기 실험으로 집단 구성원의 공헌도 변화 추이를 측정했는데, 사람별로 줄을 당기는 힘을 측정한 뒤 3명, 5명, 8명 등으로 집단 구성원의 수를 점차 늘려가며 집단의 힘을 측정했다.[18]

그랬더니 개인의 힘 크기를 100%로 가정했을 때 구성원이 많아질수록 수치가 작아지고 그 격차는 점점 커졌다. 이처럼 집단에 참여하는 개인의 수가 늘어갈수록 성과에 대한 1인당 공헌도가 오히려 떨어지는 현상을 링겔만 효과Ringelmann Effect라고 부른다. 2개 이상의 것이 하나가 돼 하나 이상의 결과를 내는 시너지 효과의 반대 개념이다.

링겔만 효과는 크게 2가지 원인에서 비롯되는 것으로 알려졌다. 하나는 협업에 참여하는 구성원 개인의 성취도 부족Motivation Problem이고 또 하나는 집단 구성원별 역할에 대한 효과적인 조율 부족Coordination Problem이다. 전자는 다수라는 익명성 뒤에 숨어서 '나 하나쯤이야' 하는 생각으로 자기 역량 발휘에 충실하지 않은 도덕적 해이를 말한다. 후자는 유능한 감독과 코치가 무명 선수 위주로 구성된 팀을 조율함으로써 예상하지 못했던 좋은 성과를 이끄는 리더십 정도로 해석할 수 있다. 그리고 방관자 효과를 낳는 책임감 분산 현상이 조직에서 나타나는 것을 사회적 태만Social Loafing이라고 부른다.

이런 관점에서 1인당 생산성은 모니터링 지표가 될 수 있다. 급격한 경기변동 효과를 배제한 1인당 생산성 추이를 살펴보면 인력 증가에 따른 생산성 변화 흐름을 파악할 수 있기 때문이다. 인력 증가에 따라 1인당 생산성 추이가 감소한다면 조직 내 조직 무식자, 월급 루팡, 방관자, 무임승차자가 증가한다는 간접적인 신호가 될 수 있다. 생산성이 떨어지는 여러 가지 이유가 있지만 조직 내부에서 찾는다면 근무 평가 결과, 퇴직자와 구성원 면담 등으로 월급 루팡을 찾아내야 한다. 이 과정 없이 생산성을 높이고자 하면 고성과자에게 지나친 업무 부담이 돌아간다. 그러므로 달리는 말을 채찍질할 게 아니라 무임승차자를 줄이는 데 신경 쓰는 것이 더 효과적이다.

 벽에 생긴 금이 처음에는 작지만, 점점 커지고 궁극에는 건물을 무너뜨린다. 또 보이는 사람의 눈에만 보인다. 관심을 두지 않으면 위험해질 때까지 거기에 금이 있었는지조차 인식하지 못한다. 금이 보이면 금이 있다고 주변에 알려야 하고 그 금이 더 벌어지지 않도록 노력해야 한다.

 조직은 기본적으로 이해관계가 다른 사람이 특정한 목적을 위해 계약을 맺고 일하는 집단이다. 이를 유지하기 위해서는(단점 보완을 위해서는) 감시, 평가, 인센티브 등의 다양한 제도가 필요하다. 다만 그 속에 신뢰가 있다면 제도적 노력을 대신할 수 있다. 이런 중요성을 알고서 제도보다 신뢰를 쌓는 데 신경을 더 쓰는 조직이 점차 증가하고 있다. 매우 긍정적인 현상이다. 조직의 신뢰라는 벽을 허무는 금이 조직 무식자, 월급 루팡, 방관자, 무임승차자이다. 이들이 많은 조직에서는 결코 신뢰하는 사회를 만들 수 없을뿐더러 긍정적인 조직문화를 만들 수도 없다.

조직문화 무식자도
조직문화는 잘 안다고 한다

'화목한 가정을 위해 회사에서 결혼기념일에 아내에게 꽃을 보내주는 건 어떨까? 책을 읽으라고 말만 해서는 안 되지. 책도 나눠주고 이야기할 수 있는 장을 만들어 주어야지. 어렵지만 그래도 명절인데, 무슨 선물을 줄까? 기본급을 올려주기는 사정상 어렵고 의자라도 좋은 거로 바꿔줘야겠다.'

이는 조직의 리더가 구성원들을 위해 고민하고 이것저것 시도하는 것이다. 이에 '결혼기념일을 왜 회사가 챙기나? 책을 왜 줘. 난 책 읽기 싫은데. 이왕 줄 거면 돈으로 주지. 쓸데없는 데 돈 쓰느니 차라리 급여나 올려주지.'라고 생각하는 구성원도 있다. 이런 말을 듣게 된 경영자는 구성원들이 별로 고마워하지 않는다고 생각하기도 한다.

가끔 제3자의 입장에서 양측의 이야기를 듣고 있으면 안타까울 때가 있다. 서로의 마음은 그게 아닌데 사소한 것 때문에, 몇몇 무식한 사람들 때문에 점점 오해의 골이 깊어진다. 이는 주인-대리인 간에 이해관계가 다름에서 오는 근본적인 차이다. 이 차이를 이해하지 않고서는 제도나 이벤트 등을 성공적으로 추진하기 어렵게 된다.

사장의 생각	구성원의 생각
나가지 않을 만큼 돈을 준다	잘리지 않을 만큼 일한다
일단 성과를 보여줘라. 그것을 보고 해 주겠다 (일단 보여줘라!)	일단 일할 수 있는 분위기부터 만들어 달라 (일단 달라!)
유연성을 위한 변동이 좋다 (계약직, 인센티브 제도 등)	안정적인 보장이 좋다 (정년보장, 고정급 인상)
조직이 살아야 개인도 산다 (조직을 위한 개인의 희생은 당연하다!)	개인의 삶이 더 중요하다 (언제까지 조직을 위해 개인이 희생해야 하는가?)
그래도 챙겨주려고 하는데 고마워하지 않는다	한 만큼 주는 것이 당연한 것 아닌가?
좋은 성과	좋은 일터
내 일처럼 해주길	내 것도 아닌데

이와 같은 견해 차이가 있다면 누가 다가가야 할까? 주는 자가 다가가야 한다. 상대가 한발 다가가면 반대편 사람은 이를 받아주면서 서서히 간격을 줄여나간다. 그렇지만 현실에서 이런 모습을 목격하기는 쉽지 않다.

보이는 것은 관리하기 쉽고 보이지 않는 것은 관리하기 어렵다. 하지만 보이지 않는 것에서 경쟁력을 높이는 경영자가 뛰어난 리더이다. 출 · 퇴근 시간과 휴식 시간을 관리하는 경영자보다는 희망과 비전을 심어주고 문화를 만드는 경영자가 더 훌륭하다. 보이지 않는 것의 관리에는 많은 어려움이 따른다. 시간이 오래 걸리고 에너지도 많이 쏟아야 하기 때문이다. 그렇기 때문에 조직문화나 분위기 개선을 위해 노력하는 리더를 인정해주어야 한다. 특히 우리나라처럼 보이지 않는 것에 대한 가치를 모르는 환경에서 문화를 구축한다고 이런저런 시도를 하는 경영자는 응원해야 한다.

조직문화를 정확히 짚어주는 책, 전문가, 성공한 기업도 찾아보기 어렵다. 비록 세련되지 못한 방법으로 시작할지라도 마음에서 시작하는 경영자의 고차원적인 노력, 직원에게 한 발자국 다가서려는 노력에 지지를 보내야 한다. 구성원들이 그 가치를 인정해주고 공감해주어야 선순환 구조가 만들어지고 더 나은 조직으로 발전해 나갈 수 있다. 문화는 하루아침에 만들어지지 않는다. 꽤 오랜 시간이 필요하다. 서로 한 발자국씩 다가가는 과정에서 문화가 만들어진다. 보이지 않는 것도 챙기는 리더를 알아보지 못하고 감사하지 못하는 조직에서는 가치 있는 조직문화는 만들어지기 어렵다.

복리후생이
조직문화의 전부가 아니다

사람들과 이야기하다 보면 조직문화 개선을 복리후생 강화 정도로 생각한다는 느낌을 자주 받는다. 두 개념은 연관된 부분도 있으나 분명 차이가 있는 개념이다. 복리후생Fringe Benefit은 조직이 구성원이나 그 가족에게 제공하는 혜택이다. 보너스, 특별 상여, 주식 배당, 유급 휴가, 유급 병가 등의 금전적인 것과 보험 급여, 휴가 시설 이용, 유연한 업무 스케줄, 여행 기회, 은행 서비스, 훈련과 개발 등 비금전적인 것이 있다.[19] 반면 조직문화는 구성원들이 다양한 현상을 해석하고 행동할 때 근간이 되며 조직 내에 공유하는 정신 가치를 의미한다.

복리후생은 눈에 보이거나 직접 받거나 쓸 수 있어서 쉽게 이해가 가지만 조직문화는 분위기나 환경, 정신적인 영역으로 눈에 보이지 않고 체감하기 어렵다. 2가지 모두 대부분 경영자가 어려워 한다는 공통점이 있다. 투자 대비 효과를 검증하기 쉽지 않아서 관심을 기울이기도 쉽지 않다. 그러나 복리후생 및 조직문화 모두 경영자가 중요하게 고려해야 할 경영 요소이다.

과거 복리후생은 강제적인 사항이 아니었다. 그래서 조직은 온정을 베푸는 차원에서 구성원들에게 정신적, 물질적인 지원을 했다. 그러나 시간이 흘러 노동자의 권리가 보장되고 기업의 사회적 의무가 중요해지면서 복리후생은 법적 필수사항으로 바뀌었다. 이렇게 복리후생이 제도화되면서 정신적 영역의 지원은 의미가 퇴색되고 물질적 영역의 지원이 강조되었다. 그리고 정신적 영역의 빈자리를 오늘날의 조직문화가 채우게 되었다.

예를 들어 구성원 가족의 기념일에 축하 선물 보내는 것을 회사 입장에서는 조직문화 개선 활동이라 생각하겠지만 구성원 입장에서는 일종의 복지혜택(물질적 지원)으로 생각한다. 진정한 조직문화 활동이 되려면 물질적

---

19 〈복리후생〉, 한국기업교육학회, 《HRD 용어사전》, ㈜중앙경제, 2010.

지원(선물)이 아닌 징신적 지원(최고 경영자의 진심이 담긴 손편지 등)이 필요하다. 즉 구성원을 존중하고 배려하려는 태도가 더 중요하다는 의미이다.

복리후생과 조직문화의 개념적 차이와 가치의 차이를 잘 이해해야 바람직한 조직문화를 구축할 수 있다.

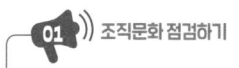

조직의 모습을 비추는
거울 하나 정도는 가지자

조직문화에 영향을 미치는 다양한 요소인 경영
철학, 제도, 이벤트, 리더나 구성원의 미숙한 점 등 조직문화의 실패 유형
을 살펴보고 있다. 여기서 제시한 유형 말고도 더 있을 수 있다. 이렇게 유
형화하면 직관적으로 조직이 어떤 환경에 놓여 있는지, 현장의 특징은 무
엇이고 어떤 문제점이 양산되기에 어떤 방향으로 가야 하는지를 쉽게 파악
할 수 있다. 특히 실수하기 쉬운 점을 유형화하면 실패를 예방할 수 있기
때문에 기본 지키기로도 활용할 수 있다.

조직문화가 우리 조직에 어울리는지 확인하기 위해서도 거울이 필요하
다. 그것이 다이아몬드로 만든 것이든 황금이나 유리로 만든 것이든 상관
없이 중요한 것은 나의 모습을 확인하고 고칠 수 있으면 된다. 저명한 교수

의 거창한 이론에 바탕을 두지 않았더라도, 다소 허접스럽게 느껴질지라도 조직의 모습을 확인하고 고칠 수 있으면 된다. 보는 틀이라는 관점에서 프레임Frame이라고 불러도 되고, 문제를 해결하기 위한 뼈대라는 의미로 프레임워크Framework라고 해도 된다. 우리가 생각하는 문제를 보는 관점, 프레임, 프레임워크는 아래와 같다.

무엇보다 미션, 비전, 핵심 가치 등 조직의 가치 체계에 대해 구성원들이 공감하고 그 속에서 자부심을 느낄 수 있어야 한다. 제도, 규정, 이벤트 등은 일관성 있게 운영하면서 가치 체계를 충분히 반영한다. 구성원은 인성과 함께 기본적인 수준 이상으로 조직에 대한 지식을 보유하고 있어야 가

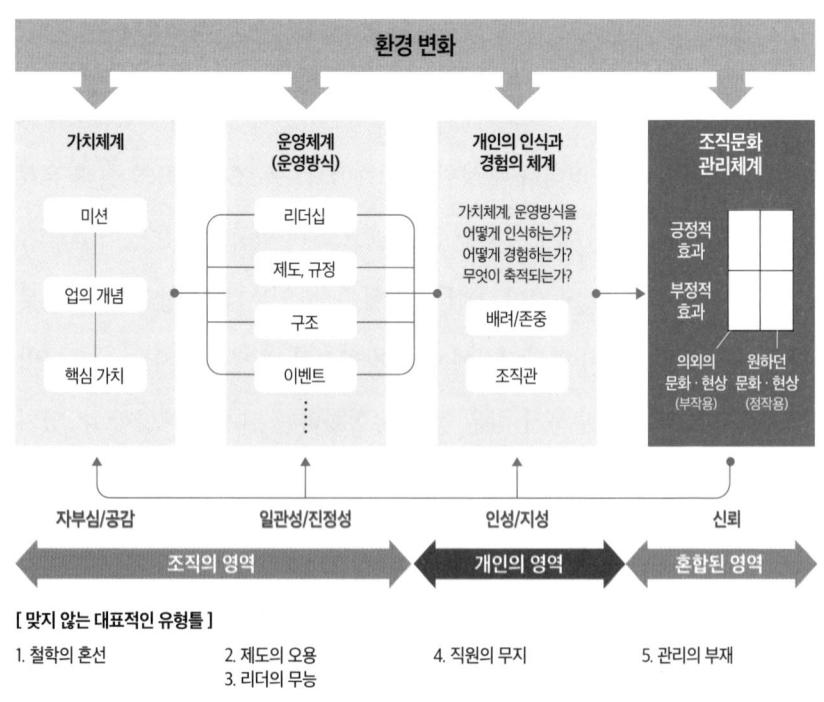

치 체계와 운영체계를 이해하고 가치 체계에서 비롯된 다양한 체제와 환경 속에서 바람직한 경험을 축적해 나갈 수 있다. 또한 조직문화에 대한 지속적인 관심과 시스템 관리도 필요하다. 정신적 영역에서의 신뢰뿐 아니라 시스템 영역에서도 신뢰가 밑바탕이 된 조직이 올바른 문화를 만들어갈 수 있다. 제시한 거울Organizational Culture Matching Frame은 정답이 아니다. 사례로서 이를 참고하여 각자의 조직에서 자신의 거울을 만들고 공유하기 바란다.

하나가 전체를 대표한다

검은색 터틀넥, 리바이스 청바지, 뉴밸런스 운동화[20] 하면 누가 떠오르는가? 애플의 창업자였던 스티브 잡스Steve Jobs이다. 우리는 그가 늘 똑같은 옷을 입는다고 패션이 왜 그 모양이냐고 이야기하지 않는다. 오히려 자신만의 스타일을 잘 구축한 사례로 널리 사람들 입에 오르내린다.

과거 일본을 방문했던 스티브 잡스는 소니 직원이 입은 유니폼이 신기했다. 미국적 사고에서 제복이란 군대나 경찰 등에서 입는 것인데 기업에서 입고 있으니 신기할 수밖에 없었다. 당시 소니Sony의 사장이었던 아키오 모리타盛田昭夫에게 이유를 물었다. 그러자 '전쟁 후 입을 것이 없어서 직원들에게 유니폼을 제공했는데 이것이 서로 단결하는 계기가 됐다'는 답변을 들었다.

이에 깊은 인상을 받은 잡스는 소니의 유니폼을 디자인한 이세이 미야케三宅一生를 만났다. 이세이 미야케는 스티브 잡스에게 검은색 터틀넥 수백 장을 만들어주었다.[21] 옷에 투자하는 시간과 에너지를 다른 데 쏟기 위함이다. 이로써 잡스는 단순함과 편의성을 패션에서 보여주었다. 이는 애플 제품에서도 그대로 나타난다.

문화는 하나가 전체를 대표하는 특성이 있다. 프레임에서 제시한 5개를 다 지킨다고 해서 패셔니스타로 대접받지는 않는다. 때론 4개가 부족하지만 단 1개로 인해 문화 전체에 영향을 준다. 반대로 4개를 잘했지만 1개 때문에 조화가 깨지기도 한다. 이래서 조직문화를 구축하기 어렵다. 앞서 필자들은 거울(프레임)을 제시했다. 이 거울은 옷 못 입는 것을 수정하는 기본 지키기 프레임이지 패셔니스타를 만들기 위한 거울이 아니다.

굳이 이렇게 번거롭게 옷을 입어야 하느냐고 물으면, 굳이 그러지 않아도 된다고 답하겠다. 패션이 경쟁이 되는 시대에도 '그냥 옷이면 되지 뭐.'라고 하는 사람이 있기 마련이다. 마찬가지로 조직문화를 경영 요소로 관리해야 하는 시대라고 해도 '복리후생에 왜 그리 신경 쓰나.'라고 말하는 조직이 있을 수 있기 때문이다.

---

20 '르노' 안경(495달러), 세인트크로이 검은색 터틀넥(175달러), '리바이스 501' 청바지(44달러), '뉴밸런스 991' 운동화(89달러)로 세계적인 기업 수장으로는 매우 검소한 복장임.

21 고고점핑, "잡스 터틀넥 스티븐 잡스 패션", 2011.10.12., 〈https://blog.naver.com/alsxotns/70121098998〉

조직문화를 진단해 볼 수 있는 도구 3가지

조직을 바라보거나 진단하는 툴은 매우 다양하다. 크게 3가지 형태로 분류할 수 있다. 첫째 형태는 유형으로 분류하는 방식이다. 관료형, 조폭형, 시장형 등 조사 분석을 통해 다양한 유형을 정의한다. 직관적으로 이해하기 쉽지만 지나치게 일반화한다는 단점도 있다.

두 번째 유형은 몇 개의 특성(필요 요소)별로 수치화하는 방식이다. 컨설팅 회사가 혁신성, 민첩성, 협력, 의사소통, 일하는 환경이 좋은 조직을 벤치마킹하여 필요 요소를 도출한다. 그런 뒤에 조직의 수준을 점수화해 비교하면 부족한 부분을 쉽게 파악할 수 있다는 장점이 있다. 하지만 기준으로 삼는 특성이 각 조직에 적합한 것인지, 그런 특성이 모두 달성되면 조직이 지향점에 이를 수 있는 것인지에 대한 연계가 취약하다는 단점도 있다.

: 101

세 번째는 층위 방식으로 설명한다. 쉽게 관찰할 수 있는 현상으로부터 그 원인을 파고 들어가면서 근본 원인을 도출해 가는 방식이다. 이는 조직문화를 이해하고 변화의 실체를 파악할 수 있다는 장점이 있는 반면에 전문적인 해석이 필요하고 조직 내부에서 쉽게 접근하기 어렵다는 단점이 있다. 심리치료 방식과 유사하다고 볼 수 있다.

특히 세 번째 층위 방식의 대표는 에드가 샤인Edgar H. Schein의 조직문화 3단계론이다. 인위적인 결과물, 표현되는 믿음과 가치, 암묵적 가정 3개 층으로 구성된다.

인위적인 결과물은 관찰할 수 있는 영역으로 조직 내의 구성원이 사용하는 언어, 모든 행동과 계층 구조, 업무환경, 일하는 방식, 프로세스 등이다. 이 층을 파악하기는 쉽지만, 이것만으로 그 이면에 깔린 의미를 알아내기는 어렵다. 인위적인 결과물을 발생시킨 그 아래층인 두 번째 층은 표현되는 믿음과 가치이다. 이는 조직에서 표방하는 무형의 가치로서 도전정신, 협동심, 성실성과 같은 창업자의 정신, 핵심 가치 등이다.

세 번째 층은 암묵적 가정으로 가치와 행동을 좌우하는 원천이다. '우리 조직은 규정이고 뭐고 다 필요 없어. 어차피 오너 마음대로 바꿀 건데 뭐! 어차피 S 대학교 출신만 승진하겠지! 일해 봐야 뭐해. 누가 알아주는 것도 아닌데.'와 같은 가정이 구성원들의 마음속에 자리 잡고 있다면 긍정적인 변화를 끌어낼 수 없다. 그래서 구성원들의 무의식에서 행동과 태도를 좌우하는 가정을 밝혀내는 것은 매우 중요한 일이다(그만큼 어려운 일이기도 하다).

앞에서 제시한 조직을 보는 거울은 층위 방식의 접근으로 볼 수 있다. 조직문화의 방향성이 없다면 맨 아래 암묵적 가정에서 표현되는 믿음과 가

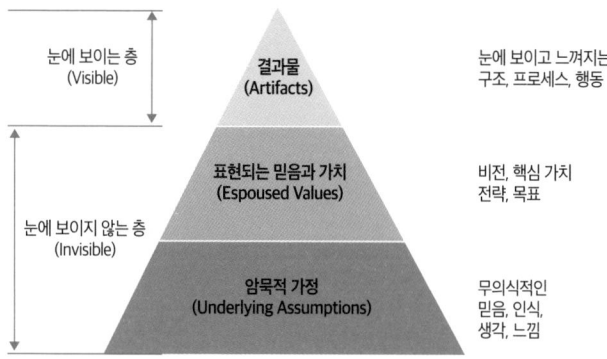

조직문화 3개 층(Three level of culture)

눈에 보이는 층
(Visible)

결과물
(Artifacts)

눈에 보이고 느껴지는
구조, 프로세스, 행동

표현되는 믿음과 가치
(Espoused Values)

비전, 핵심 가치
전략, 목표

눈에 보이지 않는 층
(Invisible)

암묵적 가정
(Underlying Assumptions)

무의식적인
믿음, 인식,
생각, 느낌

치가 잘 도출되지 않은 것이다. 제도가 제대로 작동하지 않는다면 가운데
와 맨 위층, 표현되는 믿음과 가치와 인위적인 결과물이 일관성이 없다고
본다. 리더가 제 역할을 하지 못한다면 층 3개를 잘 이해하지 못했다는 뜻
이다. 구성원들이 조직을 이해하지 못했다면 각 층을 이해하지 못했다고
본다. 리더와 구성원들이 각 층을 관리하지 못하면 조직문화도 관리하지
못한다.

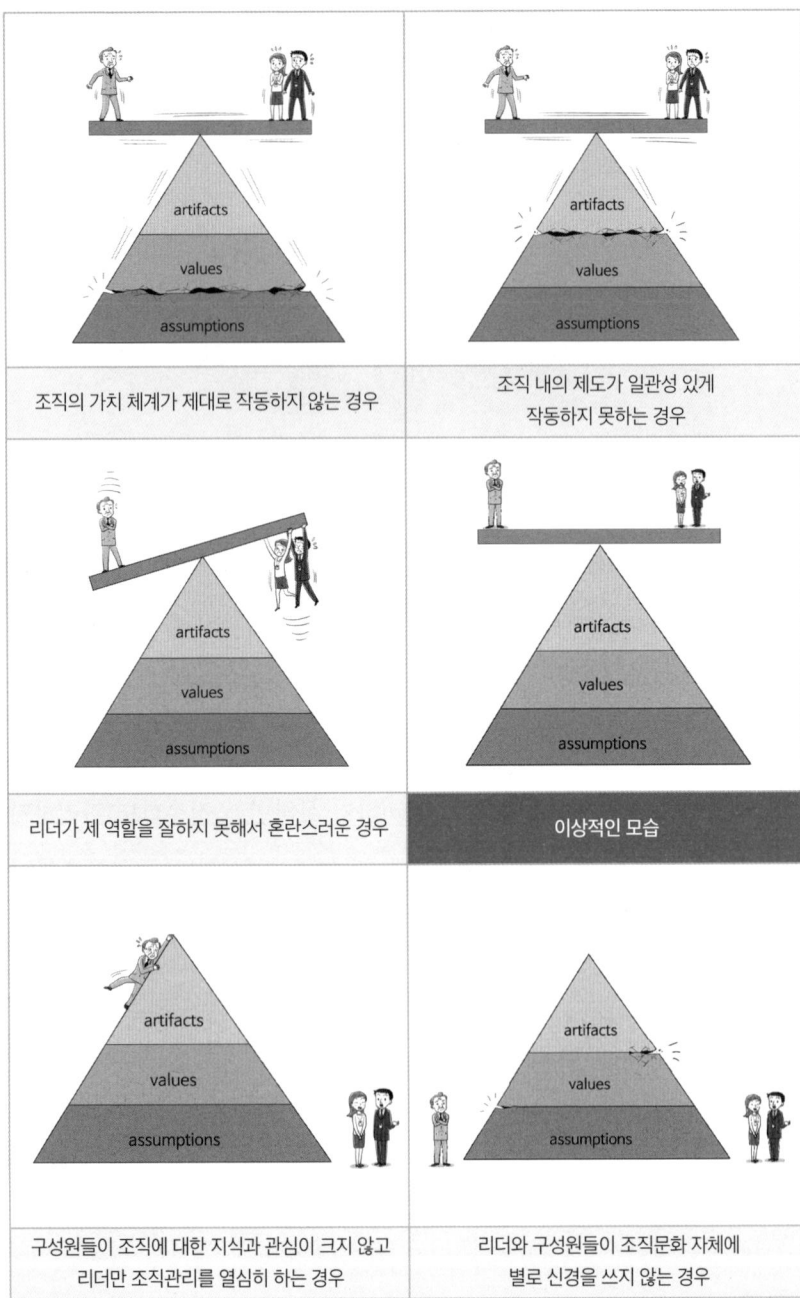

조직의 가치 체계가 제대로 작동하지 않는 경우	조직 내의 제도가 일관성 있게 작동하지 못하는 경우
리더가 제 역할을 잘하지 못해서 혼란스러운 경우	이상적인 모습
구성원들이 조직에 대한 지식과 관심이 크지 않고 리더만 조직관리를 열심히 하는 경우	리더와 구성원들이 조직문화 자체에 별로 신경을 쓰지 않는 경우

Chapter 5

[관리의 부재]
조직문화를 방치하고 있는가?

조직문화가 강할수록 조직 내에서 필요한 프로세스는 줄어든다.

- 브라이언 체스키 -

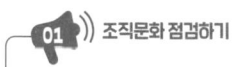
조직문화의 원인 분석을
잘하지 못했을 때의 문제점

　　　　　잘 만드는 것 이상으로 잘 관리(유지)하는 것도
중요하다. 이를 소홀히 하는 조직이 상당히 많다. 관리를 못 하는 이유로
첫째는 잘못된 것을 볼 수 있는 눈이 없기 때문이다. 둘째는 관리방식을 모
르기 때문이다. 셋째는 일하는 습관(방식) 자체가 바뀌지 않았기 때문이다.

　예전에는 선배들이 옆에서 이것저것 잘 가르쳐줬는데 요즘은 잘 안 가르
쳐준다고 한다. 그 이유에 대해 A는 "요즘 선배들은 이기적이기 때문이다."
라고 하고, B는 "우리 조직문화가 이기적이기 때문이다."라고 하고, C는
"4등급으로 평가한 뒤 성과급을 차등 지급했더니 후배와도 경쟁하는 관계
가 되어서 예전처럼 훈훈한 모습이 사라졌기 때문이다."라고 한다. 여러분
은 어떻게 생각하는가?

조직문화를 관리하지 않는 경우 점검 포인트

구분	점검 포인트
1. 조직문화의 원인 분석을 잘 하지 못했을 때의 문제점	현재 문화(현상)의 문제점을 파악하는가?
	현재 문화(현상)의 원인을 파악하는가?
2. 조직문화를 관리하는 법을 몰랐을 때의 문제점	좀비 같은 제도와 이벤트가 존재하는가?
	직원의 경험을 효과적으로 관리하는가?
	학습된 무기력 증상이 나타나는가?
3. 일하는 방식이 엉망인 상황에서의 문제점	일하는 방식에 개선이 함께 이뤄지는가?
	일하는 방식(업무 프로세스) 개선 사례가 있는가?

아마 대부분이 C의 의견에 동조할 것이다. 윗사람에게 줄서기, 부서 간 이기주의 등은 현상이고 그 원인은 최고 경영자의 지시, 제도, 이벤트 등 조직 내의 각종 환경이라는 것을 누구나 안다. 하지만 현실에서는 자기도 모르게 A처럼 특정인의 성향으로 치부해버리거나 B처럼 모든 문제를 조직문화 탓으로 돌린다. 조직문화는 일종의 경보警報다. 경보를 듣고 그 원인을 해결해야 함에도 우리나라의 많은 조직이 그렇지 못하다. 그런 조직의 구성원들은 힘들게 직장생활을 할 수밖에 없게 된다.

조직 분위기와
조직문화를 구분하라

이런 이야기가 있다. 두부를 만들어 파는 가게 주인에게 아들 4명이 있었다. 어느 날 주인은 이들에게 공평하게 땅을 나누어준 뒤 두부를 만들 콩을 재배하도록 했다. 첫째 아들은 노는 데 정신을 잃은 나머지 씨앗조차 뿌리지 않아 잡초만 무성한 밭을 만들고 밀었다. 당연히 수확은 없었다. 둘째 아들은 콩을 뿌리긴 했지만, 첫째 아들과 같이 놀다가 작물 가꾸기에 소홀해 소량의 콩만을 수확했다. 잡초에 영양분을 빼앗겨 그마저도 상태가 좋지 않았다. 셋째 아들은 두 형과 달리 제때 콩을 뿌리고 가꾸어 좋은 품질의 콩을 많이 생산할 수 있었다. 형 3명과 나이 차가 많았던 막내아들은 팥을 콩으로 착각해 땅에 팥을 뿌려서 결국에는 팥을 수확했다. 말하자면 첫째 아들은 농사를 안 지은 것이고, 둘째 아들은 농사를 잘 짓지 못한 것이며, 셋째 아들은 농사를 잘 지은 것이고, 막내아들은 쓸데없는 농사를 지었다.

문화 또한 이와 비슷하다. 그것이 속한 담론의 맥락에 따라 다양한 의미가 있는 다담론적 개념이기에 문화라는 용어를 한마디로 정의하기는 매우 어렵다. 일반적으로 받아들여지는 사전적 의미는 '자연 상태에서 벗어나 일정한 목적 또는 생활 이상을 실현하고자 사회 구성원에 의해 습득, 공유, 전달되는 행동 양식이나 생활양식의 과정 및 그 과정에서 이룩해낸 물질적, 정신적 소득을 통틀어 이르는 말'로 언어, 풍습, 종교, 학문, 예술, 제도를 모두 포함한다. 또한 문화Culture의 어원을 살펴보면 경작이나 재배 등을 뜻하는 라틴어 Colóre콜로레에서 유래했다고 한다. 문화에는 기본적으로 자연 그대로가 아니라는 속성이 있다. 목표하는 농작물을 얻기 위해 좋은 씨를 뿌리고 에너지를 쏟아 가꾸는 것처럼 문화에는 '만든다 · 재배한다'는 개념이 있다.

조직문화와 관련해 이야기를 나누다 보면 "우리 조직에는 줄서기 문화가 있어요. 이기주의 문화가 팽배합니다."라는 말을 많이 듣는다. 그런데 줄서기와 이기주의를 문화라고 부를 수 있을까? 줄서기와 이기주의는 조직의 사명을 위해 노력하다가 잘못해서 만들어진 일종의 부작용이다. 농사로 보면 잡초와 같은 것인데 이를 문화라고 칭한다. 농사를 올바르게 짓지 못해 생겨난 잡초처럼 좋지 않은 현상으로 관리를 적절하게 하지 않는 행태나 분위기인데 조직문화인 것처럼 착각한다. 관리가 필요하다는 신호이다.

네 형제의 이야기와 조직문화의 기본속성을 맞춰 보자. 첫째 아들은 조직문화라는 개념조차 없어 아예 신경 쓰지 않았다. 둘째 아들은 조직문화가 필요한지는 알았지만 어떻게 할지 잘 몰랐다. 막내아들은 조직에 도움이 되지 않는 쓸데없는 조직문화를 만드는 데 신경 썼다. 셋째 아들만이 제대로 조직문화를 구축했다. 그런데 현실에서는 이것을 구분하지 못한다. 특히, 첫째 아들과 같은 처지인데 둘째 아들인 양 착각하거나 막내아들인데 셋째 아들인 것처럼 잘못 생각하기도 한다.

기업이 잘되지 않는 원인을 물었을 때 조직문화라고 흔히 답한다. 모두가 안 되면 조직문화 탓을 많이 하는데 정작 조직문화에 대해서는 모른다. 적어도 조직문화에는 어떤 특성이 있는지 알아야 하고 우리 조직이 현재 어떤 상태인지(몇 번째 아들에 해당하는지)를 구분할 수 있어야 한다. 그것이 원하는 조직문화를 만들기 위한 첫걸음이다. 당신의 조직은 몇째 아들과 같은 상태인가?

현실을 직시해야
개선 방향이 보인다

조직은 일회용이 아니며 지속 가능해야 한다. 노력(투입)하는 것이 있으면 그에 따른 결과를 평가하고 인과관계를 파악해야 조직을 개선하거나 유지할 수 있다. 이를 간과하고 우연을 마치 자신의 역량이라고 착각하는 조직이 많다. 이는 어쩌다 찍어서 잘 나온 성적을 자신의 실력이라고 생각하는 것과 같다. 이런 조직에는 다음과 같이 인과관계 시스템 관점에서 조직문화를 객관적으로 평가하는 것이 중요하다. 현실을 보아야 어떻게 개선할지에 대한 방향을 알 수 있기 때문이다.

당연한 실패형은 구성원들이 아무것도 신경 쓰지 않고 문화라고 부를 수 있는 수준이 없는 조직이 해당한다. 아무것도 뿌리지 않아 잡초만 무성한 첫째 아들과 같은 조직이다. 첫째 아들에게는 왜 재배해야 하는지를 이해시켜야 한다. 그 뒤에 무엇을 어떻게 뿌려야 하는지와 관련된 재배 기술까지 가르쳐야 한다. 마찬가지로 이 조직에는 조직문화 구축의 처음부터 끝까지 필요하다.

산출 (Output)	바람직한 효과 (콩 수확 등)	우연한 성공 (수주대토 조직)	무관심 성공 (팥 심은 데 콩 난 조직)	당연한 성공 (셋째 아들)
	바람직하지 않은 효과 (잡초 발생 등)	당연한 실패 (첫째 아들)	무관심 실패 (넷째 아들)	우연한 실패 (둘째 아들)
		아무것도 뿌리지 않음	팥을 뿌림 (잘못 뿌림)	콩을 뿌림
			투입 (Input)	

우연한 실패형은 바라는 것이 있고 시도도 했지만, 역효과만 발생시키는 조직이다. 콩을 뿌렸지만 관리하지 않아 잡초만 무성한 둘째 아들과 같은 조직이다. 조직문화 구축 방법에 대한 교육이 필요하다.

당연한 성공형은 바라는 대로 원하는 것을 얻은 조직이 해당한다. 콩을 뿌리고 콩을 수확한 셋째 아들과 같은 조직이다. 품질 개선이나 생산량 극대화를 위해 꾸준히 혁신을 해야 하는 것처럼 도입한 제도의 효과를 높이거나 새로운 제도를 시도하는 것 등이 필요하다.

무관심 실패형은 조직과 상관없는 것을 바라지만 그마저도 긍정적인 무언가를 만들지 못한 조직이다. 콩이 필요한데 팥을 뿌리고 그마저도 관리하지 않아 잡초만 무성한 막내아들과 같다. 콩인지 팥인지를 구분할 방법과 콩의 재배기술이 필요한 것처럼 조직에 필요한 문화가 무엇인지를 인식(업의 속성에서 핵심 가치를 추려내 조직문화를 위한 가치를 선정하는 작업)하고 그에 맞는 리더십, 제도, 이벤트 등을 정의하고 실행해야 한다.

우연한 성공형과 무관심 성공형은 평소에는 괜찮게 보일지 모르지만, 위기가 닥치거나 변화가 필요할 때 조직에 짐이 될 수 있다. 아무것도 안하고 잘못 씨를 뿌렸음에도 무슨 일에서인지 콩을 수확할 수 있다면 우연한 성공형으로, 수주대토守株待兔 조직[22]이라 부른다. 무관심 성공형은 팥

---

22 《한비자》〈오두편五蠹篇〉에 수록된 사자성어로 '나무 그루터기를 지켜보며 토끼가 부딪혀 죽기를 기다린다.'는 뜻이다. 송나라에 한 농부가 밭은 가는 중에 토끼가 달려가다가 밭 가운데 있는 그루터기를 들이받고 목이 부러져 죽은 것을 목격한 후 일은 하지 않고 토끼가 또 그렇게 달려와 죽을 줄 알고 그루터기만을 지켜보고 있었다는 이야기다.

심은 네 공이 나는 조직이나. 로또처럼 당첨되서나 찍어서 맞춘 것뿐인데 자신의 실력인 양 착각해 별다른 노력을 하지 않는다.

문화 현상을 바라보고 그것이 우연인지 아닌지를 구분해야 한다. 조직이 원하던 결과인지 원하던 결과와 다른 것인지 구분할 줄 알아야 한다는 뜻이다. "우리 조직은 줄서기 문화(현상)가 문제예요."라고 말하고 마는 것은 조직에 어떠한 도움도 되지 않는다. 문제를 해결하는 것이 아니라 현상을 증폭시킬 뿐이다. 전문가 조직으로 사수와 부사수처럼 도제徒弟 형식을 추구하기 위해 멘토링 제도를 도입해서 그 부작용으로 줄서기 현상이 나타난 것인지, 인사평가가 상사에 의한 하향식 평가라서 상사가 절대적인 영향을 미치기 때문에 나타난 것인지 정확히 파악해야 그 문제를 해결할 길이 보인다.

조직문화는
원인 분석이 중요하다

좀비Zombie는 원래 서아프리카 지역의 부두교에서 뱀처럼 생긴 신Snake-God을 가리키는 말이다. 이후 일부 아프리카·카리브해 지역 종교에서와 무서운 이야기에서 되살아난 시체를 뜻하는 말이 됐고, 비유적으로 반쯤 죽은 것 같은 무기력한 사람을 일컫는 말로 쓰이고 있다.[23]

조직에도 좀비 같은 제도나 이벤트가 많다. 최고 경영자와 소통한다고

---

[23] 강준만, 《인문학은 언어에서 태어났다》, 인물과사상사, 2014, 290쪽.

호프데이Hof Day를 시작했지만 2~3번 하고 난 뒤 흐지부지되거나 야심차게 안마기기를 들여놨지만 정작 상사의 눈치를 보느라 쉽게 사용하지 못한다. 호칭을 파괴했다고 하는데 어느 순간부터 직급으로 부른다. 자율 좌석제라고 해서 앉고 싶은 자리에 앉으라고 했지만, 창가의 제일 좋은 좌석은 늘 부장님 고정석이 된다. 조직에서 좀비는 공식적으로 시작했는데 관리가 되지 않으면서 하는 것도 아니고 안 하는 것도 아닌 관성적으로 운영하는 제도를 말한다.

조직문화에 대해 신경 쓴다고 하는 조직 중에서도 이런 현상을 많이 본다. 바꾸려고 새로운 것을 도입하기도 하고 다른 조직에서 효과를 봤다고 하니까 벤치마킹해서 도입하기도 한다. 하지만 처음에만 반짝 되는가 싶다가 흐지부지된다. 뭔가 열심히 하는 것 같은데 제대로 한다고 말하기가 어렵다. 아예 조직문화에 관심 없는 조직은 하지 않아서 이런 일이 벌어지지 않지만 어설프게 진행하는 조직은 이런 어려움을 겪는다. 이는 제도의 문제가 아니라 관리의 문제로 접근해야 한다.

조직문화에도 선택과 집중이 필요하다. 제도를 도입하기 전에 버릴 것을 찾아야 한다. 올바르게 작동하지 않는 제도 10개보다 잘 작동하는 제도 1개가 훨씬 낫다. 최고 경영자나 조직문화 담당자에게 제도를 도입하는 일은 성과로 인정받지만 버리는 일은 성과로 인정받지 못한다. 그래서 버리는 일에 신경을 덜 쓴다. 그러다 보니 구성원으로서는 남아 있는 제도나 이벤트에 부정적이다. 불필요한 옷이 옷장에 가득 쌓여 있을 때와 같은 답답함이다. 그렇기에 어렵겠지만 새로운 것을 도입하는 일에 앞서 버릴 것부터 결정해야 한다. 어설프게 진행되는 것은 공식적으로 폐기를 선언해야 한다. 좀비를 없애는 것도 혁신이다. 결국에는 '속 시원하다'는 평가를 받게 될 것이다.

정리를 하다 보면
조직문화가 보인다

제도나 이벤트도 정리·정돈이 필요하다. 정리는 필요한 것과 불필요한 것을 분류하고 불필요한 것은 즉시 처분하자. 이때 판단력이 중요한 역할을 한다. 정돈은 필요한 것을 사용하기 쉽도록 구분해 두는 것으로 제자리에 가져다 놓거나 찾아오는 유지가 중요하다.[24]

조직문화에서도 정리는 몇 가지 측면에서 중요한 과정이다. 존재하는 제도나 이벤트를 목록화해 왜 언제부터 시작했고 그 효과는 무엇이었는지를 조사하다 보면 조직의 타성 정도를 알 수 있다. "예전부터 해왔는데…." 라면서 마치 그것이 전통인 양 말하는 것에 대해서는 의심해 본다.

어떤 조직에서 봄과 가을에 주기적으로 등산을 하기에 그 이유를 물었다. "왜 등산이 싫으세요? 직원 단합을 위해서 좋잖아요.", "저도 몰라요. 매년 가는 것 같더라고요."라는 대답이 나왔다. 알고 보니 10년 전쯤 모 임원이 등산을 좋아해 봄과 가을에 직원들과 등산을 다녔던 행사가 그냥 관습처럼 내려왔던 것이었다. 등산 말고 운동회를 할 수도 있고, 바닷가를 갈 수도 있

---

24 김진영, 《격의 시대》, 영인미디어, 2016, 189쪽.

고, 효과가 없다면 없앨 수도 있는데도 말이다.

조직 내에서는 생각하는 것 이상으로 이런 관행이 많다. 이를 타성이라고 하는데 이는 잡무를 증가시키거나 스트레스를 일으키는 원인이 되기도 한다. 타성 정도가 높은 조직이라면 업무 전반으로 이를 확대해 살펴볼 필요가 있다. 작년에 했던 일을 올해도 아무 생각 없이 하고 있을 가능성이 크다.

조직문화와 관련해서 정리하다 보면 실패하는 유형을 파악하게 된다. 리더의 관심이 없어졌거나 구성원들이 공감하지 못하는 제도가 있거나 제도 자체가 준비가 덜 되어 있어서 그럴 수도 있고 추진하는 주체, 이를테면 책임 부서나 담당자가 없어서 관리되지 않는 경우도 있다. 이것을 파악해 두어야 새로운 제도나 이벤트를 도입할 때 실패를 예방하게 된다. 조직이나 사람이나 같은 실수를 반복하는 경향이 있기 때문이다.

역사문화와 달리
조직문화는 관리가 중요하다

실행을 위해서는 구체적으로 실천해야 한다. 살을 빼야 하는 사람에게 '적게 먹고 많이 운동해야 건강하다'라는 것을 강조한다고 해서 갑자기 식단을 조절하고 규칙적으로 운동하진 않는다. 그렇다고 하면 수많은 사람이 이미 금연을 했고 다이어트에 성공했을 것이다. 중요한 것은 구체적인 행동이다. 예를 들면 집에 있는 모든 식기의 크기를 작은 것으로 줄이고 차 대신 대중교통을 이용하며 헬스장에 등록해 주기적으로 운동하는 것이 구체적인 방법이다.

대부분 조직에서의 변화 과정을 살펴보면 우선 새로운 비전을 선포한다. 그러고 나서 지향하는 변화의 방향을 구성원들에게 알리며 교육한다. 예를 들면 '자율과 창의를 중시하는 조직, 소통하고 협력하는 조직'이라며 새롭게 중시하는 가치나 신념을 먼저 정히고 난 뒤, 이에 적합한 변화 관리 프로그램을 운영하면 문화가 정착되고, 조직이 바뀔 수 있다고 여긴다. 그러나 행동 자체보다 가치나 신념은 더 바꾸기 어렵고 시간이 오래 걸린다고 한다.

미국 펜실베이니아대학교의 와튼 스쿨 경영학과 교수로 재직 중인 변화 관리의 대가 그레고리 셰어Gregory Shea는, '리더는 신념과 가치를 강조하면 자연스럽게 문화가 조성되어 행동 패턴이 만들어질 것으로 생각하지만 실제로는 행동이 신념과 가치를 변화시키고 문화를 바꾼다'고 주장한다. 그의 말처럼 조직의 변화를 이끌기 위해서는 구성원들의 행동을 바꿀 방법에 초점을 맞추고 접근해 나갈 필요가 있다.

구성원들의 경험이 축적되어 나타나는 것이 조직문화다. 늘 인간적인 존중을 받는 구성원은 다른 사람도 존중해준다. 조직에서 바로 피드백을 받는 구성원은 다른 사람에게도 그렇게 해 주기 쉽다. 이런 조직에는 배려와 존중과 신속함이 묻어나기 마련이다.

최근 몇몇 세계적 기업은 직원 경험 관리에 큰 관심을 두고 심혈을 기울인다. 고객을 위한 체험 마케팅처럼 고객 경험을 강조하다가 고객의 경험이 결국 직원으로부터 시작되는 것임을 알고 직원에게 긍정적인 경험을 제공하는 방식으로 발전했다. 이를 직원 경험 관리EEM, Employee Experience Management라고 부른다. 직원 경험 관리는 조직문화 관점이 아니라 조직전략 차원에서 시작됐다.

어도비Adobe Systems는 고객과 직원 경험 팀을 만들었다. GEGeneral Electric Co.도 직원 경험 책임자를 임명해 직원이 근무하는 물리적 환경과 일하는

방식 등에서 직원이 바람직한 경험을 하도록 전략을 개발하고 있다.[25]

온라인 서점에서는 몇 번의 클릭을 분석해서 사는 사람에게 맞는 책을 추천한다. 카드 사용 패턴을 분석해서 맞춤 광고나 제품을 추천해주는 시대이다. 소비자의 구매 패턴으로 판매자가 판매 전략을 세우듯이, 구성원이 느끼는 경험을 두고두고 관찰하고 면담을 통해 파악하고 전략적으로 활용할 줄 알아야 하는 시대이다. 이제 구성원의 경험을 알지 못하고 관리하지 못하면 좋은 조직을 만들기 어렵다. 구성원이 느끼는 경험은 조직의 경쟁력을 좌지우지할 경영 요소가 된다.

학습된 무기력을 제거할 것

"어차피 안 될 건데 해서 뭐해요?"

이런 말이 자주 나오면 특정 증상을 의심해보아야 한다. 경험 관리 실패의 단적인 예는 학습된 무기력Learned Helplessness이다. 우리나라의 많은 조직에서 보이는 현상이다. 학습된 무기력은 피할 수 없거나 극복할 수 없는 환경에 반복적으로 노출된 경험이다. 실제로 자신의 능력으로 감당할 수 있어도 스스로 그러한 상태에서 자포자기한다. 학습된 무력감이라고도 한다.

25 Jeanne Meister, "The employee experience is the future of work: 10 HR trends for 2017",2017.01.05., 〈https://www.forbes.com/sites/jeannemeister/2017/01/05/the-employee-experience-is-the-future-of-work-10-hr-trends-for-2017/#1c8825da20a6〉

학습된 무기력은 1975년, 마틴 셀리그만_{Martin E. P. Seligman}이 동료 연구자와 회피 학습을 통한 공포 조건 형성을 연구하던 중 발견한 현상이다.

24마리의 개를 세 집단으로 나누어 상자에 넣고 전기충격을 주었다. 제1 집단은 개가 코로 조작기를 누르면 전기충격을 멈출 수 있는 환경(도피집단)이었고, 제2 집단은 몸이 묶여 있어 어떠한 대처도 불가능해 전기충격을 고스란히 받는 환경(통제 불가능 집단)이었다. 제3 집단은 상자 안에 있지만, 전기충격이 없는 환경(비교집단)이었다. 제1 집단과 제2 집단에 같은 시간 동안 전기충격을 주었고 24시간 지난 뒤 세 집단 모두를 다른 상자에 옮겨놓고 전기충격을 주었다. 세 집단 모두 전기충격을 피할 수 있는 환경으로 옮겨놓았다. 제1 집단과 제3 집단은 중간의 담을 넘어 전기충격을 피했으나 제2 집단은 구석에 웅크리고 앉아 전기충격을 그대로 받아들였다. 제2 집단은 자신이 어떤 일을 해도 그 상황을 극복할 수 없을 것이라는 무기력이 학습된 것이었다. 마틴 셀리그만은 이를 보고 학습된 무기력이라 했다.[26]

동물 대상의 실험에서 발견된 학습된 무기력은 이후 인간 대상의 연구로 확장했다. 심리학자 도널드 히로토_{Donald Hiroto}는 대학생 등을 대상으로 소음 자극을 주면서 도피집단은 단추를 눌러 소음을 제거하도록 했고 통제

26 〈학습된 무기력〉, 네이버 지식백과, 《특수교육학 용어사전》, 국립특수교육원, 2009. 〈https://terms.naver.com/entry.nhn?docId=384280&cid=42128&categoryId=42128〉

불가능 집단은 계속 소음을 듣도록 했다. 비교집단에는 소음을 전혀 들려주지 않았다. 그 후 모든 피험자에게 소음을 들려주며 반응하게끔 한 결과 도피집단과 비교집단은 단추를 눌러 소음을 제거했지만, 통제 불가능 집단에 속한 피험자들은 대부분 수동적으로 앉아서 불쾌하고 고통스러운 소음을 견디었다. 버튼을 끌 수 있었음에도 말이다.

가정폭력 피해자가 계속되는 폭력, 협박, 회유로 자신은 아무것도 할 수 없다는 무기력감을 느끼면서 번번이 폭력에 무방비로 머무르는 것도 이러한 현상이다. 주인의 말을 남보다 잘 듣고 행복을 느끼는 노예근성도 여기에 해당한다. 강제로 부당함을 경험하고 처음에는 이와 맞서지만, 나중에는 복종하고 사소한 보상에 행복을 느끼는 구성원도 마찬가지다.

학습된 무기력은 잘못된 경험으로 만들어졌기에 이를 극복하는 방법도 경험 관리로 이루어진다. 우선 작은 성공의 경험을 느끼게 해주는 것이 좋다. 리더가 구성원에게 일을 작게 쪼개 나누어주거나 비교적 쉬운 과업 등을 부여하여 성공의 경험을 맛보도록 한다. 이때 리더는 구성원의 성취 순간에 적절히 피드백한다. 일과 성과의 의미를 다시 알려줌으로써 스스로 만족할 뿐만 아니라 타인으로부터 인정을 받도록 한다. 자율성을 부여하면서 '난 안 돼.'라는 사고를 '나도 할 수 있다.'라고 전환하도록 경험을 관리해야 한다.

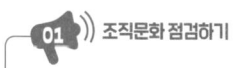

조직문화는
결국 일하는 방식이다

　　미션, 비전, 리더, 인사, 보상, 조직 무식자, 직원과의 관계, 복리후생 이렇듯 조직문화에 영향을 미치는 요소는 너무나도 많다. 조직에서는 이런 요소를 개선해 조직문화를 바꾸고자 노력을 많이 한다. 하지만 대부분 조직에서 일 자체를 간과한다.

　　일 자체가 엉망이어서 '내가 하는 일을 왜 하는지도 모르겠다. 다른 사람들은 쉬는데 왜 나만 이 엄청난 일을 해야 하는가? 체계 없는 프로세스 속에서 왜 나 혼자 삽질을 계속해야만 하는가?'라는 생각이 가득한 직원에게 어린이집이 있고 체육시설을 갖추고 일류 요리사가 음식을 제공하고 리더십 교육을 한들 무슨 의미가 있겠는가? 조직문화는 결국 일에 몰입하는 환경을 구축하는 것이다. 그런데 엉망진창인 일은 그대로 두고 다른 요소만 관리하는 것은 변죽만 울린 셈이다. 조직문화를 구축하기 위해서는 프로세스 개선, 업무 조정 등도 함께 진행되어야 한다. 업무 혁신, 프로세스 개선이 없는 조직문화 구축 작업은 긍정적인 효과를 거두기 어렵다.

조직문화에서 가장 중요하지만 간과하기 쉬운 것

근로시간 단축제도를 선도적으로 도입하면서 6시 퇴근을 제도화한 조직이 있다. 6시면 퇴근하라는 방송도 내보내고 조직장이 퇴근을 독려한다. 과연 잘 이루어질까? 퇴근을 못 할 상황인데 퇴근하라고 하니 직원으로서는 "누구 놀리는 것도 아니고."라는 소리가 절로 나온다. 사람을 더 채용해서 개인의 일을 줄여주면 좋겠지만 계속 사람을 뽑아 줄 수도 없는 노릇이다. 업무가 잘 분배됐는지, 간소화할 부분은 없는지, 그 일을 꼭 해야만 하는지, 전산으로 구현하면 해결할 수 있는지 등 업무 프로세스(일하는 방식)의 변화를 병행하지 않는 제도는 성공하기 어렵다.

이렇듯 조직문화 개선과 일하는 방식 변화는 연관성이 높다. 조직문화를 개선하기 위해서는 많은 사람이 참여하고 오랜 시간 공을 들여야 한다. 조직문화 개선 작업은 쉽지 않은 일이다. 많은 조직이 일하는 방식은 그대로 두고 비교적 쉽고 짧은 시간에 적용 가능한 이벤트를 하면서 조직문화가 잘 안 바뀐다고 말한다. 일하는 방식을 바꾸지 않으면 조직문화가 바뀔 가능성이 매우 낮다. 본질을 건드리지 않았는데도 바뀌면 그것이 더 이상하다.

사실 조직문화에 관심을 누고 이런저런 노력을 하는 것만도 대단한 일이다. 그렇지만 일하는 방식(업무 프로세스)의 개선을 동반하지 않으면 본질적인 문제를 해결하지 못한다. 그 사이에 구성원들은 지쳐서 바람직한 조직문화에 대한 기대감은 실망으로 바뀔 것이다. 당신의 조직은 어떠한가? 조직문화에 관심이 없는가? 이런저런 시도를 하는가? 아니면 일하는 방식까지 바꾸면서 적극적으로 개선하는가?

> 구성원들의 경험이 축적되어 나타나는 것이 조직문화다. 늘 인간적인 존중을 받는 구성원은 다른 사람도 존중해준다. 조직에서 바로 피드백을 받는 구성원은 다른 사람에게도 그렇게 해 주기 쉽다. 이런 조직에는 배려와 존중과 신속함이 묻어나기 마련이다.

알아두면 유용한
조직문화 구축방법

이번 파트에서는 조직문화를 만드는 방법과 주의할 점에 관해서 설명한다. 문제의 원인을 찾는 진단, 미래 모습을 그리는 설계, 적용하는 실행이라는 3단계는 조직의 문제를 해결하는 가장 기본적인 방법이다. 조직문화를 큰 틀에서 보면 다르지 않다. 다만, 사람의 동기와 경험이라는 보이지 않는 것을 다루므로 많은 것을 세심하게 고려해야 한다. 조직문화 담당자의 경험과 필자들의 시행착오 속에서 이러한 사항을 솔직담백하게 담아내고자 했다. 철저한 이론적 기반에 바탕을 두어 논리적으로 전개한 것은 아니지만 실용적인 측면에서는 가치가 있을 것이라 자부한다.

Chapter 1

우리 조직문화의
수준 알아보기

문화를 키우려면 훌륭한 이야기꾼이 필요하다.
문화를 바꾸려면 설득력 있는 편집자가 필요하다.
- 라이언 릴리 -

1단계:
조직문화에 대한 인식

"우리 조직의 조직문화 수준은 어느 정도 될까?"

조직에 속해 있고 조직문화에 관여하고 있다면 기본적으로 자신이 속한 조직의 현재 수준 정도는 파악하고 있어야 한다. 수준을 파악함에는 비교 대상이 있어야 하는데 동일업종, 동일규모의 조직에서 조직문화와 관련해 참고할 만한 어떤 지수가 나와 있고 그 지수가 객관적이어서 믿을 수 있다면 좋겠지만 현실은 그렇지 못하다. 조직문화 진단을 비즈니스 모델로 발전시켜서 사업하는 업체가 생겨나기도 했다. 하지만 조사의 정확성, 지수의 신뢰성, 결과의 활용성 측면에서 부족한 점이 있다.

그러함에도 조직문화를 새롭게 정착하는 데 있어 현재 수준을 아는 것은 매우 중요하다. 지금의 문화 수준을 알아야 다음 단계로 도약하기 쉽기 때문이다. 간혹 마음이 급한 조직장이나 조직문화 담당자는 한 번에 여러 단계를 뛰어넘어 높은 수준의 조직문화에 도달하기를 바란다. 그 마음이야 알겠지만, 문화가 가진 속성상 이는 쉽지 않다. 때로는 이벤트를 통해 높은 수준의 조직문화를 가진 기업을 그대로 따라 할 수 있지만 한두 번 이벤트가 성공했다고 조직문화 구축이 완성되었다고 할 수는 없다. 한 번에 여러 단계를 뛰어 넘었더라도 기초 단계가 부실하면 언젠가는 다시 그 단계를 거치게 되어 있다. 조직문화 정착에 성공한 여러 기업은 공통적으로 다음 다섯 단계의 발전순서를 거쳤다.

1단계인 조직문화 도입 단계는 의미를 부여하고 이벤트를 통해 조직문화의 첫 단추를 끼우는 단계이다. 그 첫 단추가 경영자가 보기에는 불필요한 이벤트를 하는 것처럼 보이지만 조직문화의 필요성을 전파하고 확산하는 단계이므로 반드시 거쳐야 한다.

이 단계에서 주로 경영진이나 리더 그룹이 조직문화가 갖추어진 회사의 사례나 발표를 듣고 담당자에게 알아보라고 지시한다. 조금 더 시간이 지

조직문화 발전 5단계

5단계 : 조직문화 재창출 및 혁신 ⇨ 조직문화 선도, 영향력 발산

4단계 : 조직문화 확산 및 실천 ⇨ 조직의 가치 자율적 실천

3단계 : 조직문화 조직화 ⇨ 팀 단위 조직문화 활동 확산

2단계 : 조직문화 제도화 ⇨ 조직문화 운영 시스템 정착

1단계 : 이벤트(행사) ⇨ 조직문화에 대한 인식 확산

나면 '우리도 한번 해보자'고 주문한다. 그러다 보니 주로 타사의 성공 사례를 위주로 벤치마킹한다. 타사의 조직문화 활동이 외부로 드러나는 행위, 곧 이벤트 위주의 활동이 나타나는 시기이다.

지나고 보면 이 시기가 필요하고 또 이러한 과정을 거쳐야 한다. 이벤트를 통해 조직문화의 변혁과 새로운 구축을 구성원들에게 알리고 조직의 분위기를 환기시키기 때문이다. 기존의 조직 분위기 그대로 조직문화를 혁신하기는 어렵다. 굳어진 구성원의 마음을 풀듯 훈풍 역할을 하는 이벤트로 구성원의 마음과 관심을 끌어내야 한다. 다음은 한 조직 담당자와 인터뷰했을 때 이야기이다.

"조직문화 담당자로 발령을 받고 조직문화 혁신을 왜Why 해야 하며 무엇What을 어떻게How 해야 할까 고민했던 기억이 난다. 먼저 조직 구성원들의 출근부터 퇴근까지의 일상을 살폈다. 8시 이전에 준비해야 하는 업의 특성상 다수의 구성원이 일찍 나오면서 아침을 먹지 못하고 출근했다. 이를 근거로 7시 30분부터 출근 시간 전까지 아침 식사 대용으로 샌드위치와 우유를 제공했다. 아침에 무표정으로 분주하게 들어서던 구성원들이 회사 현관 앞에서 나누어 주는 샌드위치와 우유를 받아 들고는 밝게 웃었다.

구성원들로부터 좋다는 피드백도 받고 소문이 났다. 아니 소문을 일부러 만들었다. 이를 홍보담당자와 협의해 기사화했다. 그러자 기사가 나간 날 최고 경영자가 담당자를 불렀다. 최고 경영자로부터 조직문화를 새롭게 하는 것이 아침 식사를 나누어 주는 이벤트로 머물러서는 안 된다는 지적과 함께 하려면 제대로 하라는 격려를 받았다."

이 사례에서 담당자는 조직문화 혁신을 위해 '무엇을 어떻게 할까?'를 고민했지 '왜 해야 하는지'를 정확히 알지 못했다. 조직의 가치와 이벤트를 연결하지 못하고 단순히 이벤트를 해서 구성원들의 기대치만 높였다. 다행히 최고 경영자가 조직문화 활동이 복리후생 개선 프로그램이 아닌 조직 재구축을 위한 혁신 활동이라고 명확하게 지적했던 것이다.

이 단계는 조직문화 관련 이벤트를 통해 구성원들의 관심을 유도하고 공감하도록 하는 데 의미가 있다. 보여주기식 이벤트 같지만, 그 안에 의미와 스토리를 담아서 새롭게 구축하는 조직문화가 구성원들에게 녹아들 수 있도록 하는 과정이다. 이 단계를 반복하면서 마치 어린 자녀에게 습관을 들이듯 구성원들에게 정성을 들여야 한다. 시간이 지나 조직문화가 어느 정도 성숙하면 누가 말하지 않아도 그 조직의 구성원들은 일정 조건에서 비슷한 유형으로 생각하고 행동한다.

조직문화가 자리 잡으면 구성원들에게 어떤 상황을 주었을 때 말하지 않아도 자연스럽게 조직이 지향하는 방향으로 움직인다. 보이진 않지만 강한 힘을 준다. 하지만 이 단계에서는 자칫하다가는 경영진이나 구성원들이 조직문화 개선 활동이 마치 복리후생 개선 프로그램인 양 오해할 수 있으므로 주의해야 한다. 일회성으로 끝나는 것이 아니라 일관된 의도로 연간 기획이나 일정 기간 단계적으로 실시한다는 계획과 복안이 있어야 한다. 회사가 추구하는 공유 가치를 구성원들에게 인식시킨다는 내용이 계획의 핵심이다.

2~3단계:
조직문화 제도화와
시스템 장착과 조직화

2단계인 조직문화 제도화 단계에서는 조직문화가 사내 각종 업무 환경과 연계되어 조직을 움직이는 에너지로 작동하게 된다. 어떤 제도이든 처음 도입 시행될 때에는 그 제도의 취지와 의도를 당시의 구성원들에게 분명하게 설명하고 공감을 얻은 후 시행한다. 하지만 일정 시간이 지나면 그 의미는 흐려지고 관료화된 절차의 시행만 남을 수 있다.

봄이나 가을에 실시하는 체육대회가 대표적인 예이다. 조직 구성원들에게 체육대회를 왜 해야 하는지 물어보면 명확하게 답을 할 수 있는 이들은 많지 않다. 그러함에도 때가 되면 체육대회를 한다. 따라서 조직문화 담당자는 새로운 활동 이전에 기존의 활동과 규칙을 점검해야 한다. 조직문화

: 133

혁신 초기 단계부터 이러한 활동을 왜 하는지, 어떻게 해야 하는지를 명확하게 인식하고 진행하는 것이 필요하다.

조직문화 제도화 단계의 첫 단추는 채용 절차 정비이다. 최근 인력 채용 추세가 서류상에 나타난 조건을 보고 채용하기보다는 인성 및 적성검사와 조직의 핵심 가치를 근거로 적합한 인력을 채용하려는 회사가 많아졌다.

조직문화 제도화 단계에서는 교육과 관행적으로 운영해오던 각종 제도를 조직의 미션과 비전 및 핵심 가치와 연결하는 작업을 정기적으로 실시해야 한다. 그래야 그 일이 어떤 이유로 하는지를 모두가 분명히 알고 그 목적을 달성할 수 있기 때문이다. 특히 구성원에게 크게 영향을 미치는 성과 평가와 동기부여 등은 조직문화와 확실한 역학관계를 형성해야 한다.

조직문화가 제도와 연결되어 시스템이 된 대표적인 사례가 'ㅇㅇ웨이 Way'다. 'ㅇㅇ웨이'는 그 조직의 일하는 방법을 정립한 결정체다. 이는 'ㅇㅇ웨이'대로 일하면 조직의 가치를 실현할 뿐만 아니라 업무성과도 달성하게 된다는 뜻이다. 조직문화가 조직에 작동해 어느 정도 가동되면 자연스럽게 그 조직 구성원들이 일하는 패턴이 생긴다. 'ㅇㅇ웨이'는 바로 그 패턴을 연구해 조직이 바라는 성과를 가장 잘 낼 방법을 체계적으로 정리한 것이다. 이러한 이유로 조직의 'ㅇㅇ웨이'를 만드는 작업에 심혈을 기울여야 한다.

단위조직 차원의
조직문화 조직화 단계

3단계는 조직문화 조직화 단계이다. 조직문화에 대해 구성원들이 공감하고 이를 제도화했다고 해서 조직문화가 구축됐다고 볼 수는 없다. 조직문화는 단계적으로 구축되며 일정한 시간이 있어야 한다. 일정한 성향을 지닌 구성원들이 반복적으로 움직이는 경험의 축적을 통해 조직문화가 구축되기 때문이다.

특히 조직문화가 올바르게 구축되려면 단위조직 차원의 조직문화가 가동되어야 한다. 단위조직의 조직문화가 구성원들에게 가장 크게 영향을 미치기 때문이다. 단위조직의 조직문화는 단위 조직장(부서장)의 생각과 태도에 영향을 받는다. 단위 조직장의 생각과 태도로 말미암아 단위조직 구성원들의 사고 방향과 행동이 결정된다.

많은 기업이 조직문화에 대한 이해 부족으로 구성원들과 공감하고 제도화하는 단계에 머문다. 이는 건축 단계로 본다면 설계를 하고 골조를 마친 단계이다. 이는 '골조가 만들어졌으니 이제 구성원들이 알아서 입주해 살겠지' 하고 바라는 것과 같다. 골조만 있는 아파트에 누가 들어가 살 수 있을까? 하지만 조직문화에 대한 이해가 부족한 조직장은 구성원들이 공감했고 관련 제도와 규정을 만들어 놓으면 남은 것은 구성원들의 몫이라 생각한다. 그런 상태에서 막상 조직이 자신이 생각한 방향대로 움직이지 않으면 그 탓을 구성원들이나 조직문화 담당자에게 돌린다.

이는 마치 《성경(마태복음 13장)》에 나오는 씨 뿌리는 비유와도 같다. 씨를 뿌리는 농부가 있어 씨를 뿌리는데 더러는 길가에, 더러는 흙이 얇은 돌밭에, 더러는 가시덤불 밭에, 더러는 좋은 땅에 떨어진다. 길가에 뿌려진 씨는 새가 와서 먹어버린다. 이는 아무런 사전 작업 없이 교육 몇 번 또는 조직장의 의지로 조직문화 청사진만 보여주고 조직문화를 해보라고 하는 것과 같나. 하시만 구성원들은 그동안 수없이 많은 경영혁신 프로그램을 접했을 때처럼 회피한다.

씨가 흙이 얇은 돌밭에 뿌려져 싹은 나오지만 해가 돋으면 이내 마르고 만다. 이는 마치 조직문화에 대한 깊은 이해가 없는 상태에서 타 조직의 조직문화를 도입했다가 조직 내 다른 이슈가 생기면 이내 조직문화를 버리는 것과 같다. 특히 단위조직은 회사의 지침에 따라 조직문화 흉내를 내다 조직의 단기 성과와 관련한 일과 부딪치면 이내 조직문화를 뒷전으로 하고 단기 성과에 집중한다. 이것은 통상적으로 범하는 우로, 조직이 존재하는 이유를 간과해서 생긴다. 그러나 단기 성과에 치중하면 조직의 지속성을 담보하지 못한다.

가시덤불 밭에 뿌려진 씨는 가시가 자라 성장 기운을 막아 온전히 자라지 못한다.

단위 조직은 철저하게 성과에 가장 큰 영향을 받는다. 단위 조직장은 모든 것에 우선해 단위 조직의 성과에 구성원들이 매진하도록 독려하고, 동기 부여한다. 이때 발휘되는 단위 조직장의 리더십이 조직문화가 지향하는 리더십을 근간으로 하는지 그렇지 않은지에 따라 그 조직에 미치는 영향이 달라진다. 조직의 최고 경영자가 말하는 조직문화와 단위 조직의 조직장이 말하는 조직문화가 일치하는지 불일치하는지에 따라서 구성원들이 조직에서 느끼는 만족과 불만족도 극명하게 갈린다. 그러므로 조직의 최고 경영자는 많은 시간과 비용을 들여서라도 자신이 지향하는 조직문화와 단위 조직의 조직장이 지향하는 조직문화를 일치시키려 투자하고 심혈을 기울인다.

조직문화가 조직에 잘 구축됐다고 보는 기준은 조직문화가 단위 조직의 움직임에 일정한 영향을 미치고 있는가이다. 단위 조직이 회사에서 정한 조직의 가치에 따라 일정한 패턴으로 작동한다면 단위 조직에서도 그 전체 조직의 향기가 묻어난다.

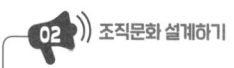

4~5단계:
조직문화 확산 및 실천
그리고 조직문화 선도

4단계는 조직문화 확산 단계이다. 조직문화가 이 단계에 이르면 조직문화가 성공적으로 구축됐다고 본다. 조직이 지향하는 가치를 구성원들이 공감하고 그 지향점을 향해 자율적으로 나아간다. 마치 학부모가 아이에게 공부하라 말하지 않아도 자율적으로 공부하는 자기 주도 학습이 이뤄지는 단계이다.

이 단계는 조직의 일하는 방법(ㅇㅇ웨이)이 모든 구성원들에게 공감을 얻고 실천을 끌어낸다. 일하는 방법이 마치 구성원의 습성처럼 작동되어 서로 눈빛만 봐도 무엇을 원하는지 알 수 있다. 이처럼 일하는 방법이 일치하여 나오는 시너지 효과는 업무 성과로 이어진다. 손발이 맞는 사람과 일하는 즐거움이 얼마나 큰지, 그 성과가 얼마나 만족스러운지를 누구나 한 번쯤은 경험해 보았을 것이다. 마치 좋은 땅에 뿌려진 씨가 여건에 따라 수십 배의 과실을 맺는다는 비유와 같다. 이런 단계에 이를 때까지 조직의 최고 경영자와 단위 조직장, 조직문화 담당자가 삼위일체가 되어 구성원이 조직의 가치를 공감하고 일하는 방법이 몸에 배도록 노력하는 시간이 선행되어야 한다.

조직은 살아 움직이는 생명체이다. 조직이 살아 움직이도록 하려면 양질의 영양소를 계속 공급해주어야 한다. 그렇다면 건강한 조직을 위한 양질의 영양소에는 무엇이 있을까? 결론부터 말하면 조직의 리더가 조직의 방향(Mission, Vision)을 명확하게 제시하고 구성원들을 인정하고 존중하는 것이다. 다른 말로 표현하면 진성 리더십이 발휘되는 상태이다.

구성원들이 자신의 일터가 일하기 좋은 곳이라고 느끼는 요소로는 급여와 인센티브 같은 직접적 요인도 있고 복리후생과 근무환경 같은 환경적 요소도 있다. 하지만 그보다도 자신이 조직에서 필요한 존재라고 인정받고 존중받고 있다고 느끼는 것이 더욱 중요하다.

구성원들이 조직에서 자신의 존재 가치를 이해하고 스스로 무엇을 어떻게 해야 하는지를 알고 이를 실천하며 구성원들 간 상호 인정과 존중을 나누고 있다면 그 조직은 엄청난 힘이 있다. 그 힘으로 조직의 목표를 실현하며 조직의 성과를 만들어내고 지역사회의 일원으로 선한 영향력을 발휘할 수 있다. 이런 조직을 만드는 것이야말로 조직문화를 구축하려는 목적이자 방향이다.

조직문화가 영향력을 발산하는
조직문화 선도 단계

5단계는 조직문화 선도 단계이다. 조직문화가 이 단계에 이르면 자연스럽게 입소문이 나서 다른 회사의 벤치마킹 대상이 된다. 조직문화가 회사의 발전에 보탬이 되고, 회사의 발전으로 조직문화가 한층 더 성숙해져서 영향력을 발산하는 단계이다.

조직문화는 일정 단계에 오르고 또 일정 시간이 흐르면 자연스럽게 관료화되는 습성이 있다. 기업을 둘러싼 환경은 예측불허로 바뀌는 데 반해 조직은 일정 패턴으로 작동하려는 관성이 있기 때문이다.

조직을 둘러싼 환경이 변화하는 속도와 조직문화가 대응하는 속도 간 차이가 어느 정도 벌어지면 조직문화도 혁신에 가까운 변화를 시도해야 한다. 마치 40년을 산 독수리가 40년을 더 살기 위한 몸부림으로 발톱과 털을 뽑고 부리를 깨뜨리는 혁신을 하듯, 변화를 맞는 조직도 그와 같은 혁신과 재창출을 겪어야 한다. 조직문화 혁신과 재창출은 창업할 때와 마찬가지로 조직을 새로 만드는 노력과 에너지가 필요하다. 그 양으로 관성을 바꾸는 것이기에 조직문화를 처음 구축할 때보다 더 많이 있어야 한다.

조직문화는 그 조직에 속해 근무하지 않고서는 알기 어려운 속성이 있다. 어느 조직이나 자신의 조직을 밖으로 드러낼 땐 조직의 긍정적인 면, 밝은 면만을 내보인다. 타 조직의 조직문화는 좋아 보이고 자신이 속한 조직문화는 왠지 그만 못해 보이기도 한다. 하지만 조직도 존재이기에 다른 조직과 상대적인 비교는 무의미하다. 다만 과거의 조직보다 더 나은 조직을 만들어 지금의 구성원들을 행복하게 만들어야 한다.

Chapter 2

우리 조직에 적합한
조직문화 만들기

문화는 정말로 문제가 있을 때만 중요하다.
같은 의미로 성격은 사물이 당신을 위해 올바르게 작동하지 않을 때만 중요하다.

- 에드거 셰인 -

간편하고 이해하기 쉬운
조직유형 분류법

복잡하고 다양한 것을 때로는 몇 개의 유형으로 분류해 특성을 파악하고 적절하게 활용하면 큰 도움이 된다. MBTI[27], DISC[28], 에니어그램[29]과 같은 성격유형 검사가 가장 쉽게 접할 수 있는 예이다. 70억 명이 넘는 사람을 단순히 몇 개 유형으로 분류하는 방식에 대해 의문을 제기하는 이도 있다. 하지만 간단하면서도 직관적으로 이해할 수 있다는 점 때문에 인간의 성격을 이해하는데 오래전부터 빈번하게 활용해 왔다(에니어그램은 기원전 2,500년경 바빌론에서 유래한 것으로 추정된다).

가령 DISC는 인간의 성격을 2가지 기준(과업 지향적 vs. 인간 지향적, 외향적 vs. 내성적)에 따라 총 4개의 유형으로 분류한 방법으로 간단하고 쉽다. 이 중에서 인간 지향적이고 외향적인 유형을 사교형Interactive으로 분류하는

데, 이 유형은 미래에 관한 창의적인 비전을 제시하고 본론을 벗어난 대화가 이루어지는 격식 없는 회의 등에 익숙하며, 위임은 잘하지만 추후 점검에 약하다는 것이 특징이다. 이런 부류의 사람은 기획실에 근무하게 하되 진행하는 과제를 꾸준히 모니터링하고 보고하는 체계를 만들어야 한다. 이런 특성을 이해함으로써 대화, 보상 방식 설계, 팀 구축과 운용에서 유용하게 활용할 수 있다.

　이러한 유형 분류법은 경영 환경에서도 많이 활용된다. 대표적인 예가 보스턴 컨설팅 그룹 매트릭스Boston Consultion Group Matrix, BCG이다. 이는 미국의 보스턴 컨설팅 그룹이 개발한 전략평가 기법으로 여러 개의 사업을 한눈에 경쟁상대와 비교할 수 있는 좋은 도구이다.[30] 시장 성장률과 상대적 시장 점유율에 따라 사업을 스타Star, 캐시 카우Cash Cow, 물음표Question Mark or Problem Child, 개Dog 등 총 4개의 유형으로 분류한다. 이중 상대적 시장 점유율은 높아서 리더 역할을 하지만 성숙기여서 시장 성장률이 낮은 유형을 캐시 카우라고 부른다. 이 유형의 기본 사업방침은 저성장, 고 점유율 유지

27　MBTI(Myers-Briggs Type Indicator)는 캐서린 브릭스Catherine C. Briggs와 그녀의 딸 이사벨 마이어스Isabel B. Myers가 개발한 대표적인 성격검사다. 힘을 발휘하는 성향(외향형과 내향형), 정보를 지각하는 성향(감각형과 직관형), 의사 결정을 내리는 성향(사고형과 감정형), 라이프스타일 성향(판단형과 인식형) 등 4가지 선호경향에 따라 총 16가지 성격유형을 분류한다.

28　1928년 미국 콜롬비아대학교 심리학과 교수인 윌리엄 무스톤 마스턴William Mouston Marston 박사가 개발한 것으로, D(주도형), I(사교형), S(안정형), C(신중형) 등 총 4개의 유형으로 분류하며, 앞자를 따서 DISC라고 부른다.

29　에니어그램(Enneagram)은 사람을 9가지 성격으로 분류하는 성격유형 지표이자 인간이해의 틀이다. 희랍어에서 9를 뜻하는 에니어ennear와 점, 선, 도형을 뜻하는 그라모prammos의 합성어로, 원래 '9개의 점이 있는 도형'이라는 의미다.

30　미타니 고지 지음, 김정환 옮김, 《경영전략논쟁사》, 엔트리, 136쪽.

이고 기본 투자방침은 투자를 최소힌으로 억제하며 캐시의 칭출 원으로 심는 것이다. 개 사업군은 저성장 저 점유율이므로 하루라도 빨리 매각 철수할 것을 제시한다.

조직문화도 유형 분류법을 사용하면 유형을 인지함으로써 스스로 장점과 문제점을 파악할 수 있다. 이로써 앞으로 어떤 방향으로 나아갈지 설정하고 효과적으로 업무를 수행할 길을 모색할 수 있다.

조직문화에 대해서도 많은 유형 연구가 있는 데, 그중 퀸 앤드 맥그래스 Quinn & Mcgrath의 경쟁가치모형The Competing Values Model[31]이 많이 알려졌다.

<표> 퀸 앤드 맥그래스Quinn & McGrath의 경쟁가치모형

	내부 지향(Internal)	외부 지향(External)
융통성과 변화(Flexible)	집단 문화 (관계지향 문화)	발전 문화 (혁신지향 문화)
통제와 질서(Focused)	위계 문화 (위계지향 문화)	합리 문화 (과업지향 문화)

	집단 문화	발전 문화	위계 문화	합리 문화
특성	가족적이고 인간미가 넘치는 분위기의 문화로서 응집성이 강조됨	조직 구성원들이 계획과 목표 달성을 중심으로 결속되며 효율성을 강조함	조직 구성원들이 공식화된 규정을 중심으로 결속되며 안정성을 강조함	생동감 있고 활기가 넘치는 문화로서 혁신을 강조함
가치	응집성, 사기	성장, 혁신	안정성, 통제	생산성, 능률, 효율성
가치수단	협력, 친화	적응성, 이념	정보관리, 규율	계획, 계약
동기부여	애착 배려	성장 잠재력 개발	안정 권위체계 중시	보상 전문성 배양
리더십	지원	창의	보존	목표지향
의사 결정에서의 중시사항	참여	직관적, 통찰력	사실 분석	단호한 선언
구성원 평가	관계의 질	노력의 강도	공식적 기준	유형적 산출

이 모형은 유연성(변화 및 역동성을 강조하는 것) vs. 안정성(통제 및 질서를 강조하는 것)을 하나의 기준으로 삼고, 내부지향(화합 및 단결을 강조하는 것) vs. 외부지향(분화 및 경쟁을 강조하는 것)을 또 하나의 기준으로 삼아 총 4가지 유형으로 분류한다. 그러다 보면 현 조직이 추구하는 가치가 무엇이며 앞으로 추구해야 할 바람직한 가치가 무엇인지에 관해서 구성원의 생각 차이를 확인할 수 있다. 이러한 차이를 근거로 변화의 방향과 동력을 확보할 수 있다.

예를 들어 재무팀은 자금을 안정적으로 관리하는 업무가 중요하므로 위계 문화가 바람직하다. 진단 결과, 인간미가 넘치는 집단 문화로 나왔다면 점진적으로 문화를 바꾸는 것을 고민해야 한다.

유형 분류법, 이것만은 주의하자

조직문화의 중요성이 커지면서 조직문화를 체계적으로 진단하거나 조직에서 자체적인 방법론을 만들려는 니즈(욕구)도 증가한다. 충분한 시간과 비용이 있다면 체계적인 조직문화 진단을 받는 것도 좋지만, 그렇지 못하다면 유형 분류법을 통해 현재를 인식하는 것만으로도 족하다. 앞서 말한 것

---

31 Quinn, R. E & McGrath, M. R., "the Transformation of Organizational Cultures: A Competing Values Perspective", In: Frost et al(Eds.), *Organizational Culture*, Beverly Hills: SAGE Publications, 1985, pp.315~334.

처럼 유형 분류법은 직관적이어서 이해하기 쉽고, 설문시가 공개되어 있으니 적은 비용으로 조직문화를 파악할 수 있다. 다만 유형 분류법을 적용할 때 몇 가지 주의할 점이 있다.

첫째, 모델에서 제시하는 조직문화 유형은 이상형에 가깝고 현실에서는 여러 유형이 결합한 복합 형태이다. 그러므로 한 조직이 절대적으로 특정 유형이라고 생각하기보다는 어떤 유형이 지배적이고 어떤 유형이 약한지를 확인해보는 정도로 활용해야 한다. 이는 개인의 성격유형을 볼 때 외향적이라고 해도 외향적인 성향이 내성적인 성향보다 강하다는 것이지 외향성만 있다고 보지 않는 것과 같다.

둘째, 성격유형 진단에도 다양한 방법이 있듯이 조직문화 진단에도 다양한 방법이 있다. 절대적으로 맞는 방법은 없다. 업의 속성을 고려하여 조직에 맞는 유형 분류법을 찾아 적용하면 된다.

성장하는 사람은 우선 자신을 아는 것부터 시작한다. 마찬가지로 조직문화를 개선하고자 한다면 자기 조직의 문화부터 제대로 인식해야 한다. 그런 측면에서 유형 분류법이 장점이 있다.

조직문화 설계와
가치 체계 정렬

건축이라는 행위는 조직문화를 만들어 가는 것과 유사하다. 건축이 그 안의 공간을 어떻게 잘 활용할 수 있는가를 고려해 틀을 짓는다면, 조직문화를 만드는 행위는 구성원들의 심적 공간을 어떻게 잘 활용할 수 있는가를 고려하여 틀을 만드는 것이기 때문이다. 주住에 해당하는 공간을 지을 때 설계는 기본이다. 설계 없이 공간을 만들고자 한다면 엄청난 시행착오를 가져오고 또 그 완성도 담보할 수 없다. 그런 차원에서 건축 설계 과정을 통해 조직문화의 설계 개념을 파악해볼 수 있다.

설계는 크게 계획 설계Schematic Design, 기본 설계Design Development, 실시 설계Construction Documents로 나누어진다. 계획 설계는 통상 기획과 콘셉트 설계를 포함한다. 땅을 분석하여 거기에 지을 건축물의 목적과 방향을 수립한다.

기본 실계는 계획 실계에서 구상된 설계안이 법석으로 실현 가능한지 검토해 이를 도면에 반영한다. 통상 허가 도면이라고도 한다. 계획 설계에서 드러난 문제점을 해결하고 디자인이 실제 실현되도록 법적 요건을 적용해 다듬어가는 도면이다.

실시 설계는 상세 시공 도면이라고도 부른다. 시공 단계에서 건축주와 시공자 간 정확한 의사전달이 되도록 도면을 구성하고 표현한다. 건축을 위한 각 요소의 치수와 크기, 컬러 등을 논리적으로 정확하게 기술해 실제 시공이 가능하도록 한 설계이다.

이렇게 건축 설계를 나누어 진행하는 것은 인류가 오랫동안 공간을 건축하면서 겪은 시행착오 덕분이다. 설계를 단계적으로 접근하면 그만큼 시행착오를 줄이고 실행 가능성이 커진다. 이 노하우를 조직문화 구축을 위한 방안으로 적용해보면 다음과 같다.

계획 설계로
가치 체계를 정렬한다

조직문화 초기는 계획 설계 하듯 접근하여야 한다. 앞서 이야기한 것처럼 건축과 매우 유사하다. 장기적인 시간이 필요하기 때문이다. 그리고 한번 만들고 나면 다시 구축하기 어렵다. 그래서 시행착오를 줄이려고 조감도를 그리고 모델도 만들어 본다.

일하는 방식의 혁신 도구인 디자인 씽킹Design Thinking도 그 근원은 설계에 있다. 고객의 요구에 먼저 ①공감하고, ②문제를 정의한 후 ③아이디어를 내어 제시하고 이를 ④프로토타입으로 만들어 ⑤테스트하여 건축주가 꿈에 그리는 건축물을 시각적으로 구현한다.

건축주는 자신이 소유한 공간에 꿈에 그리는 건물을 짓기 전에 지을 건물과 유사한 건축물에 대한 벤치마킹부터 한다. 지으려는 건축물과 유사한 사례를 대내외적으로 찾아보고 누가, 왜, 어떻게 이런 공간을 건축했는지를 살펴본다. 이처럼 우리가 구축하려는 조직문화와 유사한 사례를 찾아보고 어떤 목적으로 누구를 중심으로 어떻게 조직문화를 구축했는지 자세히 살펴보아야 한다.

그냥 겉모습만 보고 오는 것이 아니라 조직문화 구축에 따른 내면에 담긴 이야기를 듣고 와야 진정한 벤치마킹이 된다. 기존 조직에 어떤 문제가 있어 이를 해결하기 위해 지금의 조직문화를 구축하게 되었는지를 들어본다. 이렇게 해서 얻은 지식을 바탕으로 조직문화 구축을 위한 계획 설계를 해야 한다. 건물의 조감도를 그려 건축이 완성됐을 때의 모습을 그려내듯이 조직문화의 밑그림을 그린다. 그 조감도로 건축과 관련 있는 사람과 소통하듯이 조직장은 조직문화의 콘셉트를 정하고 구성원들과 소통해야 한다.

이 단계에서는 우리 조직의 강점과 조직이 추구하는 가치를 정의하고 조직의 컬러를 명확히 한다. 조직이 존재하는 이유, 즉 미션을 분명하게 찾는다. 그다음에 조직이 방향을 잡고 제대로 움직이도록 조직의 사명과 핵심 가치도 선명하게 선정한다. 조직이 달성해야 할 목표인 비전을 세운다. 그런 다음에 구성원들이 이를 공감하고 따르도록 한다. 실천할 때의 행동 지침이자 우선순위를 정하는 경영 방침도 정한다.

조직문화를 위한 계획 설계에는 적어도 조직의 미선과 사명, 조직의 핵심 가치, 조직의 비전과 경영 방침을 넣어야 한다. 조직이 존재하는 이유와 나아갈 방향에 대해 공감하고 이를 따를 뿐만 아니라 함께 견인할 수 있는 구성원으로 조직을 채워나가야 한다. 그러므로 명확한 방향 설정이 중요한 단계이다. 이 단계의 조직문화 담당자는 회사의 근간을 기획하고 미래 전략을 수립하는 기획 분야에 소속되어 일하는 것이 좋다.

　　조직문화를 구축하려는 조직장이나 실무자가 조직문화를 전반적으로 이해하지 못하여 조직문화 구축에 실패하는 경우가 종종 있다. 조직장이나 담당자가 다른 조직의 조직문화 우수사례를 보고 좋다고 여기고 이를 상황에 맞게 설계하지도 않고 곧장 조직에 적용하는 경우이다. 그 대표적인 사례가 한때 기업에 유행처럼 일어났다가 지금은 사라진 펀Fun 경영이다. 조직의 특성이나 조직의 지향점과 무관하게 '신바람'이란 단어가 주는 느낌만으로 관련 제도와 이벤트를 도입 시도했다가 사라져 갔다. 조직문화 설계의 개념을 알고 접근한다면 이런 시간과 노력의 낭비를 최소한으로 줄일 수 있다. 지금 조직문화를 새롭게 구축하려는 조직은 이를 반면교사로 삼아야 한다.

　　구축하려는 조직문화에 관하여 전반적인 구상을 하면서 구축될 문화에 대한 꿈과 소망으로 구성원 모두가 벅찬 마음으로 하나가 되면 금상첨화이다. 뜻을 모으는 과정에서 조직문화가 갖는 에너지를 비축하게 되고 이후 실행하는 데 이 에너지가 사용될 것이기 때문이다.

설계에 따른 제도와
시스템 구축 및 실행력 향상

　　다음은 조직문화의 기본 설계이다. 조직문화에 관한 어느 정도의 밑그림이 그려지면 이제 이를 제도화하고 시스템화할 수 있는 단계에 돌입한다. 기본 설계의 목적처럼 지으려는 건축물의 허가를 받기 위해 법적 요건을 면밀하게 따지듯 조직의 여건, 구성원의 성향 등을 살피는 일이다. 앞의 계획 단계가 소수 경영진의 의도가 근간이 되었다면 이제는 다수 조직 구성원들의 바람을 조직문화에 담는다. 계획된 조직문화의 방향을 구성원들에게 제시하고 이에 대한 동의를 얻어낼 수 있도록 각종 제도와 연계한다.

　　채용을 예로 들면, 인재상을 뚜렷하게 설정하여 이에 따른 채용절차를 구축한다. 개념상으로 알고 있는 관리·생산·영업 등 직종별 인재상을 조직의 존재 이유와 연계한 인재상으로 정립한다. 그리고 적합한 인력을 채용하기 위해 채용 절차를 검토하고 다듬는다. 면접 시 지원자에게 질문할 사항과 지원자로부터 파악할 내용을 설계에 반영한다. 그 내용에 조직의 미션, 비전, 핵심 가치에 관한 동의 여부도 넣는다. 조직의 경영 방침에 동의할 뿐만 아니라 능동적으로 참여할 수 있는지의 여부까지 파악해야 한다.

교육을 예로 들면, 최소한 신규입사자에 대해서는 회사가 나아갈 방향을 제시하고 이에 공감하도록 하는 과정을 개설하고 가동해야 한다. 교육 담당자는 그런 과정은 기본이니 이미 과정에 포함되어 진행하고 있다고 하겠지만 효과적으로 운영되는지 검검해 볼 필요가 있다. 시간이 지남에 따라 관성적으로 입문 과정을 진행하고 있지는 않은지 살펴야 한다. 다른 과정은 동영상 강의로 대체하는 한이 있어도 조직의 철학을 전하는 과정만큼은 대면 교육으로 진행해야 한다. 회사가 나아갈 방향에 동의해 채용했다 하더라도 이를 다시 확인하고, 채용된 구성원들이 그 방향에 힘을 더할 수 있도록 명확한 방향을 제시하고 이에 대한 분명한 동의도 교육과정 속에서 구해야 한다.

성과관리 사례를 들면, 조직의 존재 이유에서 나온, 조직이 나아갈 방향에 따른 경영목표는 각 조직에 오롯이 분배되어야 한다. 조직 목표가 사업본부로, 사업본부의 목표가 각 팀으로, 팀의 목표가 각 구성원에게 책임과 권한으로 분배된다. 이 과정에서 자연스럽게 조직의 비전이 구성원들의 목표와 과제로 스며든다. 목표가 분배된 이후에는 구성원들이 성과를 낼 수 있도록 과정 관리를 면밀히 한다. 그 과정에서 핵심 가치를 작동해 지원하고 통제한다.

성과관리는 구성원들에게 동기를 부여하고자 하는 취지에서 실시한다. 성과관리가 성과급을 나누기 위한 평가가 아닌 동기부여를 위한 평가이며 피드백이 되도록 해야 한다. 이런 일련의 과정에 일하는 방법을 정립해 가동해야 한다. 그래야만 성과관리가 강력한 힘을 발휘할 수 있다. 조직문화와 괴리된 성과관리는 구성원들이 불만을 일으키는 제도가 되고 만다. 따라서 성과관리야말로 조직문화를 반영한 제도여야만 한다.

설계사가 설계 진행에 따라 설계의 완성도를 높여가듯이 조직문화도 조직의 경영 방침과 체계가 서로 어울리도록 제도를 갖추어가야 한다. 이 단계의 조직문화 담당자는 기획 또는 인사부서에 배치해 업무를 수행토록 함이 좋다. 이때는 적어도 조직문화를 전담하는 인력을 배정하는 것이 바람직하다. 당연히 조직 규모에 따라 다르게 적용하겠지만 대기업은 조직문화 전담팀을 두는 것도 고려해 볼 수 있다.

실시 설계로
구체적인 행동지침을 제시한다

마지막은 조직문화의 실시 설계이다. 건축에서 실시 설계는 시공도면을 그리는 단계이다. 시공사가 이 도면을 보고 바로 시공할 수 있도록 그려내는 도면이다. 조직문화 실시 설계는 조직문화를 실행할 수 있는 행동지침을 제시하는 단계이다. 제도 외에도 구성원이 맡은 업무에 몰두해 성과를 낼 수 있도록 일하는 방법을 제시하고, 실제적인 성과를 만들어내도록 하는 단계이다.

선진 기업은 이 단계에서 구성원들이 제대로 일하게 하려고 '~○○웨이'를 만들어 적용한다. 제도에 담을 사항을 정의하고 이를 정례화하여 구성원들이 이를 따를 수 있도록 하는 단계이다. 건축 설계 중 실시 설계가 가장 자세하고 세밀하게 작성되듯이 조직문화 실시 설계도 그렇게 적용되어야 한다. 이 단계에는 업의 특성을 고려해 구성원들이 업무에 열중할 수 있도록 근무환경을 조성하기도 한다.

예를 들면 업의 특성상 오랫동안 자리에 앉아 있어야 하는 업이라면 구성원들이 앉아 있는 의자만큼은 다소 비용이 투자되더라도 최적의 의자를 찾는다. IT 기업이 컴퓨터와 의자만큼은 최고 사양의 제품을 제공하는 이유도 그 맥락이다. 이 단계에 이르면 많은 규정을 운용하고 과업을 수행해야 하므로 조직문화 전담팀을 만들어야 한다. 조직 규모가 작으면 인사팀이나 기획팀, 총무팀, 홍보팀에서 전담자를 배치하고 팀장의 전폭적인 지원을 받아 업무를 수행할 수 있다.

Chapter 3

벤치마킹을 통한
단위부서 조직문화 만들기

조직은 모든 것을 즐겁게 한다.
- 켈리 모런 -

벤치마킹 능력이
조직의 경쟁력

벤치마킹 대상 조직에서는 분명 멋있던 옷인데 막상 우리 조직에 적용해 입으려면 이상한 모습이 된다. 이런 차이를 줄여 눈대중만으로 어울리는 옷을 찾을 수 있는 경지에 오른 조직은 뛰어난 조직이다.

퍼스트 무버First Mover 전략과 패스트 팔로어Fast Follwer 전략이 있는데, 많은 조직이 퍼스트 무버 전략을 추구한다. 하지만 퍼스트 무버 조직은 극히 일부분이고 그마저도 특정 기술, 영역, 제도 등에 한정되지 모든 기술, 영역, 제도에서 퍼스트 무버란 불가능하다. 세계 최고의 스마트폰 회사라고 해도 그 안의 부품 모두가 퍼스트 무버이고 제도나 프로세스 모두가 퍼스트 무버인 것은 아니다. 기본적으로 조직은 패스트 팔로어 전략을 취할 수밖에 없다. 그 와중에 퍼스트 무버가 1~2개씩 튀어 나오는 것이다.

잘 따라 하는 능력은 조직 생존의 기본 역량이다. 잘 따라 하는 능력의 대표적인 도구가 바로 벤치마킹이다. GE만 하더라도 내부와 외부에서 발굴한 최고의 성공사례를 빠르고 효율적으로 도입해 실행한다. 이를 베스트 프랙티스Best Practice라고 명명하고 구성원들에게 체계적으로 가르친다. 일반적으로 선도 기업은 따라 하는 능력이 뛰어나다(작은 기업보다 큰 기업에서 벤치마킹을 더 많이 활용한다).

벤치마킹은 일종의 혁신 툴이다. 우리 조직의 현 위치, 문제점, 취약점을 세밀하게 관찰하고 벤치마킹 대상 조직에서 해답의 실마리를 찾아 조직을 변화하게 하는 과정이다. 많은 사람이 벤치마킹을 쉽게 생각하지만, 생각만큼 쉽지 않고 성공을 거두기도 어렵다. 역설적으로 눈으로 대충 보고 쉽게 따라 할 정도라면 대상을 잘못 선정한 것이고 굳이 벤치마킹할 필요가 없다. 어려운 일이기 때문에 하는 것이다.

벤치마킹의 효과를 말할 때 '백문이 불여일견'이라고 한다. 말로만 들어서 하기보다는 직접 찾아가 살펴보라는 의미이다. '아는 만큼 보인다.'라는 말처럼 알아야지 벤치마킹에 성공할 수 있다. 남의 것을 베끼기도 실력이 있어야 가능하다.

조직문화 벤치마킹과
기술 벤치마킹의 차이

제품기술이나 노하우, 관리와 경영업무 개선, 제조 프로세스 개선 등에 대한 벤치마킹은 영업 비밀로 생각해서 대상 조직에서 잘 가르쳐주지 않으려고 한다. 그에 비해 구성원들과의 커뮤니케이션 방식, 회의, 복리후생 등 조직문화와 관련된 사항은 비교적 쉽게 도움을 구할 수 있다. 문화적 요소 역시 영업 비밀 못지않게 경영 요소가 될 수 있지만, 아이러니하게도 벤치마킹 대상 기업은 이를 홍보에 활용할 정도로 노출하는 데 부담이 덜하다.

기술이나 노하우를 벤치마킹하면 기술이나 노하우가 있는 곳에서 없는 곳으로 일방이 알려준다. 그러나 조직문화를 벤치마킹하면 이를 상호 주고받는다고 볼 수 있다. 기술이나 노하우 부분은 100% 똑같은 모방이 가능하지만 조직문화는 100% 똑같은 모방이 불가능하다. 조직문화는 적용되어 성과를 확인하는 데 비교적 많은 시간이 소요된다. 그러다 보니 성과를 보기 전에 폐지되기도 한다.

일반적으로 벤치마킹은 내부 분석, 비교 대상 선정 및 정보 수집, 벤치마킹 수행, 실행 및 평가 등의 4단계로 진행한다. 조직문화 벤치마킹도 이 순서를 따르지만, 조직문화라는 특성 때문에 고려할 요소가 많다.

내부분석	대상 선정 및 정보수집	벤치마킹 수행	실행 및 평가
• 내부 벤치마킹 • 조직의 수용성 정도 • CEO관심도 확인	• 대상 선정기준 마련 • 대상 조직 연구 • 질문지 작성 및 송부	• 성공의 다양한 요소 확인하기 • 실패한 경험과 어려웠던 점 찾기 • 우리의 상황 알려주기	• 취지를 살려서 적용 • 효과(성공/실패) 분석 • 대상 조직에 적용 결과 공유

조직문화 벤치마킹을 위한
12가지 팁

팁 1. 내부 벤치마킹부터 할 것

밖으로 나가기 전에 반드시 해야 하는 것 중 하나는 내부 벤치마킹이다. "회의 문화를 바꾸기 위해 다른 회사에 가서 회의 진행 방식을 배워 왔더니 이미 우리 조직 내 다른 사업부에서 하고 있더라"는 담당자의 이야기를 간혹 듣는다. 여러 사업부나 지점을 가진 조직에서는 조직 어디서인가 뜻밖에 다양한 아이디어를 실행하고 있으니 그 부분부터 파악해야 한다. 내부도 정확하게 분석하지 못한다면 다른 조직의 구성도 파악할 수 없다. 우리 조직은 왜 실행하지 못하는지, 왜 어설프게 진행하는지 등의 이유와 구체적인 원인을 알고 있어야 벤치마킹 대상 조직에도 올바른 질문을 던질 수 있다.

팁 2. 초등학생이 대학생을 따라 하는 우를 범하지 말 것

조직의 관심과 수용성도 확인해야 한다. 자신의 조직이 가족친화 인증기업이 된 것을 홍보 기사를 통해서 알게 됐다거나 우리 조직이 언제 그런 인증을 받았느냐고 반문하는 구성원들이 있는 조직은 가족친화 문화가 정착되기 매우 어렵다. 이렇다면 벤치마킹 전에 구성원들에게 문제점과 벤치마킹의 필요성을 알리고 공감대를 얻는 작업이 선행되어야 한다.

혁신과 변화에 익숙한 조직이라면 수용성이 높지만 개선 활동 경험이 없는 조직은 수용성이 현저히 떨어진다. 어렵게 벤치마킹을 해오더라도 곧잘 실행하지 못할 것이다. 초등학생과 대학생이 배우는 교과서가 다른 것처럼, 관심과 수용성에 따라 벤치마킹 대상이 달라지기 때문에 조직의 수용도 수준을 자세히 파악하는 것은 중요하다. 역량을 고려하지 않은 채 모방하다가는 많은 희생과 실패를 가져올 수 있다는 점을 명심해야 한다.

팁 3. 벤치마킹 전 최고 경영자의 관심도를 반드시 확인할 것

조직문화를 바꾸는 일은 비교적 오랜 시간이 걸리는 일이기에 최고 경영자의 지속적인 관심이 전제되어야 한다. 최고 경영자의 의지와 관심 정도는 벤치마킹 실행에도 절대적인 영향을 미친다. 조직문화를 벤치마킹하다 보면 리더의 마인드를 비교할 수밖에 없는데 어떤 곳은 최고 의사 결정권자가 조직문화에 관심과 개선 의지가 없어서 우리 조직은 힘들겠다고 미리 좌절하고 실망한다. 이때는 안 하느니만 못한 벤치마킹이 된다. 최고 경영자는 조직문화를 위한 벤치마킹을 할 때 확실한 의지와 관심을 보여주어야 한다. 최고 의사 결정권자 차원에서의 부탁은 벤치마킹 대상 조직에 준비를 많이 하도록 한다. 따라서 때로는 상대 조직의 대표에게 직접 연락해주는 것도 좋다.

팁 4. 검증된 조직과 제도를 벤치마킹할 것

3년 이상 제도를 효과적으로 운영한 곳을 벤치마킹 대상으로 선정해야 한다. 조직문화에 대한 벤치마킹은 기술이나 노하우를 벤치마킹하는 것과 달라서 신속성이 상대적으로 덜 중요하다. 기술이나 노하우는 빨리 배워오는 것이 중요하지만 조직문화는 안정적으로 운영 중인 제도를 배워오는 것이 중요하다. 예를 들어 벤치마킹 대상을 기사를 통해 접하면 기사를 낸 조직에 연락을 해 봐야 한다. 그 조직도 조직문화 혁신을 시행한 지 얼마 지나지 않아 내부적으로도 효과가 검증되지 않았을 수 있다. 또한 앞으로 시행 예정인 제도를 미리 기사화시키면서 과장되었을 수도 있다. 따라서 그 제도가 올바르게 정착된 곳인지 확인하는 작업이 필요하다.

팁 5. 사전 조사 없이 벤치마킹하지 말 것

벤치마킹 조직에 대한 기본지식을 숙지해야 한다. 벤치마킹 회사의 제품과 경쟁회사의 제품을 헷갈려 말실수하거나 창업자나 최고 경영자의 이름을 잘못 언급할 수 있다. 이러면 분위기가 갑자기 나빠진다. 조직문화의 벤치마킹은 많은 부분이 사람의 설명을 통해 이뤄지기에 설명하는 사람에게 준비해온 모습을 보여주는 것이 매우 중요하다. 예습해 온 학생과 그렇지 않은 학생이 다른 것과 같다. 창업자, 미션과 비전, 제품명, 경쟁업체 등의 정보뿐 아니라 업의 특성도 이해하고 있어야 한다.

팁 6. 질문지를 반드시 작성할 것

벤치마킹을 통해 알고자 하는 내용, 즉 질문지를 사전에 보내주어야 한다. 질문지는 정말로 알고 싶은 것을 정리하는 기회가 된다. 이는 벤치마킹 대상 조직의 불안감과 부담감을 덜어준다. 대상 조직에도 벤치마킹은 조심스럽고 부담스러운 일이다. 어떤 질문은 여러 사람의 이야기를 듣고 종합적으로 판단하여 대답을 준비해야하고, 어떤 질문은 자료로 대체할 수도 있다. 질문지를 보내주면 미리 답변을 준비할 수 있어 한 단계 더 깊은 차원의 이야기를 나눌 수 있게 된다. 홈페이지 등을 통해 손쉽게 찾을 수 있는 정보는 질문에 넣지 않도록 한다.

팁 7. 성공 요인을 모두 찾아낼 것

조직문화는 하나의 이유로 만들어지는 것이 아니기에 제도가 안정적으로 정착된 이유도 한 가지만 있을 수는 없다. 리더의 지지, 세심한 설계, 올바른 적용 순서 등 여러 가지 성공 요인들을 하나하나 찾아내야 한다. 하지만 설명하는 사람은 1~2가지 성공 요인을 강조하는 경향이 많이 있으므로 배경에서부터 도입과정에 이르기까지 천천히 설명을 듣는 것이 좋다. 따라서

"성공 요인을 말씀해주시겠습니까?"와 같은 질문은 바람직하지 않다.

팁 8. 성공의 이면을 살펴볼 것

성공하기까지의 어려웠던 점과 극복한 방법을 파악하는 것이 중요하다. 제도가 어떻게 운용되고 있는지 설명을 듣는 것 이상으로 어떤 어려움이 있었는지, 또 어떻게 극복했는지를 아는 것이 더 중요하다. 조직문화의 벤치마킹은 변화를 위한 것이지 제도 설계를 위한 것이 아니기 때문이다. 그래서 도입과정을 더 자세히 살펴야 한다. 역사와 배경을 살피는 노력이 중요하다.

팁 9. 벤치마킹도 소통의 과정임을 명심할 것

강의식이 아니라 상담식으로 진행하도록 노력해야 한다. 조직문화 벤치마킹은 관계를 맺는 과정이기도 하다. 강의식으로 한쪽의 정보만 듣고 질문하는 방식보다는 마치 상담하듯이 주고받는 방식이 바람직하다. 벤치마킹을 하려는 조직의 문제점 등을 이야기해서 고민이 무엇인지를 알려주는 것도 좋다. 고민을 공유하는 것만으로도 동질감을 느끼게 되고 벤치마킹이 더 원활히 될 수 있다. 상대가 먼저 했던 고민이라면 쉽게 답을 찾아갈 수도 있다.

팁 10. 하려면 제대로 하고 아니면 하지 말 것

벤치마킹하러 다녀오면 담당자의 생각은 많아진다. 시간과 노력을 들여 벤치마킹을 추진했지만, 조직에 적용하기에는 성영사의 의지, 예산 부족, 조직원의 저항, 실패에 대한 책임감 등이 부담으로 작용한다. 결국 저비용에 손쉽게 할 수 있는 것을 시도하게 된다. 사실 벤치마킹 대상 조직은 복합적이고 장기적인 과정을 통해 제도가 성공을 한 것인데 그런 노력 없이 단순 접목시킨다고 정착될 리가 없다.

예를 들어 페이퍼리스Paperless 회사를 만든다고 하고는 각종 시스템을 바꾸는 등의 투자는 하지 않고 '종이를 아껴라'라는 구호만 외치면 절대 페이퍼리스 회사가 되지 않는다. 어설프게 도입한 제도는 목적을 상실한 채 규칙으로 남아 구성원을 피곤하게 할 뿐이다. 이렇게 되면 벤치마킹을 통해 얻는 새로운 제도를 다시 받아들이지 않으려는 배타적인 성향만 키우게 된다.

팁 11. 벤치마킹 실행 결과를 분석할 것

벤치마킹한 제도가 제도로 안착했다면 그 원인이 벤치마킹 대상 회사의 성공 요인과 일치하는 것인지 아니면 우리 조직만의 다른 요인이 있었던 것인지를 파악해야 한다. 또한 실패했다면 왜 실패했고 개선할 여지는 없는 것인지에 대한 분석도 필요하다. 벤치마킹 자체의 성공과 실패 여부도 중요하지만, 경험을 축적하는 것이 더 중요하다. 특히, 실패의 원인을 분석하는 과정을 내재화하지 않으면 계속 실패할 것이다. 성공이든 실패이든지 간에 분석하는 것까지도 벤치마킹의 과정이다.

팁 12. 배우지만 말고 공유할 것

실행과정과 결과를 벤치마킹 대상 회사와 공유한다. 조직문화란 멈춰 있지 않고 진화하는 특성을 갖는 것이기에 벤치마킹을 통해 실행한 것, 개선한 것, 실패한 것 등에 대해 벤치마킹 대상 회사와 공유해야 한다. 처음에는 주는 관계로 시작해서 나중에는 서로 도움을 주고받는 관계가 되면서 함께 더 좋은 문화를 만들어 갈 수 있다.

많은 조직을 벤치마킹하면서 깨달은 것을 3가지로 요약하자면 이렇다. '노력 없이 얻어지는 것은 없다. 변화 없이 바뀌는 것은 아무것도 없다. 모르면 손발이 고생한다.'

단위 부서 조직문화 만들기
4단계

자신이 지금 하는 일을 색으로 표현한다면 무슨 컬러일까? 이를 조금 더 확대하여 자신이 속한 부서를 색으로 표현한다면 무슨 컬러일까? 일상에서 컬러가 주는 느낌은 우리 기억에 오래도록 각인된다. 그 좋은 예가 정당이다. 선거철만 되면 많은 정당이 경쟁하는 정당과 차별화하기 위해 자신의 컬러를 명확히 하는 작업을 한다. 엄청나게 큰 비용을 내가면서 정당을 상징하는 컬러를 만들어 낸다.

특색特色, 즉 보통과 다른 것을 만들어 자신의 존재를 드러나게 하는 것은 그 조직의 존재가치를 인식하는 측면에서 매우 중요하다. 우리가 속한 조직은 옆 조직과 다른 특질이 분명히 있다. 그렇다면 구성원들은 이를 알고 그것을 인지하고 있을까?

부서의 구성원들과 이에 관한 이야기를 나누면 부서가 존재하는 이유와 부서가 추구하는 목표에 더 확실하게 공감을 얻는다. 그래서 많은 조직이 특정 시점이 되면 부서 활성화를 위해 워크숍을 가서 팀워크를 다지고 친목을 다지는 등의 이벤트를 한다. 그런데 적지 않은 비용과 시간을 들인 것에 비하면 지속시간과 깊이의 효과가 그리 크지 않다. 그런 측면에서 특색 있는 부서환경 꾸미기는 부서 단합을 위한 방법의 하나가 될 수 있다.

실제로 실행됐던 A 회사의 부서 꾸미기 프로그램을 소개한다. 이 회사는 부서 꾸미기가 단순한 이벤트가 되지 않도록 4단계 실행 계획을 세우고 연간 운영될 수 있도록 프로그램을 설계했다.

1단계: 부서 정리 · 정돈하기

특색 있는 부서 환경 꾸미기 1단계는 정리 · 정돈이다. 일차적으로 업무공간을 깨끗하게 정리하는 작업을 하도록 유도한다. 정리 · 정돈 전과 후의 업무 공간 모습을 촬영해 그룹웨어에 사연과 함께 올려 구성원들이 이를 보고 댓글을 달도록 했다.

정리 · 정돈한 사진을 올리면 우수자를 선정해 포상하고 댓글을 잘 쓴 구성원에게도 포상했다. 뜻밖에 반응이 좋아 공지한 사례보다 정리가 더 잘 된 결과를 올리면서 선순환 구조가 만들어졌고 동기부여를 받은 많은 이들이 정리 · 정돈에 동참했다.

다음 단계로 외부에서 정리 · 정돈 전문가를 초빙해 정리 · 정돈하는 요령을 특강으로 열고 이를 전 구성원들이 공유했다. 공용 구역인 준비실(탕

비실)과 복사실에 전문가를 투입해 직업하고 그 결과를 촬영하여 해당 공간에 붙여 놓았다. 그렇게 하니 자연스럽게 정돈된 상태가 유지되었고 구성원들 각자가 정리·정돈 요원이 되어 좀 더 나은 환경 유지를 위해 노력하게 되었다.

2단계: 부서 표현하기

2단계는 부서마다 고유의 색채를 정하고 표현하도록 하는 것이다. 부서 구성원들이 모여 부서의 업무 특성을 컬러로 정하도록 하고 그 컬러를 모티브로 하여 부서를 꾸미도록 하였다. 이를 실천하기 위해 서로 논의하고 아이디어를 모으는 과정에서 부서의 소속감과 일체감을 높여 구성원 간의 관계가 더 돈독해질 수 있었다. 소요 비용도 외부 워크숍을 진행하는 것보다 훨씬 적게 들었다. 1단계와 마찬가지로 꾸미기 전과 후를 촬영해 달라진 모습을 공유하도록 했고 우수 부서를 선정해 회식비를 지급함으로써 부서원 간의 동료애를 한층 향상할 수 있었다.

3단계: 구성원의 개성 표현하기

3단계는 간단한 소품, 즉 사진과 화분, 인형, 조형물 등을 이용해 개인의 취향과 특성 및 정서를 표현하도록 했다. 기분이 좋아지는 사진과 차분한 마음을 갖게 하는 화분 등 구성원 각자가 정서를 안정화하는 소품을 책상 위에 두었더니 이로 인해 회사 분위기가 한결 밝아졌다. 각자가 가져다 놓은 소품으로 인해 서로에게 좀 더 관심을 표현했고, 이것이 구성원 간 대화의 물꼬를 터서 소통 활성화에도 이바지했기 때문이다. 가장 많이 등장한 소품은 가족사진 혹은 자신의 밝은 모습이 담긴 사진이었다. 그 외에도 부서원끼리 화분의 색을 맞추거나 각자가 좋아하는 식물을 놓기도 했다. 인형이나 조형물을 가져다 놓기도 해 부서의 분위기는 한층 나아졌다.

4단계: 적극적으로 표현하기

4단계는 새로 입사하거나 부임하는 구성원을 환영하기, 기존 구성원의 생일이나 경사 축하 등 눈에 보이는 활동을 했다. 풍선, 꽃, 리본 등의 환영 또는 축하 장식을 눈에 잘 보이는 곳에 설치해 주인공이 되는 구성원에 관한 관심도 생기고 미처 몰랐던 정보도 나누며 구성원 간 친밀도가 높아졌다. 생일 케이크를 놓고 생일 축하 노래를 불러주고는 박수로 끝내는 일상적 생일 축하보다는, 축하의 인사말이 담긴 카드도 준비하고 작은 축하 장식(생일을 알리는 풍선)을 준비해 하루 내내 그것을 보고 기분 좋은 하루를 보낼 수 있도록 했다. 타 부서에도 생일을 알려 주어서 함께 축하해 주었다. 이렇게 이벤트를 기획하고 단계별로 구성원의 참여와 동기부여를 끌어내다 보면 구성원들끼리 활발한 의견 교환이 이루어져 동료애를 높일 수 있다.

Chapter 4

긍정적인
조직문화 만들기

조직은 시간이 지남에 따라 지속되는 관계들의 묶음이다.
- 케빈 켈리 -

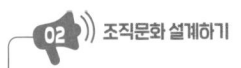

최고 경영자가
해야 할 것과 해서는 안 되는 것

조직문화를 잘 구축하는 일은 꼭 오늘 끝내야 하는 급한 일은 아니지만 분명히 중요한 일이다. 갑작스럽게 조직에 급하고 중요한 일이 생겼을 때 조직문화 활동을 일의 우선순위에서 잠시 미룰 수는 있겠지만 그렇다고 결코 포기할 수 없는 것이 조직문화이다. 그렇기에 반드시 해야 할 일과 하지 말아야 할 일을 구분해 놓는 것은 매우 중요하다. 조직문화에서 최고 경영자의 영향력은 조직문화를 구성하는 다른 요소의 영향력보다 월등하다. 새로 부임한 최고 경영자는 구성원들 앞에서 향후 자신이 경영할 조직을 어떻게 운영할 것인지 경영 방침을 발표하는데, 경영 방침에 반드시 들어가야 할 요소는 바로 조직문화이다. 아니 경영 방침 자체가 조직문화를 천명하는 것이다.

최고 경영자는 먼저 경영을 성공적으로 하기 위해 조직문화를 점검한다. 조직이 존재하는 이유와 조직의 목표, 자신이 천명한 경영 방침과 구성원의 움직임 간에 충돌이 일어나고 있지는 않은지 정기적으로 살핀다. 최고 의사 결정권자는 여러 가지 방법을 통해 조직의 가치와 구성원 행동 간의 차이를 파악할 수 있다. 본인이 하거나 외부 전문가의 시각을 빌려 검증하는 작업과 개선하는 작업을 해야 한다.

최고 경영자는 조직에서 일하는 방법을 구체적으로 제시해야 한다. 성과 창출 활동이 곧 조직문화 활동이 되도록 한다. 당연해 보이지만 순조롭게 작동하지 않는 조직이 의외로 많다. 업의 개념과 다른 조직문화를 도입하면 그렇게 된다. 일하는 방식이 곧 성과 창출로 이어지도록 하는 방법을 만들고 이를 근간으로 구성원들이 일에 전념할 수 있도록 환경을 조성한다.

최고 경영자는 자신에게 요구되는 솔선수범 요소를 실천해야 한다. 예를 들어 회장의 선택과 의사 결정이 조직의 핵심 가치를 근거로 작동하고 있음을 보여준다. 무엇보다 각 부문의 임원이 조직의 핵심 가치로 의사 결정을 하도록 만들면 된다. 최고 경영자는 경영 방침을 지휘하는 임원에게 어떤 성과를 요구하는지와 이를 어떻게 실행해야 하는지를 소통하면서 보여주어야 한다.

인내력은 최고 경영자에게 중요한 덕목이다. 특히나 조직문화에서 최고 경영자에게 가장 많이 요구되는 요소이다. 최고 의사 결정권자의 감정이 조직에 미치는 요소가 크기 때문에 최고 경영자가 웃으면 조직이 웃고 최고 경영자가 심각하면 조직 전체가 심각해진다. 따라서 최고 경영자는 화나고 짜증이 나더라도 웃으려고 노력해야 한다. 이것은 그 직무가 갖는 숙명이다. 그렇게 해야 하는 이유는 조직에서 긍정적인 자세가 좋은 결과를 낳고 이 결과가 조직에 다시 좋은 영향을 끼치도록 만들기 위해서이다.

조직의 구성원들은 최고 경영자만큼 고민하지 않고 정보력도 부족하며 실행력은 턱없이 부족하다. 이를 인지할 때마다 최고 경영자가 생각과 감정을 표현하면 조직은 악순환의 고리에 빠지고 만다. 조직의 대표는 참는 것을 넘어 임원과 구성원들이 생각하는 수준에 이르도록 기다리며 끝없이 그들에게 에너지를 공급해주어야 한다. 잘 참다가 회의 시간에 최고 경영자가 한번 화를 내기라도 하면 그동안 쌓은 조직문화라는 공든 탑이 무너진다.

새로운 업무공간을 조성하는 것도 성공적인 조직문화 정착을 위해 최고 경영자가 할 일이다. 변화와 혁신을 요구하면서 업무환경을 그대로 유지한다면 그 효과는 미미하다. 정해진 공간을 활용하여 자리를 재배치하거나 지금과 다른 환경을 조성하여 구성원들에게 조직이 살아 움직이고 있는 모습을 실감하도록 해야 한다. 이는 비용대비 효과를 고려하면 결코 손해가 아니다. 성공적인 조직문화 정착을 위해 최고 경영자가 해야 할 일도 많지만 하지 말아야 하는 일들도 있는데 그것은 다음과 같다.

- 최고 경영자는 리더이지 관리자는 되지 않아야 한다.
- 선호하는 것에 대해 표현은 하되 편애하지 않아야 한다.
- 전통을 만들되 전통에 얽매이지는 않아야 한다.
- 도전적인 목표는 세우되 형식적인 목표는 세우지 않아야 한다.
- 아이디어는 다양하게 받되 그 범위를 회사 내부로 국한하지 않아야 한다.

- 일을 맡기되 압도하지 않아야 한다.
- 경계가 있음을 인정하면서도 경계에 얽매이지 않아야 한다.
- 심각할 수는 있지만 이를 감정적으로 표출하지 않아야 한다.
- 조직문화 담당자에게 악역을 시키지 않아야 한다.

그중에서도 특히 조심해야 할 것은 다음 3가지이다.

최고 경영자는 조직문화를 조직의 홍보 자료로 활용하지 않는다. 단기적으로는 긍정적 측면도 조금 있지만, 장기적으로는 하지 않아야 한다. 조직문화는 속성상 구성원 지향이지 외부 홍보가 목적이 아니다. 자칫 구성원들의 마음에 불신을 심어줄 수 있기 때문이다. 자신도 모르는 회사의 조직문화를 언론을 통해 접하게 된다면 그것은 마케팅이지 조직문화로 볼 수 없다. 조직문화 관련한 활동이 조직 홍보를 위해 왜곡되어 활용된다고 인식되면 조직문화로 정착할 수 없다.

최고 경영자의 편견은 조직에 치명적이다. 최고 경영자는 좋은 조직문화를 위해 조직의 뒷이야기에 지나치게 귀를 기울이지 않는다. 최고 수장이 편견으로 조직을 대하는 순간 구성원들의 마음과 시각은 좁아질 대로 좁아져 아무리 잘 차려진 조직문화라 할지라도 그들의 관심 밖 대상이 되기 때문이다. 최고 경영자는 부서나 구성원들을 비교하지 말아야 한다. 비교한다는 전제에는 잘 못 한다는 인식으로 비교 대상을 긍정적인 시각보다는 부정적인 견해로 바라보기 때문이다. 최고 경영자의 의심은 밖으로 나오기보다 안에서 삭혀지고 다듬어져 밖으로 나와야 카리스마가 실린다.

조직문화는 최고 의사 결정권자가 직접 가꾸는 정원과도 같다. 정원은 가꾸면 가꿀수록 아름다워진다. 반대로 잠시 소홀히 하면 이내 잡초가 자라고 벌레가 찾아와 그동안 공들여 가꾼 것을 순식간에 시들게 한다. 그러기에 최고 경영자는 한시도 쉬지 않고 정원을 살펴 잡초도 뽑고 거름도 주어야 한다. 꽃이 피도록 지지대도 만들어 주고 가지들이 뻗어 갈 수 있도록 끈도 매주어야 한다. 조직문화는 최고 경영자가 직접 하는 것이지 누구에게 시켜서 할 일이 아니다. 조직문화를 해당 부서장이나 담당자에게 맡기고 최고 경영자가 보고받는 정도에 머물러서는 안 된다.

부서장이
해야 할 것과 해서는 안 되는 것

다음은 부서장이 해야 할 것과 해서는 안 될 것이다. 부서장이 되면 기본적으로 부서를 장악하고 부서에 문제가 있으면 해결한다. 주어진 과업을 성공적으로 수행하여 성과를 창출하고 부서 구성원을 육성하며 자기계발을 통해 성장 발전해가는 모습을 부서 구성원들에게 보여 주어야 한다. 이런 부서가 조직문화를 잘 만들고 잘 작동하도록 한다. 그렇게 하려면 적어도 맡은 부서에 대한 기본적인 물음에 스스로 답을 찾는다.

• 어떻게 하면 맡은 부서를 일하기 좋은 일터로 만들 수 있을까?
• 어떻게 하면 부서원 간 관계를 좋게 만들까?

- 어떻게 하면 부서 구성원들이 맡은 업무를 즐겁게 할까?
- 어떻게 하면 부서원들이 주어진 과업을 효과적으로 달성할 수 있을까?
- 어떻게 하면 부서 구성원들이 제 일을 알아서 할까?
- 어떻게 하면 맡은 부서를 성과(실행력) 높은 부서로 만들 수 있을까?
- 어떻게 하면 부서 구성원들이 만족하며 근무할 수 있을까?
- 어떻게 하면 부서 구성원들이 인정받고 더 성장할 수 있을까?

아무리 존경받는 최고 경영자가 조직에 있어도 조직문화에 대한 부서장의 이해와 생각이 최고 경영자와 다르면 조직문화가 정착하기 어렵다. 특히나 부서장이 자신의 생사에만 관심을 두고 단기 성과 달성에 매몰되는 순간 조직문화는 최고 의사 결정권자나 담당자의 외침일 뿐이다. 부서장은 최고 경영자의 경영 방침에 따른 부서 운영 방안을 수립하여 구성원들과 자주 소통해야 한다. 이 활동 자체가 조직문화 활동이다. 이 과정에서 구성원들과 소통하고 그들의 마음을 하나로 모을 수 있다. 구성원들이 경영 방침을 이해하고 공감할 수 있도록 하고, 무엇보다도 부서장이 솔선수범하여 회사가 정한 경영 방침과 일하는 방식을 기준으로 일하는 모습을 부서원들에게 보여주어야 한다.

부서장의 역할은 구성원을 관리하기보다는 이끌고 지원하는 데 있다. 구성원의 업무 시간, 일하는 방식, 일하는 태도 등에 관심을 두고 더 똑똑하게 일하도록 가르쳐야 한다. 이에 더하여 부서 구성원들이 하는 일에서 발생 가능한 위험요소를 찾아서 적당한 때 경고도 울려주고 때로는 함께 책임진다.

부서장은 상사인 최고 경영자와 구성원들을 불안하게 만들지 말아야 한다. 그러려면 적기에 의사소통해야 한다. 때로는 구성원의 성과를 경영진에게 자랑하여 경영진으로부터 구성원들이 칭찬받을 수 있도록 하고, 수시로 구성원들에게 감사한 마음을 표현하면 된다. 구성원들의 승진과 경력개발에도 신경 쓰고 지원한다.

회사의 경영 방침에 반하는 행위를 구성원들에게 요구하지 말아야 한다. 특히 단기 성과 달성을 위해 구성원들을 다그쳐서는 안된다. 소속 구성원을 진정으로 위한다면 회사 방침을 따를 수 있도록 지원하고 이끄는 자세가 바람직하다. 간혹 엇나가는 부서장은 자신이 지금의 자리에까지 올 수 있었던 이유를 단기 성과 달성 때문이라고 말하고 구성원에게 회사의 경영 방침을 따르는 일을 잡다한 일로 치부한다. 그 부서장은 자신 부서의 성과만을 강조하고 타 부서와 벽을 쌓게 해서 구성원들을 고립시킨다.

소속 구성원들이라고 함부로 대하지 말아야 한다. 구성원들은 부서장의 언어에 무척이나 민감하다. 부서장의 의도가 긍정적인지, 말 속에 존중을 담고 있는지 구성원들은 신경 곤두세우고 듣고 바라보기 때문이다.

부서장은 구성원들에게 완벽한 모습을 보이지 않아도 된다. 오히려 부서장도 인간임을 구성원들에게 알려준다. 그러나 부서장에게는 공평함이 생명이다. 불공평한 행위, 구성원을 따돌리는 행위, 구성원들 앞에서 다른 구성원을 비난하는 일은 하지 않는다.

무엇보다도 부서장은 조직 구성원을 희생양 삼아 자신의 안위를 도모하지 않도록 주의한다. 구성원을 생각해주지는 못할망정 자신의 승진과 영달을 위해 책임은 구성원에게 전가하고 자신은 관리자로서 온 힘을 다했다고 발뺌하지 않아야 할 것이다.

　마지막으로, 구성원들이 사전에 보고하지 않아서 몰랐다고 말하는 부서장은 무책임하다. 구성원들을 향한 책임과 관심의 넓이와 깊이만큼 그들의 마음도 그곳에 담기고 머문다는 것을 잊어서는 안 된다.

조직문화 담당자가
해야 할 것과 해서는 안 되는 것

지금부터는 조직문화 담당자가 해야 할 일과 해서는 안 될 일을 살펴보자. 조직문화 담당자가 되면 무엇을 어떻게 해야 할지 난감해진다. 그나마 선임이 있어 일한 흔적이라도 남아 있으면 다행이지만 대부분 조직에서는 조직문화 담당이라는 직무가 정식적인 직무의 하나로 온전히 자리 잡지 못한 상태이기 때문이다.

조직문화 담당자는 회사 전반을 이해해야 한다. 회사가 나아가려는 방향과 구성원들이 회사에 대해 무엇을 원하는지도 알아야 직무를 수행할 수 있다. 적어도 회사의 미션과 비전, 핵심 가치가 왜 그렇게 정해졌으며 그 지향점과 의미가 무엇인지 정도는 강의할 수 있어야 한다.

조직문화 담당자는 최고 경영자가 매년 발표하는 신년사, 수시로 발표하는 여러 연설문의 키워드를 분석해 둔다. 그래야 최고 경영자가 무엇을 지향하는지 알아들을 수 있기 때문이다. 구성원들이 무엇을 원하는지도 파악한다. 설문 조사 결과는 참고용이고 부서장의 구성원 면담 기록뿐만 아니라 본인 스스로 구성원들과 인터뷰한 자료와 결과로 핵심을 짚어본다. 회사의 정기적인 이벤트와 수시 모임에 대해서도 알아야 한다. 모두가 조직문화 활동의 소재이다.

조직문화 담당은 듣고 보고 묻기를 잘 해야 한다. 기존의 에너지를 활용하여 새로운 흐름을 만들어야 하므로 조직을 움직이는 에너지원이 무엇인지 안다. 기회를 분석하고 활용하여 새로운 기회를 만든다. 복잡하기보다는 단순하게 해야 구성원들이 따라 한다. 무엇을 해야 하는지 초점을 잡아 구성원이 실천하도록 한다.

조직문화 활동은 작게 시작하여 구체적인 것을 하도록 기획하고 연속해서 실행한다. 조직문화를 한 번의 이벤트로 인식하지 않도록 일정한 기간을 두고 하나하나 개선해 나간다. 반복하면서도 흥미를 끌어서 다함께 개선하는 활동이 되도록 한다.

조직문화 담당은 아이디어를 도출해낼 많은 샘물과도 같은 요소를 가지고 있어야 한다. 타사 혹은 다른 조직의 사례를 배우고 익히는 것도 방법이다. 이때 명심할 것은 그것을 왜 했는지, 어떤 의도를 갖고 했는지, 그 결과는 어떻게 되는지 등을 알아보고 우리 조직에 도입한다면 어떻게 바꿀지도 생각한다. 새 것을 만들어도 좋지만 기존의 것에 의미와 가치를 새롭게 부여해도 효과적일 수 있고 실패할 확률도 적다.

조직문화 담당자는 조직문화 혁신이 급하다고 한 번에 많은 일을 시도

하지 않는 것이 좋다. 기존의 분위기나 업무를 환기하여 새로운 문화로 받아들이도록 한다. 조직문화 담당자는 구성원 모두가 받아들이는 존재가 되어야지 나대어 귀찮은 존재가 되지는 않아야 한다. 간혹 인사 담당자가 조직문화 담당을 겸임하는데 이는 바람직하지 않다. 인사업무 중 엄정한 규정 적용, 연봉협상, 징계 등으로 구성원들과 심각한 관계를 형성할 수 있기 때문이다.

조직문화 담당자는 혁신 담당자와 활동 영역이 다르다. 혁신이 갖는 피로감과 부정적인 이미지가 조직문화 담당자에게는 없어야 한다. 최고 경영자와 구성원이 바라는 바를 반 발 앞서 이끌어 가는 것이 조직문화를 정착시키고 공감을 불러일으키기에 좋다.

무엇보다도 조직문화 담당자는 고립되어서는 안 된다. 회사의 모든 공식 행사에 참여하여 조직이 살아 움직이는 에너지를 몸으로 느껴 본다. 그리고 최고 경영자가 바라고 구성원들이 원하는 바를 조직의 움직임으로 만들어내야 한다.

더불어 조직문화 담당자는 지치지 않아야 한다. 조직문화라는 특성상 오랜 시간이 있어야 성과가 보이고 최고 경영자부터 구성원들까지 다양한 요구 사항 및 불만 사항과 마주해야 하는 일이다. 때로는 힘들지만 쓴소리도 들어야 하고 움직이지 않는 사람을 움직이도록 설득하는 긴 여정에서 승부를 겨뤄야 한다. 상당한 에너지를 쏟으면서 빠르게 회복하여 다시 접근한다. 스스로 충전해가면서 업무를 수행한다. 조직문화 담당자끼리 모이는 조직문화협회 활동, 세미나, 교육, 이벤트와 벤치마킹 활동 등에 적극적으로 참여해 힘을 얻는다.

조직문화 담당자는 애자일Agile 전략을 자주 사용할 수도 있다. 조직문화는 말보다는 실행이다. 애자일 전략은 일단 실행Do하고 빠르게 실패해보고Fail Fast 무엇을 어떻게 개선할지를 배워서Learn 이를 다시 실행해Redo본다는 것이다. 어제보다 나은 오늘, 오늘보다 나은 내일이 있다는 믿는 구성원의 수를 늘리며 다 함께 점점 좋아지는 조직을 만들고 꿈꾸게 한다. 구성원들이 기존 인식을 전환하도록 유연성과 융통성을 발휘한다. 구성원들이 해야 할 것을 제시하고 계획한 방향대로 움직이도록 실행 방안을 알려준다. 실행한 것 중 빠른 성공 사례를 찾아 조직에서 공유하며 더 잘할 방안을 찾아 나서도록 구성원들을 독려해 조직이 움직이도록 한다.

구성원들이
해야 할 것과 해서는 안 되는 것

　　　　　다음은 '구성원들이 해야 할 것과 해서는 안 될 것'이다. 조직문화 활동은 조직을 위한 일인 동시에 구성원 자신을 위한 일이다. 따라서 조직문화 활동에 구성원 스스로 적극적으로 참여해야 한다. 혹시라도 구성원들이 조직문화 활동을 혁신 활동 중 하나로 여기면 '이번에도 조금 하고 말겠지' 하며 혁신에 피로감을 느낀다. 또한 조직이 나에게 요구하는 직무수행 결과는 급여, 인센티브, 승진 등으로 분명한 피드백을 주는 반면, 조직문화는 분명한 피드백이 없기 때문에 상대적으로 조직문화 활동은 등한시하는 경향이 있다.

　　처음 회사를 입사할 때 내가 근무하게 될 조직의 조직문화 수준을 중요하게 여겼듯 지금 근무하는 조직의 조직문화에도 관심을 두어야 한다. 지

184 :

금의 우리 조직의 조직문화는 기존 구성원들의 관심과 참여 가운데 만들어졌다. 그렇다면 '과연 지금의 조직문화에 나는 만족하고 있나? 그렇지 않다면 왜 그럴까? 좀 더 좋은 조직문화를 만들 순 없을까? 더 좋은 조직문화를 만들기 위해 나는 무엇을 하고 있나?' 이런 것들을 조직의 구성원으로서 한번 생각해봐야 한다.

좋은 조직문화는 대부분 좋은 관계 형성으로 이루어진다. 조직문화는 제도에 앞선다. 일하기 좋은 환경 대부분은 일하기 좋은 관계에서 만들어진다. 물리적인 것은 얼마든지 감수할 수 있고, 때로는 한순간의 투자로 단번에 개선할 수 있는 일이지만 관계 형성은 한순간에 만들 수 없기에 조직문화가 쉽지 않은 것이다. 그렇다면 구성원으로서 어떤 태도를 가져야 할까?

먼저 감사한 마음을 가져야 한다.

조직에서 일자리를 제공해준 것에 감사해야 한다. 좋은 동료가 옆에 있다면 그 동료에게 감사할 일이다. 출근하는 즐거움에 감사하고 아침 인사를 나눌 수 있음에 감사한다. 매일매일 해야 할 일이 있어서도 감사하고, 그 업무를 같이할 수 있음에도 감사하자. 동료가 내 일까지 도와주면 더더욱 감사할 일이다. 점심도 같이하고 잠시 커피를 같이 마실 수 있음도 감사한다. 이렇게 일일이 감사한 것을 찾다 보면 100가지는 족히 넘는다. 건강한 몸과 마음으로 일을 할 수 있다는 것은 정말 감사한 일이다.

다음으로, 조직의 구성원으로서 자부심을 느껴야 한다.

사람은 자부심이 있을 때 행복하다. 속한 조직에 대한 자부심도 있고 수행한 일에서 느끼는 자부심도 있다. 자부심은 구성원 스스로 마음먹는 것이다. 적어도 자신이 하는 일의 의미와 가치를 알고 있는 구성원이라면 기본적으로 자부심을 품어야 한다. 구성원으로서 속한 조직에 자부심을 느끼는 것은 당연하다. 스스로 자존감을 만들고 그 자존감의 발로로 내가 속한 조직에 대한 자부심이 나와야 한다.

셋째, 조직의 구성원으로서 동료애를 가져야 한다.

동료애는 조직에서 신뢰로, 존경으로 나타난다. 처음에 존중이란 마음가짐으로 시작한 조직 생활이 동료와 같이 근무하며 함께 겪은 희로애락이 쌓여 존경과 신뢰로 나타난다. 동료애는 동료로부터 받아서 생길 수 있지만, 먼저 동료를 향해 스스로 가져야 할 마음이다. 동료애는 10번 주면 2~3번 피드백 받는 것이 일상이다. 동료애는 먼저주고 더 주고 해야 하는 것이지만 이것이 많아지면 안개꽃 다발처럼 정말 아름다운 모습이 된다. 그러기에 동료애는 감사Appreciation함으로 보답해야 한다.

넷째, 일하는 것은 큰 즐거움이다.

하지만 혼자가 아닌 함께 일하는 즐거움을 만드는 것은 정말 어렵다. 구성원들 개개인이 저마다의 개성이 있고, 나름의 일하는 방법이 있으며 그 강도와 속도가 다르기에 조직 구성원 누구나 즐거운 조직생활을 위해 부단한 노력이 필요하다.

동료와 소통하고 협력하고 함께 맞추어 일하는 과정에서 우리는 일하는 재미를 만들어 내야 한다. 살다보면 일하는 즐거움이 가장 오랫동안 지속할 수 있는 즐거움이다. 일이라 함은 인생에서 양적으로나 질적으로 가장 의미 있고 가치 있는 일이다. 일은 그 과정도 중요하고 성과도 중요하다. 노동이 신성해지는 것은 먹고 사는 문제의 해결의 차원을 넘어, 일을 통해 얻는 삶의 의미도 있고, 일이 주는 즐거움도 있기 때문이다.

마지막으로 조직 구성원으로서 자기계발은 필수다. 조직을 위해서도 그렇고 자신을 위해서도 필요하다. 더욱더 좋게 Better and Better, 과거의 나보다 더 나은 나를 만들어야 한다. 구성원이 관료주의를 용인하고 경계를 만들고 변화를 끝내거나 모든 것이 괜찮다고 넘기고 숫자를 최우선으로 챙기려 하는 순간, 관리해야겠다고 마음먹거나 위계질서를 세워야겠다고 마음먹는 순간에 일하기 좋은 일터는 사라지고 약육강식의 전쟁터로 변해버린다.

그렇다면 조직의 구성원으로서 하지 말아야 할 것은 무엇일까? 이미 우리는 유치원 다닐 나이에 다 배웠다. '구성원 상호간에 배려 Care를 해야 한다. 뒷말하지 마라, 잘난 척하지 마라, 누군가를 따돌리지 마라, 상대에게나 나에게나 완벽을 기대하지 마라' 등이다. 또한 '눈치 없이 행동하지 마라, 구성원끼리 비교하지 마라, 과거를 자랑하지 마라, 직무를 남의 일 하듯 하지 마라, 이기적 · 독단적으로 행동하지 마라, 제한하고 통제하지 마라, 강요하지 마라, 상대에게 무례하지 마라' 등도 이에 해당한다.

간혹 구성원들 중에는 조직문화를 복리후생 프로그램 중 하나로 인식하는 이들도 있다. 하지만 조직문화는 조직이 지향하는 성과 창출을 위해 동료와 함께 만들어 가는 과정이며 그 결과를 나누는 활동이자 지속적으로 나타나는 현상이다. '구성원을 위한, 구성원에 의한, 구성원의 조직문화.' 그 시작은 최고 경영자나 조직문화 담당자로부터 일지는 모르지만 진정한 조직문화의 핵심은 조직 구성원 모두가 함께 만드는 것임을 늘 기억해야 한다.

제도적으로
해야 할 것과 해서는 안 되는 것

조직문화 계획 기간은 보통 1년 단위로 수립한
다. 회계도 그렇고 1년 주기로 계획 세우기가 일반적이기 때문이다. 평가
지표에 조직문화가 포함되어 있다면 조직문화 전담부서도 1년 단위 성과
에 집중할 수밖에 없다. 하지만 1년 단위 계획은 실제 조직의 변화를 끌어
내는 데 큰 효과를 거두기 어렵다.

단기 성과에 집착해 진행하는 연관성 없고 일관성 없는 여러 가지 이벤
트는 구성원들에게 조직 가치관의 혼란만 가져올 뿐이다. 구성원들은 조
직이 진행하는 행사를 통해 회사의 방향성과 회사가 직원을 대하는 태도를
판단하기도 하는데 그 판단에 혼선이 생긴다.

조직문화는 특별한 활동을 하지 않더라도 시간의 흐름과 함께 자연적으로 변화하는 수준이 있다. 1년 단위 활동은 인위적으로 구분한 기간이기 때문에 자연적으로 변하는 기간과 명확하게 구분이 되지 않는다. 그렇기에 조직문화 계획은 '최소 3년 단위'가 되어야 한다. 만약 3년 단위 수립이 어려운 조직이라면 1년 단위로 수립한 계획을 최소 3회 이상 이어질 수 있도록 관리해야 한다. 표면적으로는 1년 단위 계획이지만 조직문화 전담부서 내부에서는 3년 단위로 관리해 나가도록 방향이 잡혀 있어야 한다.

문화는 변화무쌍하게 흘러가게 하고 흘러가는 정도를 평가해야 한다. 변화의 한순간을 평가해서는 안 된다. 특히 조직문화를 담당하는 팀과 혁신을 전담하는 조직은 생물체처럼 변화하면서 에너지를 만들어 가기 때문에 이 부분에 많은 신경을 써야 한다. 이런 조직이 과거의 핵심 성과지표(KPI)를 기준으로 평가를 받기 시작하면 새롭게 변화하고자 하는 방향이 아니라 기존의 평가가 지향하는 방향으로 움직이므로 주의해야 한다.

평가방식도 다채롭게 한다. 설명회를 열어 어떻게 진행되고 있는지, 앞으로 어떻게 진행될 것인지 공유한 뒤 구성원이 평가할 수도 있고 변화의 방향을 제시하는 최고 경영자로부터 직접 평가를 받는 방법도 있다. 새로움을 추구하는 조직을 기존 잣대로 평가하지 말고 새로운 잣대로 살펴보아야 한다.

Part 03

개선 방향 고민하기

조직문화 개선을 위한 기본 아젠다

이번 파트에서는 각 주제에 대하여 필자들이 하나씩 풀어보았다. 필자에 따라 문제의 원인에 집중하거나 실질적인 대안을 제시하기도 하였고, 제도의 필요성이나 불필요성을 이야기한 장도 있다. 좋은 사례가 있으면 이를 덧붙이기도 하였다. 이 과정에서 조직문화와 직접 관계된 것뿐만 아니라 간접적으로 영향을 주는 사항도 고려하였다. 그래서 이번 파트의 방향도 디테일한 아이디어를 제시하기보다는 조직문화에 콘셉트가 될 주제를 던지는 것으로 정하였다.

필자별로 보는 관점이 다를 수 있어서 어떤 주제에 대해서는 상반된 견해도 있다. 이 책의 목적이 변증법으로 정답을 찾는 것이 아니므로 다양한 관점을 생각해보려고 주장이나 결론을 내리지 않고 필자들의 의견을 그대로 반영하였다. 독자분들의 조직에서 나름의 답을 찾아가는 데 도움이 되었으면 하는 바람이다. 하나하나의 글 속에서 밑바탕을 이루고 있는 필자들의 생각을 읽어 준다면 더 바랄 것이 없겠다.

Chapter 1

리더십: 리더십으로 조직문화 꽃피우기

모든 최고 경영자는 사실상 최고 문화 담당관이다.

- 스콧 버쿤 -

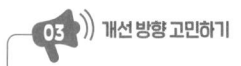

리더가 하는 일이
단지 성과 달성뿐이라면

리더가 인식하고 있는 조직의 존재가치와 판단 기준에 구성원들은 자연스럽게 순응한다. 리더가 가진 생각과 태도는 조직 문화를 형성하는 데 크게 작용하기 때문이다. 조직의 리더는 리더십 교육을 통해 구성원들의 행동에 어떻게 반응해야 하는지 훈련을 받아야 한다. 리더십 교육은 조직의 미래를 튼튼히 세우는 데 꼭 필요한 제도라고 인식하기에 리더가 해야 할 일에 대해서는 많은 교육이 이뤄지고 있다. 하지만 정작 리더십 교육의 대상이 되는 리더가 하는 고민을 풀어주는 경우는 많지 않다.

지금의 중간급 리더는 살기 위해, 그 자리에 오르기까지 밤을 새워 술을 먹거나 험담을 듣더라도 참고 지내왔다. 그 과정에서 자신의 감정을 억

눌러 왔고 표현하는 법과 느끼는 법을 잊고 살아야 했나. 시대가 바뀌면서 부하의 감정까지 읽고 대응해야 한다고 하니 점점 힘들다. '난 그렇게 살지 않았는데 앞으로는 변해야 살 수 있다'고 하니 신입 직원이 그런 현상을 초래한 양 그들에게 좋지 않은 시선을 보내거나 왠지 자신이 뒤떨어지고 있다는 열패감이 들기도 한다.

최고 경영자는 중간급 리더가 조직문화를 이해하고 좋은 방향의 조직문화를 만드는 운동에 참여하도록 독려해주어야 한다. 사실상 최고 경영자인 리더가 직접 챙겨야 하는 대상이 중간 리더인데, 최고 경영자는 직원과 직접 만나서 이야기하는 것이 소통이라고 생각하고 중간급 리더를 소외시킨다. 그리하여 최고 의사 결정권자와 직원 사이에 낀 중간급 리더는 언제부터인가 정신적 소외계층이 된다. 최고 경영자가 가끔 구성원들을 직접 만나는 것도 필요하지만, 더 중요한 것은 중간급 리더를 밀착해서 챙기는 일이다. 이들에게도 신입 직원 못지않은 관심이 필요하다.

리더십은 감성의 공유이기도 하다. 구성원들과의 관계에서 그들의 감성을 이해하는 것이 리더십의 시작이다. 그런데 대한민국의 리더들은 이미 감성이 메말라 있다. 따라서 리더의 감성을 되돌려주는 교육이 필요하다. '세상은 바뀌고 있는데 중간관리자는 기존의 방식만 답습하고 있다. 변하지 않는 중간관리자가 제일 문제야.'라는 생각을 전제하고 있는 리더십 교육은 현재 리더가 당면한 문제를 더 악화시킬 뿐이다. 감정은 인간이 외부 위협으로부터 자신을 보호하는 방식이다. '그동안 헌신했다.'라고 먼저 그 노고를 인정해주고 잃어버린 감성을 되찾아주는 과정이 필요하다.

부서장에게 조직문화 전도사라는
사명이 필요한 이유

우리나라는 지금 혼란스럽다. 급격한 산업화로 옛 문물과 새 문물, 우리 풍습과 다른 나라의 풍습이 정리되지 않은 채 섞여 있다. 워낙 변화가 심해서 여러 단계로 세대(베이비붐 세대, X 세대, Y 세대, 밀레니얼 세대 등)를 지칭하는 단어가 계속 생기며 세대 간 갈등을 일으키고 있다. 세대 차이뿐 아니라 문화도 곳곳에서 섞여 있다. 군대 문화이면서도 미국식 소통을 강조하기도 한다. 청바지 입고 갓 쓴 모습과 같다. 이런 현상은 우리나라의 많은 단위조직인 팀, 부, 과에서 나타난다.

많은 요소가 섞여 있을 때 현재를 파악하고 나아갈 방향을 설정하는 것만으로도 혼란을 막을 수 있다. 그런 차원에서 단위조직의 장이 그 단위조직의 문화를 진단하고 정리해주면, 조직의 혼란을 방지하고 조직 전체의 문화를 긍정적인 방향으로 바꾸는 데 큰 도움이 된다.

A 부서장은 부서 워크숍을 가기 전에 약식이지만 DISC 검사, MBTI 검사 등의 성격유형 검사와 리더십 스타일, 구성원 간 친밀도 조사, 조직문화 수준, 행복지수 등을 조사한다. 한꺼번에 다 하는 것은 아니고 필요에 따라 2~3개를 진행한다. 그 결과를 워크숍 때 공유한다. 개인별로도 결과를 알려주지만, 팀 구성원들 중 내향적인 사람이 많은지 외향적인 사람이 많은지, 업무를 지시하는 리더가 지시형인지 설명형인지, 어떤 직원이 서로 맞고 맞지 않는지에 대해 재미있게 해석하면서 구성원 모두가 결과를 공유한다.

이런 조사는 옳고 그름의 문제도 아니고 100% 정확한 것도 아니기에 부담을 주지 않도록 주의해야 한나. 하지만 이 과정은 내 성향과 상대방의 성향을 아는 것만으로도 자기 자신을 돌아보고 상대방을 이해할 수 있다. 이후에 술 한 잔 기울이면, 서로를 잘 몰라 과거에 오해했던 정황을 이야기하며 또다시 즐겁게 지내는 계기가 되기도 한다.

각 조직을 담당하는 리더는 그 조직의 문화 수준을 정확히 파악해야 한다. 굳이 비싼 돈을 들이지 않더라도 관심만 있다면 충분히 가능하다. 인터넷에는 조직문화를 진단하는 다양한 툴이 있고, 서점에는 진단 툴을 해석하는 방법을 정리해놓은 책도 많다. 이로써 현재 수준이 바람직한지, 앞으로 어떤 방향으로 가는 것이 좋을지 도움을 얻을 수 있다. '저 직원은 이런 면이 다르다'라고 아는 것만 해도 소통에 도움이 된다. 다만 이런 작업이 본인이 싫어하는 사람을 낙인찍기 위한 수단이 아니라고 설명해야 한다.

리더십 교육 이제는
이렇게 바꿔볼 필요 있어

'조직의 지속성을 담보하는 가장 큰 영향 요소는 리더이다. 리더십 교육은 조직의 미래를 튼튼하게 세우는 데 필요한 일이다. 리더를 키우는 것이 곧 조직을 키우는 일이다. 리더가 가진 생각과 태도가 조직문화를 형성하는 데 큰 영향을 준다.' 등 리더십 교육의 중요성과 필요성에 관한 이야기는 무성하다. 많은 조직에서 리더십 교육과 개발에 많은 투자를 하고 있지만 그 만큼의 효과는 나타나지 않는다. 왜 그럴까? 여기에는 3가지 이유가 있다.

첫째는 리더를 바라보는 관점이 근시안적이기 때문이다.

리더는 함께 일하는 사람을 발전시킴으로써 목표를 달성하는 자리이다. 구성원들과 성과 경쟁을 하게 만드는 부서장을 리더로 인정하는 것이 아니라 구성원들 중 한 명처럼 대우한다. 리더십 교육을 통해 단기적 성과를 바라서는 안 된다. 리더를 훈련하는 것은 성과를 달성하기 위한 토대를 만들기 위함이다. 리더십 교육과 성과 사이에 직접적인 인과관계를 찾기도 어렵고 설령 있다고 해도 제도, 프로세스, 과업의 성격 등에 따라 상당히 시간 차이가 난다. 리더십 교육의 열매와 조직의 성과는 다르다.

둘째는 교육 방식에 문제가 있기 때문이다.

리더십 교육을 리더와 최고 경영자, 리더와 구성원들 사이의 간격을 최소화하는 방향으로 잡는다. 교육을 계기로 서로 가까워지게 교육을 기획하고 운영해야 한다. 그런데 정작 실제 교육 내용은 요즘 어떤 리더십이 유행하는지, 우리에게 필요한 리더십은 무엇인지 등이다. 이런 내용을 다루다 보면 집단으로 모아놓고 주입식으로 정보를 전달하는 방식이 주를 이룰 수밖에 없다. 이런 정보는 이미 인터넷상에 넘친다. 찾아서 보면 될 이야기를 한 자리에 모아놓고 하니 시간과 비용의 낭비일 따름이다.

리더가 어떤 역할을 해야 하는데 실제 어떻게 하고 있는지, 극복을 위해서 무엇을 바꾸어야 하는지 등 구체적인 내용으로 교육한다. 리더십 교육이 중요하다고 생각하면 개인 맞춤형으로 바꾸어야 한다. 개인별 리더십 진단 결과를 토대로 코칭, 멘토링, 자기 학습을 통해 구체적 실행 계획을 짠다. 실천을 해 보고 과정과 결과에 따라 최고 경영자나 코치가 피드백하는 방식으로 지속적인 교육이 되어야 한다.

셋째는 조직문화를 고려하지 않기 때문이다.

일반적인 리더십 교육은 의미가 없다. 각자 회사에 최적화된 리더십 교육이 필요하다. 새로운 리더십 교육을 기획하라는 의미가 아니다. 조직에 맞는 리더십 교육이란, 회사를 성장시킬 문화적 요소를 이해하고 이를 팀원들이나 동료에게 접목하는 방법을 가르치는 것이다. 군대식 문화를 가진 회사와 여성적 문화를 가진 회사의 리더십은 다르다. 조직이 어떤 문화적 특성이 있는지도 모른 채 시행되는 리더십 교육이 얼마나 효과가 있겠는가?

조직의 최고 경영자는 단위 조직장 모두가 사명감으로 조직을 이끌어 구성원들과 함께 최대의 성과를 내주기를 바란다. 정말 그렇게 되기를 바란다면 리더십 교육이라는 씨를 뿌려야 한다. 리더십 교육 없이 조직의 좋은 성과를 바라는 것은 씨를 뿌리지 않고 열매 맺기를 바라는 것과 같다.

Chapter 2

회의법: 회의 성공이 경영의 성공

건강한 창의적인 문화의 특징은 사람들이
아이디어, 의견 및 비판을 자유롭게 공유할 수 있다는 것이다.

- 에드윈 캐트멀 -

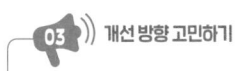

리더가 기본적으로 가져야 할 능력
회의 주재력

'회의 시간을 아이디어를 교류하고 구성원들의 자존감을 높이는 기회로 활용하라, 회의문화만 잘 구축해도 생산성이 높이 올라간다.'라는 회의의 필요성에서부터 '회의 시간보다 준비 시간을 더 가져라, 회의 목적을 분명히 하라, 한 사람씩 발표하라, 적절하게 질문하라, 회의에 드는 시간을 줄여라, 회의록을 작성하라.' 등의 회의 방법과 기술에 이르기까지 회의에 관한 자료는 책과 인터넷에 넘쳐난다. 그만큼 회의를 한다는 것이 중요하고 어렵다는 뜻이다.

회의 절차와 시간을 규정으로 만들지 않거나 회의 준비를 철저히 하지 않아서 회의가 실패하기도 한다. 하지만 회의가 제대로 진행되지 않는 가장 큰 이유는 '리더의 경험 부족'이다. 회의는 일종의 TV 프로그램이고 리더는 그 프로그램의 진행자이다. 작가도 있고 연출도 있지만, 현장에서 제한된 시간 안에 분위기를 만들고 추구하는 바를 끌어내는 사회자의 역할이 무엇보다 중요하다. 천부적으로 타고난 사회자도 있겠지만 그보다는 오랜 시간 자신의 노하우를 갈고 닦은 사회자가 더 많다. 방송인 유재석도 카메라 울렁증과 오랜 무명시절을 극복하고 난 후에야 국민 MC로 인정받았다.

회의에 참석한 가장 높은 리더의 능력만큼 회의 진행도, 회의의 깊이와 넓이도 달라진다. 리더가 웃으면 모두가 웃을 수 있는 분위기가 된다. 하지만 리더가 소리 지르고 구성원의 발언을 끝까지 듣지 않고 자르기 시작하면 그대로 듣기만할 뿐이다. 회의 석상에서 리더가 참을성을 유지하기는 쉽지 않다. 상대적으로 정보가 많고 장기적 안목을 가진 리더로서는 엉뚱한 소리를 하는 회의 참석자를 바라보아야 하니 답답하고 회의가 마음에 들지 않을 것이다. 어떤 리더는 회의에서 함께 호흡하는 것에 대해 배우려 하지 않고 자신의 스타일을 고집하며 따라오기만을 바란다.

'매번 일방적으로 지시사항만 하달할 것 같으면 차라리 메일로 보내지 굳이 좁고 답답한 회의실로 모이게 하는 이유가 무엇인가?'

'우리는 왜 매번 이럴까? 구성원 각각 보고를 통해 정보를 공유하고 함께 도울 수 있는 일을 찾자는 것인데 구성원은 왜 이것을 이해하지 못할까?'

'회의만 하면 왜 이런 일이 벌어지는 걸까? 회의하는 법을 배우지 않아서일까? 회의의 성격을 구분하지 못하나? 회의 준비가 면밀하지 못해 그런 것은 아닐까?'

회의에 대해 최고 경영자도 불만이 많지만, 조직 구성원들도 그에 못지 않게 불만이 많다. 최고 경영자가 회의 개선에 대한 주문을 수차례 지시하고 개선해보자고 목소리를 높여 보지만 여전히 회의에 대한 불만은 쌓여간다. 의사소통하고 문제를 해결하자고 회의를 하는데 회의에 관한 또 다른 문제(혹은 갈등)이 발생하는 것이다.

회의는 연출해야 하는 것과 그렇지 않은 것이 있다. 정기적이면서 다수 인원이 참여하는 회의는 연출이 필요하다. 회의 참여자가 각각 역할 분담을 통해 신속하고 정확하게 맡은 역할을 해야 정한 시간 내에 회의 목적을 달성할 수 있기 때문이다. 반면에 연출이 필요 없는 회의도 있다. 회의 참석자가 모두 일정 수준 이상의 정보를 공유하고 있다면 각자의 이견을 좁히고 이해를 높일 뿐만 아니라 공동의 문제를 해결하면 된다. 분위기는 편안하면서도 서로에게 집중하는 회의, 서로 존중해주면서도 재미있는 회의, 정해진 시간이 있어도 시간에 쫓기지 않는 회의가 그렇다.

리더는 많은 사람을 빈번하게 접하고 있기에 회의를 쉽게 생각하는 경향이 있다. 그래서 회의에 관해 배우려고 하지 않는다. 군대식 문화에서 성장해 현재의 자리에 오른 리더 중에는 제대로 된 회의를 경험하지 못한 이들도 많다. 그들은 자신이 모름을 알지 못하고 회의의 영양가를 따지기도 한다. 문제를 해결하고자 하는 회의(會議, 여럿이 모여 의논함)가 회의(懷疑, 의심함)를 일으키지 않으려면 리더부터 좋은 회의에 대해 듣고 배우고 익혀야 한다.

회의 끝이 회의 주재자의
결론 도출로만 끝나서야

앞서 말했듯 연출이 필요한 회의는 기획이 중요
하다. 회의의 필요성과 목적을 분명히 하고 회의 참석 대상도 검증해야 한
다. 회의 시기와 시간도 언제 어느 정도 할지 정해야 한다. 회의 장소 결정
도 소홀히 할 수 없다. 회의 진행방식도 검토해야 제대로 회의를 할 수 있
다. 자료 배포를 사전에 할지 당일 회의장에서 할지도 결정한다. 사전에 협
의할 사항인지 후에 공유만 해도 되는 사항인지 안건의 특성에 따라 회의
절차를 수립한다. 회의를 기간 개념으로 나누어 연年, 반기半期, 분기分期, 월月,
주週에 따른 회의를 나누고 그 성격을 명확하게 정의해 둔다. 이러한 것이
회의의 기획이다.

회의의 목적과 참여 방법, 대상, 필요하다면 복장 규정까지 사전에 철저

히 준비해 놓는다. 회의 기획이 회의의 성공을 보장하진 않지만, MC 역할인 리더의 실패를 방지할 수 있는 최소한의 노력이라 하겠다.

많은 사람이 올바른 회의 문화의 방법을 찾고 적용하기 위해 노력한다. 하지만 회의 문화에 대한 정답은 없다. 다양한 개성을 가진 인간이 모여 진행하는 회의는 매회 다양하다는 속성을 지닌다. 다시 말해 단 한 번이라도 같은 속성을 지닌 회의가 존재하지 않는다. 범용적 회의 원칙은 없다는 의미이다. 회의의 성공 여부는 회의 결과 도출과 회의 참석자의 만족 정도에 달려있다. 회의란 조직에서 이루어지는 의사 결정 시스템이고 그 의사 결정에 의견을 개진하는 주체가 사람이기 때문이다.

회의에서 가장 중요한 것은
회의 참석자의 태도이다

훌륭한 회의 기법을 통해 필요한 결론을 얻었을지라도 참석자가 회의에 대해 마음속으로 불만을 품고 있다면 그 회의는 좋은 회의라고 할 수 없다. 만장일치의 결론을 얻어야 한다는 의미가 아니다. 모든 참석자가 본인의 생각을 후회 없이 이야기했거나 의미 있었던 시간으로 생각할 수 있어야 한다.

우리는 마음 맞는 사람들과 밤늦게까지 이야기한 경험을 가지고 있다. 이 사람들과는 의견 일치가 없는 끝장 회의일지라도 좋은 감정으로 회의를 지속할 수 있다. 회의란 회의 참석자의 태도로부터 시작하는 것이지 외부의 원칙으로 좋고 나쁨이 결정되는 것이 아니다. 요즘 조직 대부분에서 기본적인 회의의 원칙은 이미 참석자들도 충분히 인식하고 있다.

회의는 평가되어야 한다. 회의 후 회의 결과를 평가하면 다음 회의를 좀 더 의미 있고 가치 있게 할 수 있다. 이때는 회의 절차뿐 아니라 목적 달성 여부, 적절한 참가자의 참여 여부, 전반적인 만족도 등 회의 자체를 평가한다. 또 회의 결과가 실행되었는지, 어떤 결과를 만들어 냈는지도 사후에 반드시 평가해야 한다.

Chapter 3

회식과 휴가:
회식과 휴가의 목적 달성

협력, 협력 및 합의 없이는 변화가 거의 불가능하다.

- 사이먼 메인워링 -

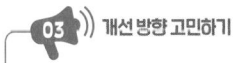

회식을
악용하고 있는 것은 아닌가

조직의 리더들은 부하직원들(구성원들)과의 소통을 위해 회식을 이용한다. 그러면서 회식을 했기 때문에 소통이 잘된다고 착각한다. 하지만 선배가 밥 한 끼 사주며 후배에게 좋은 이야기를 해주던 시절은 이미 지나갔다. 더군다나 관리자가 주관하는 회식의 결제는 대부분 법인카드가 하지 않던가. 관리자는 회사의 힘을 빌려 부하직원들에게 생색 내려 하지만 과거와 같은 선배가 사비를 들여 사주는 밥의 의미는 오래전에 사라졌다. 회식은 일의 연장선이며 숙취로 인해 뒷날 업무에 영향을 주기도 한다. 이런 식의 회식은 결코 소통과 단합에 도움이 되지 못한다. 오히려 불통을 재확인할 뿐이다.

회식은 소통을 위한 수단으로 활용될 수 있지만, 단순히 소통을 위한 자리는 아니다. 회식의 어원은 유방의 장수 한신韓信이 병사들에게 조나라를 쳐부수고 저녁을 건하게 먹자고 했던 파조회식破趙會食, 조나라를 격파하고 잔치를 벌였다는 뜻에서 비롯됐다고 한다.[32] 혹자는 회사company의 어원이 Com Together과 Pany Bread로 이루어진 것을 이유로 회사와 회식은 떼려야 뗄 수 없다고도 한다. 회식은 성과라는 결실이 있을 때 이 결실에 대한 노고를 위로하기 위한 의식이다. 회식은 성과를 전제로 한다. 이것이 회식의 기본 속성이다.

회식이라는 명목으로 소통을 악용해서는 안 된다. 술잔을 받아 마시면서 윗사람에게 충성을 맹세하거나 자기가 승진하기 위해 다른 사람의 흉을 보는 일, 폭탄주를 돌리고 취했다는 핑계로 조직의 문제점을 안주 삼아 씹어버리고 때로는 뒷말로 특정 인물을 괴물로 만들어버리는 일 등은 해서는 안 된다. 서로 이해하는 시간이었다는 것은 착각이다. 이는 결코 정상적인 소통방식이 아니다. 이를 내버려 두면 면담, 상담과 같은 공식적인 소통이 점점 약해지고 술김에 이야기하는 비공식적인 소통이 힘을 받는다. 뒷말과 줄서기 등의 나쁜 분위기가 조성된다. 개인의 욕망 해소 시간을 회식이라는 이름을 붙여 정당화해서는 안 된다.

회식은 성과를 나누는 자리이며 일의 연장이며 공식적인 소통의 창구이다. 이것을 원활하게 하는 수단으로 때로는 음식, 영화, 운동과 같은 다양

---

32 김영수, 《사기의 리더십》, 원앤원북스, 2010, 388쪽.

한 활동이 필요하다. 단순히 먹고 마시는 것이 회식이 아니며 회식에 메시지와 전략을 담아야 한다. 회식은 육하원칙에 의해 공식적으로 승인받고 진행되어야 한다. 회식의 정당한 의미를 시급히 찾아야 할 때이다.

회식은 소통이든 동기부여든 단합이든 목적이 있어야 한다. 그러한 목적 달성을 위해 리더는 회식을 전략적으로 활용해야 한다. 회식 날짜부터 방법, 메뉴, 이벤트 등을 꼼꼼하게 계획한다. 계획 수립 과정에서 구성원들을 파악하고, 회식 전후의 변화를 감지해야 한다. 회식을 마친 뒤에 회식의 목적 달성 여부를 확인한다. 회식에 대한 기획부터 모든 책임은 리더에게 있다. 회식에 관한 모든 사항을 구성원들로부터 냉정하게 평가받아야 하는 것도 리더십 역량이다.

준비가 되지 않았으면
차라지 하지 않는 것이 낫다

우리나라 회식은 엄밀히 말해서 리더의 취향을 따르는 것이지 조직의 회식문화라 할 수 없다. 리더가 순댓국을 좋아하면 순댓국집에서, 삼겹살을 좋아하면 삼겹살집에서, "우리가 남이가."를 좋아하면 늘 러브샷을 해야 한다. 리더의 선호에 따라 조직의 회식 분위기가 달라진다면 이건 회사의 문화가 아니라 그냥 그 개인의 취향일 뿐이다. 이걸 회식문화로 오해해서는 안 된다. 예를 들어 "우리 회사의 회식문화는 이상해."가 아니라 "리더의 회식 방식이 자기중심적이야."라고 말해야 한다.

회식을 계획하는 구성원은 자기 일을 뒤로 미룬 채 메뉴 선택에서부터 어떤 식당을 가야 하는지, 참석자는 누구인지 등에 신경을 쏟는다. 최근 문화 회식이 늘어나면서 영화를 볼지 연극을 볼지, 아니면 박물관을 가야 할지까지 고민한다. 리더의 취향을 고려해서 결정해야 한다. 이 과정에서 구성원은 '도대체 회식은 왜 하는 것일까? 리더를 위해 업무시간 외에도 왜 이 고생을 해야 하는가?'라는 생각이 든다.

문화 회식, 점심 회식 등 회식의 종류가 아무리 다양하게 변했다고 해도 회사에서 하는 회식은 그저 회식일뿐이다.

회식을 잘 하기 위해선 관점의 변화가 필요하다. '회식하면 구성원들이 좋아할 거야'가 아니라 '구성원들은 회식을 싫어할 거야.'라는 관점을 가지는 것이다. 그래야만 회식을 해야 하는 목적과 함께 효과적인 회식 방법을 찾을 수 있다. 만약 무엇 때문에 회식을 하는지, 월 1회 정기회식을 꼭 해야 하는 이유가 있는지, 꼭 술을 마셔야만 하는지 등에 대해 긍정적으로 대답할 수 없다면 차라리 회식을 하지 않는 것이 더 나을 수 있다.

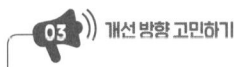

휴가의 자유로운 사용여부가
조직문화의 수준

　　　　　　　많은 조직이 눈치 보지 않고 휴가를 갈 수 있는 캠페인을 벌이고 있지만 바람대로 실천되고 있는 곳은 많지 않다. 조직 구성원들의 행복한 삶을 위해 연차 휴가를 다 사용하도록 유인하고 있다고 포장하지만 실제로는 연차수당을 줄이는 방법으로 악용되기도 한다. 우리나라는 기본적으로 휴가를 가지 않는다는 전제에서 연간 업무량을 계산하는 구조이다. 그래서 휴가를 가게 되면 "휴가 간 동안 그 일은 누가 하지?"라는 상사의 말을 듣는다. 직원이 휴가 중일 때도 아무렇지도 않게 연락해서 업무에 대한 이야기를 하기도 한다. 현실이 이렇다 보니 구성원들에게 진정한 휴가란 휴가 때가 아닌 사표를 던진 그 이후에나 가능한 일인지도 모른다.

정기휴가는 가족을 위해 희생하는 시간으로 여기는 이들도 있다. 그러니 휴가를 갔다 오면 더 피곤하다는 이들도 있다. 그렇다면 우리 조직의 휴가는 정말 리프레시를 위한 휴가인가? 아니면 피로를 더하는 휴가인가? 그것도 아니면 법에서 강제하니까 그냥 따라 하는 휴가인가? 휴가 제도만 보더라도 조직이 구성원들을 어떻게 인식하고 있는지를 알 수 있다.

A 회사는 직원은 10년, 임원은 5년 이상 근속하면 2개월의 안식 휴가를 의무적으로 쓰도록 했다. B 회사는 앞에서는 연차수당을 주지 않으니까 대신 휴가를 자율적으로 쓰라고 강제하면서 뒤에서는 사용률을 점검한다. A 조직은 구성원들을 사람으로 생각하는 곳이고, B 조직은 사람을 수단으로 생각하는 곳이다. 이렇듯 실질적인 휴가 제도를 통해서도 조직문화 수준을 파악할 수 있다.

휴가는 협상을 위한 밀고 당기기의 대상도 아니고 수단도 아닌 기본적인 권리이다. 조직은 기본적인 권리를 지켜주어야 한다. 분명 과거보다 법적으로나 사회적으로 휴가에 대한 인식은 높아졌다. 하지만 아직도 휴가를 어떻게 써야 할지 모르는 사람이 많다.

그나마 요즘 입사하는 젊은 구성원들은 짧은 기간에도 알찬 휴가를 다녀오지만, 나이가 많은 선배 구성원들은 회사 부근에서 퇴근한 동료와 술을 마시며 시간을 보내는 경우도 있다. 휴가 제도를 만드는 것 못지않게 구성원들이 눈치 보지 않고 휴가를 갈 수 있도록 제도를 운용하는 것이 더 중요하다.

구성원들이 휴가를 잘 사용하려면 조직의 리더부터 휴가를 잘 사용해야 한다. 조직의 대표가 휴가를 잘 사용해야 조직 전체의 휴가 제도를 정상적으로 가동할 수 있다. 리더가 잘 쉬고 휴가의 필요성을 확실하게 느끼고 잘 전파해야 구성원들도 마음껏 휴가를 사용할 수 있다.

또한 조직문화 담당자는 휴가 사용 모범 사례가 조직 내에 건전하게 공유될 수 있도록 노력해야 한다.

휴가의 실제 사용 일을
공개할 수 있습니까

15일 이상 쉴 수 있는 권리가 있으면서도 눈치를 보면서 2~3일 겨우 쉬어야 하는 휴가 규정을 보면 이름만 있고 실상은 없다는 유명무실이 떠오른다. 우리나라에 아직도 이런 휴가 제도를 운용하는 조직이 많다. 안식월을 도입하거나 2주 이상의 장기 휴가나 연차를 몰아 쓸 수 있는 리프레시 제도, 지정한 날짜에 원하는 기간만큼 휴가를 떠날 수 있는 곳도 늘었지만, 이것은 대다수의 직장인에게는 아직 꿈과 같은 이야기일 뿐이다. 어쩌면 여전히 정당한 권리를 꿈꾸어야만 하는 뒤떨어진 현실에 살고 있는지도 모른다.

정당하게 주어지는 휴가라는 권리를 행사하기 위해서 극복해야 할 것이 많다. 개인과 가정보다 조직을 더 중요시하는 문화, 휴가를 고려하지 않는 기업의 인력 운영 방식, 업무 분담이 불명확하거나 프로세스가 표준화되지 않아 인력 대체가 쉽지 않은 현실, 사장의 이기심 등이다. 현실성 있는 휴가를 위한 첫걸음으로 휴가의 실제 사용일이 널리 알려져야 한다. (유급) 휴가 부여일 수가 15일이니 30일이니 하는 것은 중요하지 않다. 실제 사용일이 더 중요하다(급여로 대체한 것과 구분하여). 인증의 평가항목, 기업공시, 공공기관 공시, 기사 등 다양한 방식으로 휴가의 실제 현실을 보여줄 수 있어야 휴가 문화는 비로소 바뀔 것이다.

Chapter 4

교육과 멘토링:
조직문화 교육과 멘토링으로 구축

문화는 최고 경영자가 방에 없을 때 무엇을 해야 하는지 알려준다.

- 프랜시스 프레이, 앤 모리스 -

교육의 시작은 일하는 자세와 태도 그리고 조직문화

교육 이야기를 하다 보면 접하는 것 중 하나가 K·S·A이다. K는 지식Knowledge, S는 기술Skill, A는 태도Attitude의 약자이다. 지식은 '알고 있는가?'로 확인하며, 책이나 강의 등을 통해 습득하는 것으로 사람에 따라 편차는 있지만 비교적 짧은 시간에 습득할 수 있다. 기술은 '쌓았는가?'로 확인하며, 멘토링 혹은 코칭을 받아 실천하여 몸에 익히는 것이다. 상대적으로 배우는 데 긴 시간이 소요된다. 태도는 '갖추고 있는가?'로 확인하며, 마음을 바꾸는 것이기에 시간이 많이 소요되거나 바뀔 가능성이 아예 없는 경우도 있다. 요리사를 예로 들면 레시피는 지식이고 노하우는 스킬이며 혼을 담는 것은 태도라고 볼 수 있다. 그래서 채용하거나 보직을 부여할 때 KSA를 적절하게 고려해야 한다.

	지식(Knowledge)	기술(Skill)	태도(Attitude)
확인 방식	알고 있는가?	쌓았는가?	갖추고 있는가?
습득 방식	머리에 넣기	몸에 익히기	마음 수련하기
교육 방식	책, 강의, 유튜브	멘토링, 코칭	채용, 수련
습득 시간	비교적 짧음	비교적 긴 편	습득 가능성 낮음

지식, 기술, 태도가 같은 비중은 아니다. 신입 직원은 주로 지식 쪽에 비중을 두고, 리더로 올라갈수록 태도(리더의 자질)가 중요하다. 우리나라 조직의 교육은 지나치게 지식 중심적이다. 문제 해결을 위한 지식만 가르친다. 교육부서가 강의라는 방식을 수행만 하기 때문이다. 멘토링이나 코칭, 채용 등은 다른 부서가 담당하기에 관심을 두지 않는다.

그렇다고 인사 부서에서 누가 스킬이 높은지 낮은지를 파악하고 있는 것도 아니다. 학사, 석사, 박사 등의 지식 관점에서 판단하거나 연공서열에 따라 단순히 경험이 많으면 기술 수준이 높을 것으로 판단한다.

우리나라 교육은 대상자를 한꺼번에 채용하고 교육할 때도 같이 진행하는 특징을 보인다. 반면 해외 선진기업은 교육을 개인의 영역으로 본다. 다만 일을 수행하기 위한 지식과 기술 수준을 정확히 제시한다. 따라서 스스로 멘토와 코치를 찾아 원하는 수준의 지식과 기술을 습득해 와야 한다. 시간이 갈수록 스킬도 점점 증가하고 연봉도 증가한다. 이 차이가 성과의 차이를 만든다.

지금은 경기가 급변하고 있어 더더욱 의사 결정이 신속히 이루어져야한다. 정보화의 발달로 수많은 지식이 쏟아져 나오고 수많은 기술자가 활동하는 세상이다. 오늘날의 이러한 환경에서 중요한 것은 지식과 기술보다

어쩌면 일에 대한 태도와 자세가 아닐까? 이제는 교육의 방향도 조금씩 달라져야 한다. 일하는 과정에서 실패를 어떻게 극복하는가, 성공을 어떻게 만들어 가는가, 어떻게 공감하는가, 사람을 어떻게 대하는가, 일에 대해 얼마나 진지한가 등 비인지적 요소에도 신경을 쓰는 교육이 되어야 한다.

입문 교육에
조직문화 세션을 넣어라

신입사원이 받는 입문교육에서 회사의 철학에서부터 주요한 규정, 부서소개, 문서작성 요령까지 그 조직에서 살아가는 다양한 방법을 가르쳐준다. 그러나 조직의 정신과 핵심 가치까지는 이야기하는데 조직문화의 현 수준을 알려주지는 않는다. "우리 회사는 군대 문화야. 회식 자리에서 파도타기를 하지. 우리 회사는 뒷이야기가 많다." 등의 부정적인 이야기를 신입사원에게 굳이 할 필요가 있겠냐고 하지만 어차피 몇 개월 지나지 않아 몸소 느끼게 될 것을 말하지 않을 이유도 없다.

단지 현재 상태만을 이야기해줄 것이 아니라 왜 그런 문화가 됐는지 분석한 결과와 함께 개선 활동 중인 조직문화 내용들도 알려줘야 한다.

그러한 배경도 모른 채 상황을 접하게 되면 자기도 모르는 사이에 잘못된 과거의 관행에 물든다. 신입 직원이 들어와서 긍정적인 문화를 확산시킬 좋은 기회인데 나쁜 문화를 더 강화하는 적군으로 만드는 우를 범하지 말아야 한다.

신입 직원은 아직 기존 문화에 물들지 않았기에 조직문화 개선 활동에 귀중한 자산이 된다. 입문 교육 이후에도 다양한 조직문화 활동에 꾸준히 참여시켜 반드시 아군으로 만들어야 한다.

핵심 가치는
기업주나 창업주가 설명한다

조직문화 교육 중 중요한 내용은 핵심 가치이다. 아직도 많은 곳에서 핵심 가치를 외우게 한다. 이성과 감성으로 깨닫고 느끼게 해 체화시켜야 하는데 외우는 것 자체를 목표로 하는 조직이 있다. 외우는 것 자체가 나쁘다는 것이 아니다. 다만 핵심 가치의 선정 배경과 중요성은 제외한 채 단순한 암기만을 요구하는 것이 잘못되었다는 것이다. 단어에 함축된 수많은 스토리에 대해 제대로 이해할 수 있어야 의미 있는 암기가 된다.

핵심 가치의 스토리를 가장 잘 설명 할 수 있는 사람은 창업주이다. 창업주가 회사를 설립한 취지와 핵심 가치의 근본이 되는 경영 철학 등을 자연스럽게 설명해주면 구성원들의 가슴속에 핵심 가치는 살아 숨 쉬게 된다. 하지만 이것을 2차 전달자가 전파하게 되면 본래의 의미가 사라지거나 단순한 경영 사례 이야기로 전락하고 만다. 창업주가 타계한 오래된 기업의 경우 조직문화 연극 팀 등을 통해 핵심 가치를 이야기하는 것도 좋은 방법이다.

멘토링을
성공적으로 실행하는 법

사수−부사수 관계, 도제 교육, 멘토링, 후견인 설정 등은 조직이 축적한 지식과 경험을 또 다른 사람에게 이전시켜 조직의 지속성을 확보하기 위한 수단이다. 이런 제도를 도입하느냐 마느냐는 선택의 문제가 아니다. 조직이라면 지식과 경험을 이전하는 수단을 확보하는 것이 필수 요건이다. 군대에서는 이를 사수−부사수 관계라고 한다. 유럽 중세 도시의 상인이나 수공업자는 도제 교육이라고 해서 수련생이 인격을 형성하고 기술을 습득하도록 지도했다.

매뉴얼, 지식노트, 레시피 등도 지식과 경험을 후배에게 전수하는 수단이 될 수 있다. 정보 시스템을 통해 업무를 수행하는 조직에서도 마찬가지이다. 멘토링 자체의 성공 여부 관점에서 벗어나 조직 차원에서 지식과 경

: 221

험을 이선하는 기능이 알맞게 작동하고 있는지, 작동할 수 있는 환경인지 먼저 종합적으로 검토해야 한다.

이러한 제도는 업의 특성에 맞게 적용해야 한다. 비교적 단순하고 반복적인 업무 중심이라면 매뉴얼 수준도 상관없겠지만 복잡하고 어려운 업무나 사람의 개입이 중요한 업무라면 멘토링 제도가 효과적이다. 수직 구조에서 수평 구조로, 연공서열 중심에서 성과 중심으로, 제너럴리스트에서 스페셜리스트로, 통일성에서 다양성으로 변해가는 환경에서 개인맞춤형으로 지식을 전수하고 잠재된 역량을 개발할 수 있는 멘토링은 충분히 좋은 툴이다. 그렇지만 학원 수업보다 일 대 일 과외가 더 비싼 수업료를 내고 효과도 더 나오는 것처럼 멘토링에는 더 큰 노력(수업료)이 필요하다. 이 점을 간과해서는 안 된다.

멘토링은 인간관계를 기반으로 이루어지고, 그러한 인간관계에는 축적된 시간이 필요하다. 크람Kram의 연구에 따르면 멘토링의 단계는 초기 단계, 발전 단계, 분리 단계, 재정립 단계, 총 4단계로 구분된다. 이중 서로 관계를 맺어가는 초기 단계는 6~12개월, 진정한 멘토 관계로 가치를 발견하게 되는 발전 단계는 2~5년이 소요된다고 한다.[33] 따라서 멘토링의 한 사이클은 적어도 3년 이상의 기간을 두고 진행해야 한다.

---

33 이정재, 〈신입사원의 멘토링과 조직적응: 적극성을 조절변수로〉, 인력개발연구, 한국인력개발학회, 8권 2호, 2006, 5쪽.

우리나라는 새로운 유행에 열광하면서 이전에 도입한 것이 무르익기 전에 폐기하고 새 것을 받아들이는 경향이 있는데, 멘토링도 그런 유행처럼 사그라지지 않았으면 한다. 또한 멘토링을 단순한 홍보 수단으로 사용해서는 안된다.

멘티가 멘토가 될 때까지
계획할 것

대한민국 문화에서 멘토링 제도가 제대로 운영될 수 있을까? 멘토링이 한국에 도입된지 오래되었다. 이제 멘토링 교육을 받았던 멘티가 멘토가 되어 받은 것을 전해주어야 하는데 현실은 막막하다. 우선 대부분 멘토가 올바른 멘토링을 경험해본 적이 없다. 그러다 보니 저녁 술자리를 만들어 '힘내, 넌 할 수 있어!'라며 용기를 북돋아 주는 것 정도를 멘토링이라고 생각하는 멘토도 있다.

한편, 단기 성과를 중시하는 대한민국 문화가 멘토링의 정착을 어렵게 만든다. 좋은 의도에서 시작된 멘토링은 업무 노하우 전수와 함께 멘토와 멘티를 조직 내부 경쟁자로 만들어 버린다. 멘티에게 자신의 업무 노하우만은 알려주지 않는 멘토들도 있다.

군대식 문화도 멘토링을 부정적으로 만드는 요인으로 작용한다. 선배가 곧 신이자 법이라는 관점이 강하게 자리 잡은 조직에서 멘토링은 자기 사람을 만드는 수단으로 활용되어 오히려 멘티의 사고를 경직시키고 입을 막는다. 이러한 이유로 우리나라의 멘토링은 멘토도 있고 멘티도 있는데 정작 멘토링은 없다.

구성원들의 경력향상, 직무 만족, 조직에 대한 열정, 이직 감소, 조직의 의사소통 활성화, 리더십 역량 향상, 맞춤형 인재 육성, 높은 생산성 등 멘토링의 장점은 무척 많다. 그렇게 좋은 제도임에도 실제로 효과를 보았다는 조직은 거의 없다. 이 말은 멘토링을 적용하기가 쉽지 않고 여기에는 많은 준비와 노력이 필요하다는 뜻이다. 특히 우리나라와 같은 환경에서는 더욱더 그렇다.

이 제도는 멘티가 성장해 멘토가 될 때까지의 기간을 충분히 검토한 다음에 도입 여부를 결정해야 한다. 이 정도 기간과 계획도 없이 멘토링을 도입하는 것은 구성원들을 피곤하게 만들기 때문에 애초에 시작조차 하지 않는 편이 낫다.

참고로 보통 멘토와 멘티의 나이 차는 8~15년 정도가 적당하다고 한다. 이보다 더 크면 세대 차이 영향이 커서 말이 잘 통하지 않고 그 미만이면 경쟁자로서 인식될 수도 있어 관계 형성이 쉽지 않기 때문이다. 지식 수준도 높고 자신의 경험을 공유하면서 자신을 뛰어넘으려는 멘티의 잠재력을 두려워하지 않으려면 그 정도 나이 차이가 적당하다고 한다. 멘티가 성장해 멘토가 될 때까지 최소한의 기간을 8년 정도로 볼 수 있다. 그러니 8년간 잘 운영할 수 있을지를 계획하고 운영할 각오가 있어야 한다.

멘토링이 문화가 되도록 할 것

멘토링 운영의 궁극적인 목적은 무엇인가? 구성원이 성장하여 조직의 성과에 이바지하도록 하는 데 있다. 신입 직원이 조직에 적응하기 위한 제도로서의 멘토링이라면 그 가치를 몹시 작게 평가했다. 모든 구성원들이 지속적인 성장을 하여 그것이 조직의 성과로 연결될 수 있도록 해야 한다. 그런 측면에서 멘토링은 문화로서 자리 잡아야 한다.

사회가 복잡해지고 전문화되면서 조직에서도 안전전문가, 품질전문가, 소통전문가 등 많은 전문가가 필요하다. 조직 안에서뿐만 아니라 조직에 필요한 전문가로 판단되면 안팎을 가리지 말고 멘토로 모시고 배워야 하는 시대이다. 코칭, 멘토링, 자문 등의 용어는 중요하지 않다. 내가 배워야 할 것이 있다면 가장 최고의 장인을 찾아서 배운다. 이것은 최고 경영자에서부터 모든 구성원이 익혀야 하는 학습 과정이다.

다만, 신입 직원 멘토링은 신입 직원이 아직 미숙해서 멘토의 선정, 계획, 평가 등의 과정을 조직 차원에서 진행하는 것일 뿐이다. 여기에 익숙해지면 본인 스스로 멘토를 찾고 관계를 맺으며 결과를 산출하는 일련의 활동을 주도적으로 해나가야 한다. 조직의 멘토링은 이러한 습관을 만드는 기초 학습일 뿐이다. 멘토링이 정착되려면 이를 자신의 경력개발과 연계하는 방법도 있다. 자신의 직무 방향을 정하고 그 분야의 전문가 중 자신과 잘 맞는 멘토를 정해 멘토링을 요청할 수도 있다.

외부의 멘토나 코치를 찾으면서 시행착오를 거칠 수 있다. 하지만 그러한 과정에서 멘토와 코치의 자질을 스스로 깨달을 수 있다. 멘토의 자질은 조직에 대한 올바른 가치관, 높은 수준의 전문적 지식과 경험, 인재육성의 의지이다. 조직의 구성원이 얼마나 많은 멘토를 모시고 있는지 확인해보라. 그것이 조직의 멘토링 문화, 학습 수준을 보여준다.

Chapter 5

건강관리와 가족친화:
조직문화는 건강관리와
가족친화로 시작

일하기 좋은 곳이 된다는 것은 좋은 회사와 훌륭한 회사의 차이다.

- 브라이언 크리스토페크 -

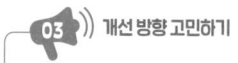

건강한 조직문화는
구성원의 건강관리에서 시작

수익을 잘 내는 글로벌 회사에서나 보던 조직 내 헬스장을 이제는 많은 조직에서 갖추고 있다. 개개인이 원하는 항목을 추가해 건강검진을 받거나, 혈압이나 체지방을 측정할 수 있는 장비를 휴식 공간에 마련해 놓는다. 구내식당에서 건강식을 제공하기도 한다. 그만큼 조직에서 개인의 건강에 신경을 많이 쓴다. 이에 대해 조직에서 개인의 건강까지 챙겨야 하느냐는 회의적인 시각도 있다. 하지만 조직 구성원들의 건강이 성과에 연결되는 점을 고려하면 조직 차원에서 구성원 개개인의 몸 상태가 극대화될 수 있도록 관리하는 것은 이제 기본 중의 기본이다.

바야흐로 육체적인 건강 못지않게 정신적인 건강도 중요해졌다. 평가 시스템, 단기 성과주의, 구성원 간 갈등이나 업무에 따른 스트레스가 많이 증가했기 때문이다. 근래에 업무량 과다, 집단 내 따돌림, 태움 등으로 자살한 사건은 스트레스의 강도를 보여준다. 이런 사건의 원인을 개인 탓으로만 치부해버릴 수는 없다. 조직과 사회의 구조적 모순이 복합적으로 작용하여 발생하기 때문이다. 직원들이 건강하지 않다면 조직에도 일정부분 책임이 있다.

스트레스와 우울증 같은 정신장애는 눈에 보이지 않아 그 규모와 영향을 파악하기가 쉽지 않다. 정신적 어려움을 터부시하는 우리나라 문화에서는 구성원이 이를 감추기도 한다. 독일에서는 이에 대한 영향을 조사한 바 있다. 독일에서 정신병으로 인한 조기 퇴직이 1993년 15.4%에서 2008년에는 35.6%로 증가했다. 독일의 통계학자는 2008년에만 4,100만 일(日), 39억 유로(약 6조 원)의 손실을 보았다고 발표했다.[34]

육체적 건강은 대부분 2주 정도의 치료나 휴식만으로도 어느 정도 회복이 가능하지만, 정신적 건강을 위해서는 평생 약을 먹기도 한다. 그러므로 예방이 매우 중요하다. 구성원들의 정신건강 증진을 위해서 마음 건강 프로그램, 요가나 명상, 상담실 운영은 바람직하다. 특히 2000년대 초반부터 직원의 직무 스트레스와 감정노동 문제에 관심을 두고 직원 상담사와 외부 전문 기관을 통해 전문적인 상담을 지원하는 신한은행의 사례는 참고할 만하다.

---

34 Frank Gerbert, "Wenn Arbeit krank macht-Burn-out-das Leiden einer modernen Gesellschaft. Warum die Zahl der Ausgebrannten wächst". *In Focus*, No. 10/10, 2010, pp. 92~103.

상담의 기본은
비밀 유지

정신건강의 중요성을 알고 조직 내 상담실을 운영하는 조직도 있다. 하지만 안타깝게도 상담실을 형식적으로 운영하는 조직도 꽤 많다. 참는 것을 미덕으로 여기는 국민적인 성향도 있지만, 정신에 이상이 있거나 적응하지 못하는 사람으로 낙인찍힐 수 있다는 불안감 때문에 오히려 상담하러 가지 않는 경우도 많다. 상담실도 나름의 실적이 필요하고 성과가 있어야 계속 유지할 수 있는데 구성원들의 참여가 저조해지면서 존립자체가 위험해지기도 한다.

상담 실적이 없으면 상담사는 직장을 잃을 수 있으므로 부서를 돌아다니면서 상담실을 홍보하거나 단위 조직의 부서장에게 상담 기법을 전수하며 실적을 만들어 나간다. 드물게는 상담사가 상담 내용을 주기적으로 최고 경영자 등에게 알려주며 상담실의 성과를 어필하기도 하는데, 본인이 살기 위해 상담 내용을 전달하는 것은 있어서는 안 될 일이다.

상담실을 성공적으로 운영하기 위해서는 상담자가 비밀을 지키고 관리부서는 상담을 위한 지원은 해주되 내용에 관해서는 관심을 끊어야 한다. 다만, 몇 명 정도 상담을 받고 있는지, 그 수가 늘고 있는지 줄고 있는지 정도의 수준만 파악하면 된다(상담 건수가 별로 없으니 없애라고 성급히 의사 결정하면 안 된다). 그리고 조직 내부에 상담실을 만들지 않고 조직 상담을 전문적으로 하는 외부 기관이나 정신의학과를 이용하도록 하는 것도 좋은 방법이 될 수 있다.

리더들의 정신건강을
정기 검진한다

구성원들의 정신건강 못지않게 중요한 것은 크고 작은 의사 결정에 참여하는 리더들의 정신건강이다. 어쩌면 구성원의 정신건강보다 더 중요할 수 있음에도 구성원들에게는 정신건강이나 스트레스를 잘 관리하라고 강조하면서 정작 그들 본인의 정신건강은 챙기지 못한다. 리더 스스로 지극히 정상으로 착각하기도 한다.

A 회사의 기획실장은 정기적으로 정신건강의학과에 가서 진찰을 받는다. 그는 사활이 걸린 프로젝트로 과도한 스트레스를 받아 피로감, 불면증, 집중력 저하, 식욕 장애 등에 수개월 시달린 후 병원을 찾았다가 우울증 진단을 받았다. 우울증 약을 처방받고 2개월 치료 후에는 정상적인 상태를 유지할 수 있었다. 병원에 방문하기 전 과도한 음주로 불면증에 시달려 왔던 그는 치료 후에야 무지가 병을 키웠다는 것을 깨달았다. 이후 그는 자신의 정신 상태를 정기적으로 진단받는다. 그래야 올바른 의사 결정을 할 수 있기 때문이다.

의사 결정의 무게와 대외 관계에서 오는 스트레스는 크다. 정신적인 아픔은 피가 나거나 통증이 있는 것도 아니기에 본인이 쉽게 확인하기는 어렵다. 따라서 전문가의 도움이 필요하다. 아픈 것을 숨기고 비정상적인 의사결정을 하여 조직을 위기에 빠뜨리기보다는 항상 정상적인 수준을 유지하며 올바른 의사 결정을 해야 한다. 리더에게는 최선의 상태에서 의사 결정을 해야 할 의무가 있다. 그러므로 자신의 정신건강 상태를 확인해야 하는 것은 선택 사항이 아니라 필수 사항이다.

무엇이 진정한
가족친화 경영인가

일과 가정의 양립이 과연 가능할까? 대한민국에서는 아직 불가능하다. 전통적 유교 문화와 대한민국 직장인이 가진 가치관 때문이다. 사회는 일과 가정의 양립을 외치지만 회사에서는 승진하고 싶으면 가정을 포기하라고 유혹한다. 대기업에서 최고위층까지 올라간 임원의 이야기를 들어보면 주말에도 나와서 일했다는 사람이 대부분이다. 이런 상황에 가족 친화 제도나 육아 · 보육 지원 제도가 얼마나 유효하게 사용될 수 있을까?

아이를 기르는 사람은 육체적으로나 정신적으로나 많은 어려움이 있다. 조직이 육아와 보육을 지원하면 구성원들은 어려움을 덜고 업무에 집중할 수 있다.

어기서 중요한 점은 난순한 비용지원만이 전부가 아니라는 것이다. 구성원들이 진정으로 필요로 하는 것은 회사의 관심이다. 육아 휴직을 쓰겠다고 신청서를 제출하면 "야, 너 언제 애를 낳았어? 전혀 몰랐네!"라며 놀라는 부서장도 있다. 아이의 유치원 졸업식에 참석하기 위해 눈치 보며 겨우 반일 휴가를 신청하는데 "나는 우리 아이들 초·중·고 졸업식에 간 적이 없을 정도로 회사에 충성했는데."라며 핀잔주는 상사도 있다. 이러한 말 한마디가 상사와 조직에 대한 신뢰와 열정을 순식간에 없애버린다.

구성원들을 위한 제도를 만들었으면 규정대로 사용할 수 있도록 수시로 점검해야 한다. 하지만 그 이전에 더 중요한 점은 구성원의 가족 역시 우리 회사의 (명예) 구성원임을 받아들여야 한다는 것이다. 조직 구성원들은 조직과 운명을 같이하는 존재이다. 이를 확대 해석하면 구성원의 가족도 조직과 희로애락을 같이 하게 된다는 뜻이므로 구성원 가족의 희로애락에 대해서 조직이 관심을 가져야 한다.

제도만 만들었다고 문화로 바뀌는 일은 있을 수 없다. 좋은 제도가 좋은 문화로 성장하려면 수면 아래 오리의 물질 같은 활동이 절대적으로 필요하다. 우리가 잘 알고 있는 여러 선진 기업이 성장한 이유는 제도를 문화로 성장시키는 활동의 중요성을 간파하고 이를 실시해 왔기 때문이다. 제도만 가져 와서 우리 조직의 것으로 만들려는 문화 흉내 내기는 이제 그만해야 한다.

가족친화의 가면을
벗어 던질 것

우리나라에는 〈가족친화 사회 환경의 조성 촉진에 관한 법률〉이 있다. 또한 이 법률 15조에 따라 가족친화 제도를 모범적으로 운영하는 기업과 공공기관을 심사를 거쳐 인증한다. '오죽했으면 국가에서 이런 걸 챙기기까지 하는가?'라는 관점에서 보면 우리의 현실은 아직도 많이 부족하다.

가족 친화 제도와 관련된 법률과 인증은 탄력적 근무에서부터 출산 양육 지원에 이르기까지 조직내부에 새로운 제도를 도입하고 확산하는 데 큰 역할을 하였다.

하지만 인증이라는 것 자체가 형식에 지나칠 수 있다는 단면도 가지고 있다. 이 제도를 통해 가족 친화 조직으로 변모한 곳도 많겠지만, 본질적인 것은 해결하지 않고 홍보 때문에 인증을 받는 조직도 있을 것이다. 이런 조직의 특징은 "우리 회사가 가족 친화 기업이었나?"라고 반문하는 직원들이 자주 목격된다는 것이다. 또한 인증을 받기 위한 구색을 갖추느라 직원을 피곤하게 만들기도 하고 경영자 자신의 업적을 외부에 과시하기 위해 직원의 가족까지 홍보 수단으로 활용하는 것처럼 느껴져 분노의 감정까지 생기게 된다.

이러한 제도가 진정성 있게 잘 정착하기 위해서는 경영진이 먼저 행복한 가족생활을 보여 줘야 한다(그래서 가족 친화 인증에서 최고 경영층의 관심 및 의지의 배점이 100점 중 20점일 정도로 상당히 높다).

그리고 제도의 도입과 함께 업무 프로세스 개선을 병행해야 한다. 업무를 분담하고 프로세스를 개선하여 집중해서 일을 마무리할 수 있도록 환경을 바꿔준다. 말하자면 업무를 정해진 시간 내에 끝내고 퇴근하게 만들자는 것이다(굳이 "야근하지 말고 가족과 시간을 보내라." 등의 이야기를 할 필요가 없어진다). 이제는 외부 홍보용으로 제도를 활용하지 말자. 직원들은 어리숙하지 않다. 그러니 제발 가면을 벗어 던지자.

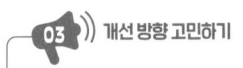

가족친화 조직이
국가적 영웅이 되는 시대적 요구

조직 구성원이 조직에 자부심을 느끼며 근무하는 것과 그렇지 않은 것과는 차이가 많다. 가족친화 제도가 잘 활용되면 구성원들은 조직에 강한 자부심을 느낀다. 가족친화 경영이 조직문화로 정착됐다면 그 조직은 일하기 좋은 일터를 넘어 일하기 훌륭한 일터가 된다.

가족친화 제도가 좋다는 것을 알고 있으면서도 그것을 실제로 조직문화에 정착시킨 조직은 그리 많지 않다. 그만큼 어렵다는 의미이다. 이는 최고 경영자뿐 아니라 구성원 모두가 이해하고 함께 노력해야 한다. 예를 들어 자녀 출산과 양육을 위해 출산 휴가를 쓰려고 할 때, 같은 부서에 있는 구성원의 도움이 절대적으로 필요하다. 자신의 빈자리를 메워줄 동료의 지원이 있어야 한결 편하게 휴가를 쓸 수 있기 때문이다.

육아 휴직이나 유아기 근로시간 단축, 임산부 지원 프로그램 이용, 수유 시설 및 산모 휴게실 이용도 모두 구성원의 이해와 지원이 필요하다. 자녀 학자금 지원, 직장 내 어린이집이나 놀이방 설치, 보육 수당 지급 등도 이를 시행하려면 상당한 투자가 이루어져야 한다. 최고 경영자가 각오하고 추진하지 않으면 실행이 어려운 제도이다.

첫술에 배부를 수 없기에 쉬운 것부터 하나씩 도입해야 성공한다. 설계와 도입이 쉬운 유연근무제도를 시작하여 정시에 퇴근하도록 하고, 가족과 관련한 문제들을 해결할 수 있도록 근로자 상담 제도도 마련하며 정기적으로 가족을 초청하는 행사를 진행할 수도 있다.

또한 기존의 제도를 보완해 가족친화 제도로 확대할 수 있다. 구성원의 건강검진 제도를 보완해 가족까지 건강검진을 확대하고 장기근속 휴가를 가족과 쓰는 휴가로 운영한다. 일반 휴직 제도에 가족을 돌보기 위한 휴직 항목을 넣고 배우자 전근이나 자녀 입대와 졸업에 쓰는 가족 휴가제를 만들 수도 있다.

가족친화 경영을 과도한 비용으로 생각하는 리더가 있고, 사내 복지 차원으로 인식하는 구성원이 있다. 이 제도를 자신의 관점에서만 보면 누가 누구를 위해서 해주어야 하는 일이 되고 만다. 직장과 가정은 둘 다 포기할 수 없는 삶의 공간이다. 최고 경영자와 구성원 모두 서로를 이해하고 노력하면서 가족친화를 만들어야 한다.

가족친화 조직은
국가적 영웅이 되어야 한다

가족 친화 문화 형성을 위해 각종 제도를 만들고 나면, 여기저기서 불만의 목소리가 나오기 마련이다. "급여에 가족지원 비용을 반영해주었고 개인이 알아서 사용하면 될 일을 왜 회사가 신경 쓰는가?", "특정 계층에 혜택을 많이 주면 그렇지 않은 구성원들은 손해를 본다.", "국가가 해야 할 일을 왜 회사가 책임지느냐?"라는 등의 공격을 받는다. 틀린 말은 아니다. 하지만 가족친화 문화 구축을 정부나 기업 혹은 개인에게만 맡겨 두기에 너무나 큰 문제가 되었다.

정부는 다양한 법적 장치를 마련하고 있지만, 출산율 감소와 생산 인구 감소 등의 큰 흐름을 바꾸기에는 아직 미흡하다. 여성 근로자가 300인 이상이거나 전체 근로자가 500인 이상인 직장에는 법적으로 직장 보육 시설을 설치하도록 규정하고 있지만 실상 그렇지 못한 곳이 더 많다. 육아 휴직 제도를 법적으로 보장받아 남자도 육아 휴직이 가능하지만, 마음 편히 쓸 수 있는 조직은 많지 않다. 특히 일반기업에서 거의 불가능에 가깝다.

현재 출산과 보육을 국가와 개인이 책임지고 가기에는 부담스럽다. 이제 사회안전망 중 빈 곳을 기업이 어느 정도 채워 주어야 한다. 그중 하나가 육아·보육 지원이다. 이것은 국가가 충분히 해주지 못하는 것이기에 이를 잘하는 조직에 정부가 훈장도 주고 세금도 깎아주며 국가적 영웅으로 만들어야 한다.

A 조직에서는 어린이집을 운영하면서 근무 시간에는 재미있는 프로그램으로 아이를 돌보고 점심시간에는 부모가 아이와 함께 점심을 먹을 수

있다. B 조직에서는 직원 규모보다 더 크게 어린이집을 만들어 운영하면서 지역 주민들의 자녀들에게도 기회를 제공한다. C 조직에서는 어린이집과 놀이방 비용을 지원한다. 이러한 조직은 국가의 문제를 함께 해결하는 것이기에 모범 사례로 사회에서 인정해주어야 한다.

젊은 구성원들의 최대 고민거리는 자녀 보육 문제이다. 이 때문에 결혼과 아이를 포기하거나 직장을 퇴사하는 직원도 있다. 앞선 사례처럼 조금 더 개방하거나 조금 더 혜택을 확대함으로써 정부가 인정해주고 혜택을 주는 방식의 상생 구조 여건을 조성하면 현재의 어려움을 극복할 수 있다. 기업 차원에서도 이러한 투자가 구성원들이 업무에 더 집중하도록 하고 인재를 유치하며 이탈을 방지하는 장치가 된다.

Chapter 6

격려/칭찬 및 불평불만 관리:
진짜로 필요한 이유

구성원들이 감사함을 느끼게 하려면
정기적으로 많은 사람들 앞에서 성과를 축하해야 한다.

- 로건 그린 -

축하와 격려는
진심이 살아야 한다

회사가 직원의 개인 기념일을 축하해주면 생산성이 오를 것으로 생각한다. 또한 생산성은 선물 금액과 정비례한다고 생각하기도 한다. 하지만 돈으로 동기부여 하는 것에는 한계가 있다. 돈보다는 마음으로 하는 축하가 훨씬 좋다. 생일 선물로 받은 향수보다 관리자가 직접 작성해서 건네준 생일 축하 카드가 더 값진 선물이라고 말할 수 있는 이유는 향수를 구매하는 일보다 축하 카드 쓰는 일이 훨씬 더 어렵기 때문이다.

축하, 격려, 칭찬에는 진심을 담아야 한다. 돈을 주더라도 항상 마음이 같이 갈 수 있도록 한다. 돈만 주면 다음에는 더 많은 금액이 가야 만족하지만 돈과 마음을 같이 전하면 이전과 비슷한 수준의 예산만으로도 더 크게 만족시킬 수 있기 때문이다. 돈으로 길들여 지면 만족시키기가 점점 어려워 진다.

칭찬도 마찬가지다. "수고가 많지~" 하면서 등을 토닥이던 상사에 대한 첫 느낌은 '아, 이분은 참 자상한 분이구나.'이지만 시간이 지나면서 늘 같은 톤으로 같은 칭찬을 반복하는 모습에 '아, 이분의 버릇이구나.'로 바뀌게 된다. 이처럼 형식적인 칭찬은 오래가지 못한다. 한때 일터에서 칭찬 릴레이가 유행한 적이 있다. 이때 처음에는 칭찬받을 만한 사람이 선정됐지만, 시간이 지남에 따라 '왜 저분이 칭찬을 받지.'라면서 가치가 떨어지는 이벤트로 전락하기도 했다.

축하, 격려, 칭찬에 진정성이 담겨야 한다는 공통점이 있다. 덧붙여 이를 잘 전달해야 한다. 축하, 격려, 칭찬은 마음을 전하는 커뮤니케이션이다. 그런데 많은 조직에서 진심을 담지 못하거나 바르게 전달(커뮤니케이션)하지 못해서 오해를 받거나 하여 안 하느니만 못할 때가 있다.

마음을 전하는 방식도 훈련이 필요하다. 대상을 이해하고 공감하지 못하면 진심을 담을 수 없다. 마음이 담겨 있어야만 한마디 말, 축하 카드, 꽃, 케이크, 돈, 토닥임 등이 효과적인 커뮤니케이션 수단이 된다. '김 대리, 오늘 생일이니까 케이크나 사주지 뭐. 박 대리, 어제 밤새우느라 수고했어.'라는 생각과 말을 하기 전에 김 대리가 지금 가장 원하는 것이 무엇인지, 박 대리가 어떤 마음으로 밤을 새워야 했는지 공감할 수 있어야 한다. 그것이 습관이 되어 있지 않으면 당신의 축하, 격려, 칭찬은 시간이 흘러감에 따라 공허해질 수밖에 없다.

개인의 경조사 과연
어디까지 챙겨야 되는가

구성원의 생일을 축하하는 것도 모자라서 결혼기념일이나 아내의 생일에 꽃까지 배달시켜 주는 조직이 있다. 자녀나 부모와 관계된 이벤트까지 챙기는 곳도 있다. 이러다가 사돈의 팔촌까지 챙겨야 할지도 모르는 일이다. 조직이 구성원들의 경조사까지 굳이 챙겨야 할까? 그렇다면 어디까지 챙겨야 하는지 묻는 최고 경영자도 있다. 구성원의 생일 선물 배달 업무를 맡은 총무과 직원에게는 선물 리스트를 작성하는 것부터 개인별로 홍삼을 할지, 포도주를 할지 의견을 받고 발송하는 것까지 모든 과정이 하나의 일이다. 이런 일들로 스트레스를 받다 보면 "왜 이런 것까지."라는 말이 절로 나오기도 한다.

과거로부터 지금까지 역사적으로 보더라도 조직의 일이 공적으로만 이루어진 적은 거의 없다. 사적인 연(緣)이 있게 마련이다. 사람을 만나서 일을 하다 보니 자연스럽게 이뤄질 수밖에 없는데, 이것이 바로 인간관계이다. 희로애락을 함께하는 것 자체가 문제가 아니다. 그것을 표현하는 선을 정하기가 어려워서 문제가 발생한다. 어느 선까지 하느냐가 중요하다. 어떤 조직에서는 사돈의 팔촌까지 챙겨줘도 불만이 많을 수 있고 어떤 조직에서는 사소한 칭찬 한마디만으로도 활기가 넘쳐날 수 있다. 모두 상대적이다.

사실상 구성원들도 최고 경영자도 상대의 마음을 읽지 못한다. 한쪽은 뭔가 있을까 싶어서 계속 달라고 요구하고 또 한쪽은 한 번 주면 계속 주어야 할 것 같아서 되도록 안 주려고 한다. 최고 경영자나 조직 차원에서 무언가를 주면 구성원은 그에 대한 답을 거의 하지 않는다. 그 마음을 다시 전달하지 못하고 그냥 당연하다고 받아들인다.

칭찬, 격려, 축하는 일방적인 것이 아니라 주고받는 것이기 때문에 어떻게 주고받았는지를 서로가 알고 있어야 한다. 연애할 때를 생각해보면 된다. 칭찬받았을 때 곧바로 감사하다고 할 수도 있고 며칠 후에 차 한 잔을 사면서 그 칭찬이 진짜 고마웠다고 이야기할 수도 있다. 포도주를 받고 가족과 함께 마시는 사진을 게시판에 올릴 수도, 노조를 통해서 공식적으로 의견을 전달할 수도 있다. 표현 방법은 여러 가지이다. 칭찬, 격려, 축하하는 사람이 고민한 만큼 받는 사람도 고민해야 한다. 서로 알고 있을 때 적정한 선이 그어지고, 서로 모를 때 선을 긋기가 어렵다. 우리나라 조직에서는 서로 알게 하는 방법에 대한 세련된 고민과 행동이 더 필요하다.

작은 인정이 내는
긍정적 성과의 나비효과

축하, 격려, 칭찬은 왜 하는 것일까? 구성원이 직·간접적으로 조직 성과에 이바지하여 감사함을 표현하는 방식이다. 생일에는 조직에 소속감을 높이라고 축하해 준다. 그런데 우리나라의 축하 방법을 보면 성과와 연계된 보상이 지나치게 폐쇄적이다. 성과급을 주는데 다른 사람들은 얼마 주는지 모르게 한다. 위화감을 조성한다는 이유를 들곤 하는데 '사촌이 땅을 사면 배가 아프다.'라는 우리나라 사람의 심리가 큰 역할을 하는 것 같다.

업의 특성 때문인지 보험회사는 성과에 대한 축하를 많이 한다. 예를 들어 영업 1등상은 해외여행을 보내주기도 한다. 이를 위해서는 확실한 성과 권리 체계가 있어야 하고 수용할 수 있는 조직문화도 구축되어 있어야 한다. 하지만 이런 것이 구축될 때까지 기다려야만 하는가?

때로는 군대를 통해 배워야 한다. 군대에서는 총을 잘 쏘는 것뿐만 아니라 삽질을 잘하거나 거수 경례를 잘해도 인정받는다. 마찬가지로 조직에서도 영업을 잘한 것뿐 아니라 팀 분위기를 올려준 것도 성과이고, 시키지도 않았는데 사무실이 더럽다고 사무실을 깨끗하게 청소해도 일종의 성과라 할 수 있다. 성과를 거창하게 생각할 필요는 없다. 이것이 군대가 주는 첫 번째 교훈이다.

'평소에도 아낌없이 인정해준다'는 것, 이것이 군대의 두 번째 교훈이다. 군대는 전쟁터에서 이기는 것이 가장 큰 성과이다. 하지만 군대는 일을 잘했다고 생각하면 권한이 있는 사람이 그 자리에서 휴가증을 준다. 군인들은 밖으로 나가길 가장 원하니까 그 동기부여 요소를 건드린다. '원하는 것을 주는 보상'이 군대의 세 번째 교훈이다. 군대에서는 휴가를 받으면 곧장 떠난다. 복무 기간이 짧아서 한없이 미룰 수 없는 이유도 있지만 어쨌든 떠난다. 성과를 묵혀 두었다가 1년에 한두 번 잊힐 만할 때 주는 조직과 매우 다르다. 즉시 보상한다. 이것이 군대의 네 번째 교훈이다.

조직의 존재 의미를 보더라도 성과를 달성한 것만큼 큰 축하와 칭찬을 받아야 하는 일은 없다. 그런데 이를 굉장히 조심스럽게 생각한다. 때로는 성과에 대한 축하, 격려, 칭찬을 과감하게 할 필요가 있다. 전쟁에서 승리한 자에게 큰 포상을 내리는 것처럼 말이다.

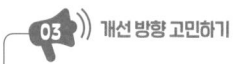

불평불만이야말로
세심한 관리 포인트

　　A 팀장이 있었다. 조직에서는 자기밖에 모르는 사람으로 찍힌 인물이다. 하지만 실제 만나보니 실력도 있고 성격도 특이하지 않은 평범한 사람이다. 그런데 어느 순간 A 팀장은 조직의 괴물처럼 변해 있었다. A 팀장 밑에 있던 직원 B는 그에게 크게 혼난 이후로 친한 동기들에게 A 팀장의 흉을 보았다. 자신이 잘못한 이유는 말하지 않고 이유 없이 혼난 것으로 이야기했다. 저녁에 술 한잔하면서 안주 삼아서 때로는 같이 담배를 피우면서 화제 삼았다. 어느 순간 "오늘은 A 팀장이 말이야."로 시작하면 다른 부서에 있던 동기도 거든다. "맞아, 오늘 회의에서 보니까 A 팀장 아무 생각도 없대. 그걸 대안이라고." 다른 동기도 한마디 덧붙인다. "실은 어제 엘리베이터 타는데 자기만 쏙 타고 가버리더라고."

이렇게 A 팀장은 조직에서 비합리적이고 보자라고 자기밖에 모르는 괴물로 변해갔다.

《한비자》의 〈내저설內儲說〉편에는 '세 사람이 한목소리로 호랑이가 나타났다고 하면 호랑이가 나타난 것이다.'를 뜻하는 삼인성호三人成虎라는 말이 있다. 이처럼 호랑이를 만들어낼 수 있는 조직은 변하기 어렵다. 사람뿐만 아니라 체제도 호랑이나 괴물로 만들어버리기 때문이다.

보완책이 있음에도 방식의 단점만 자꾸 이야기하는 사람, 허위 사실을 유포하는 사람은 조직의 적이다. 그의 말 때문에 다른 구성원과 제도가 손해를 본다. 그렇지만 배상해줄 방법은 없다. 뉴스 형식을 빌려 근거 없는 허위 사실을 유포시키면서 대중의 판단을 흐리게 하는 가짜 뉴스처럼 조직에서도 카카오톡, 메신저, 문자 등으로 이러한 거짓말이 증폭된다. 연구에 따르면 거짓 정보는 진실 정보보다 훨씬 더 빠르고 깊고 광범위하게 퍼진다.[35]

교과서 같은 말이겠지만 정책, 인사 등의 메시지를 구성원들에게 분명하게 전달하고 조직의 실적과 제도의 취지를 투명하게 공개해야 한다. 구성원도 모든 정보를 합리적으로 받아들일 수 있는 시각을 갖추어야 한다.

불평불만이 없다고 하는 조직은 아예 불평불만에 귀를 닫고 있거나 구성원들이 조직에 무관심한 상황이다. 오히려 이런 조직이 더 문제가 많다. 사실상 불평불만은 조직에 관심이 있어서 생기는 것이고 흔히 오해에서 비

---

35   Vosoughi et al., "The spread of true and false news online", *Science*, Vol. 359, 2018. pp. 1146~1151.

롯되므로 이를 관리하면 분위기를 바꿀 다양한 소재를 얻을 수 있다. 불평불만의 관리는 적어도 다음 3가지 측면에서 이루어져야 한다.

첫째, 불평불만의 대상이다. 그것이 조직의 방향에 대한 불만인지, 제도에 대한 것인지, 상사나 동료와의 관계 때문인지, 업무의 양 때문인지를 구분해야 한다. 방향, 제도 등 조직에 대한 불평불만은 개선하거나 설명할 수 있는데 비해, 인간관계에 대한 불평불만은 쉽게 개선하기도 어렵고 다른 사고로 발전할 가능성이 크다. 인간관계는 제안 제도나 상담과 같은 시스템으로 개선되기는 어렵다. 오죽하면 회사가 아니라 상사 때문에 회사를 관두겠다는 말에 수많은 사람이 공감하겠는가! 상사와 동료와의 관계로 불만이 많다면 조직에 있어 적색 경고이다.

둘째, 불평 불만자의 직급이다. 실제로 매년 실시하는 조직만족도 결과에서 직급이 위로 올라갈수록 만족도가 낮은 조직이 있었다. 그곳은 조직 정책에 대한 메시지 전달이 제대로 되지 않을뿐더러 성과까지 곤두박질치고 있었다. 임원이나 부장, 팀장 등이 조직에 불평불만이 있으면, 조심스럽고 면밀하게 분석을 한다.

셋째, 뭘 해도 불평불만인 사람을 구분해야 한다. 이들은 불평불만을 하는 성향이다. 확실하게 배제하여 영향력을 발휘하지 못하도록 하든지 처음부터 주의할 인물로 관리하든지 조처해야 한다.

이를 위해서 불평불만은 수시로, 다양한 방면으로 파악되어야 한다. 설문 조사를 할 수도 있지만 설문 조사에서는 응답자가 객관식 답을 대충 '보통'으로 표시한다. 이 점을 알고 항상 추세를 확인해야 한다. 주관식 답을 쓰는 경우는 매우 적지만 의미 있는 내용이 많으므로 꼼꼼하게 살핀다. 인사부서에서 년남해노 좋다. 인사부서는 구성원들의 이야기를 듣는 것 자체가 업무이기도 하므로 공식, 비공식적으로 많은 의견을 청취하기 때문이다.

본사에서 지사까지 신입 직원부터 퇴직자까지 다양한 목소리를 들을 수 있으면 좋다. 조직문화 담당자는 인사담당자에게 조직문화와 관련된 질문 등을 미리 협조해둔다. 최고 경영자는 가끔 신임을 하는 특정 한 사람의 이야기를 듣곤 하는데, 그 사람의 의견이 전부가 아니라는 점을 늘 염두에 두어야 한다. 회사를 평가하는 외부 사이트에서 분위기를 파악하는 것도 괜찮다. 다만 리더가 구성원들에 대한 면담일지를 작성하는 것은 효과가 크지 않다. 기록에 남긴다는 것 자체가 서로에게 부담이 되어 적절하게 면담이 이루어지지 못하기 때문이다. 어쨌든 귀를 열어야 한다.

합리적인 불평불만에 대해 불이익이 가서는 안 된다. "불평불만을 느낀 것은 괜찮다. 그러나 대안을 줄 수 있다면 더 좋다."는 메시지를 줄 수 있는 교육과 공식적인 전달이 필요하다.

불평불만은
감정의 문제다

감정을 예금통장이라고 생각하면 좋은 감정을 많이 쌓았을 때 싫은 소리에도 감정이 크게 다치지 않고 여유롭게 대처할 수 있다. 반면에 좋은 감정이 없으면 견뎌내질 못한다. 우리나라의 많은 조직에는 마이너스 통장이 많다. 마이너스 통장인 상태에서 이야기하면 반발만 생긴다. 부정적인 감정에서 오는 반응과 판단을 낮추고자 개인의 감정을 조절하기 위한 다양한 시도를 한다. A 회사에서는 건물 한쪽에 명상실을 만들어 중요한 회의 전에 명상실에 있도록 하여 감정 배제 훈련을 한다. B 회사는 출근 전에 명상 수업을 받게 해서 감정을 다스리는 훈련을 한다.

불평불만은 일종의 감정의 바닥을 드러내는 것으로 볼 수 있다. 불평불만이 집단의 정서적인 문제를 나타내는가를 주시해야 한다. 긍정적인 사람도 부정적인 환경에 노출되면 부정적으로 바뀔 수 있다. "올해도 위기야. 다음에 어떻게 될지 몰라." 하는 식으로 계속 조직의 위기를 이야기하면 조직 구성원들도 불안해하거나 신경질적으로 바뀔 수 있다. 이와 같은 이유로 조직의 불평불만이 늘어났다고 하면 집단적인 감정이 왜 바뀌었는지 조사한다.

조직의 정서 문제에는 최고 경영자의 메시지가 중요한 역할을 한다. 창립기념일이나 주요한 행사에서 총괄 책임자가 던지는 메시지는 중요하다. 이때 최고 경영자가 조직에 긴장을 줄지, 조직을 질타할지 격려할지 등, 정서의 방향을 담는다.

> 합리적인 불평불만에 대해 불이익이 가서는 안 된다. "불평불만을 느낀 것은 괜찮다. 그러나 대안을 줄 수 있다면 더 좋다."는 메시지를 줄 수 있는 교육과 공식적인 전달이 필요하다.

왜 지금 우리는
조직문화에
주목해야 하는가

지금은 모두가 수직적 문화는 낡고 구닥다리인 것처럼 치부하고 수평적 문화만이 답인 것처럼 이야기한다. 과연 수평적 문화가 만병통치약일까? 일과 삶의 균형을 외치는 워크 앤 라이프 밸런스Work and Life Balance는 또 하나의 유행으로 끝나는 것은 아닐까? 이 워라밸 때문에 괜히 특이한 제도가 생겨 피곤한 일만 벌어지는 것은 아닐까? 간호사의 태움은 단지 그 조직에만 해당하는 문제일까? 해결 방안은 없는 것일까? 왜 우리나라는 올바르게 조직문화를 만들기는 어려운 걸까? 밀레니얼 세대가 곧 조직의 주체로서 자리를 차지하게 될 텐데 이에 대한 준비는 잘 되고 있는가? 4차 산업혁명은 조직문화 구축에 어떤 의미가 있고 어떤 영향을 줄 것인가?

파트 4에서는 조직문화에 관심을 둔 사람이 호기심을 가질 만한 이슈와 트렌드를 다루었다. 조직문화와 관련된 서적도 증가하고 각종 미디어에서도 기업문화와 관련된 글을 심심치 않게 찾아볼 수 있다. 이런 글은 독자분들의 이해를 돕기 위한 목적으로 솔루션을 제시하기보다는 솔루션을 찾을 수 있는 방향을 제시하려고 실었다. 정확한 개념과 다양한 관점을 보여줌으로써 각자의 위치에서 문제해결의 실마리를 찾을 수 있도록 했으니 나름의 소득이 있기를 바란다.

Chapter 1

우리나라의 조직문화,
그 현재와 미래 전망

한 팀이 한 덩어리로 경기하는 방식이 성공을 결정한다.
세계에서 가장 유명한 선수를 많이 보유해도, 함께 뛰지 않는다면
한 푼의 가치도 없을 것이다.

- 베이브 루스 -

국가문화가
조직문화의 기본 바탕

　　조직에서는 부서 간 갈등을 늘 겪는다. 대표적인 예가 생산부서와 영업부서이다. 생산부서의 생산 역량은 제한되어 있는데 영업부서가 다양한 요구의 제품을 수주해오면 갈등이 생긴다. 또한 영업과 생산을 위해 필요한 지출을 지나치게 억제하는 것 때문에 사업부서와 관리부서의 리더 간에 험악한 분위기가 조성된다. 정도 차이는 있지만 이런 갈등은 과거에도 그랬고 현재도 그렇고 전 세계 어느 조직에서나 공통으로 나타나는 현상이다.

　　1970년대에 프랑스 인시드 경영대학원 미국인 교수인 오언 제임스 스티븐스Owen James Stevens는 조직 행동 과목을 가르쳤다.[36] 이 과목에서 갈등의 원인을 분석하고 해결방안을 제시하라는 과제를 냈다. 스티븐스가 가르치는 학생의 대부분은 프랑스, 독일, 엉국 국적이었다. 스티븐스 교수는 늘 해오던 채점방식과 달리 200여 명 학생의 과제를 국적별로 분류해 프랑스, 독일, 영국 학생의 것을 한 묶음씩 따로 읽었다. 그러자 놀라운 사실을 알게 되었다. 같은 문제라도 학생의 국적에 따라 해결방식에 차이가 있었다.

대다수의 프랑스 학생은 갈등의 원인을 두 부서의 부장에게 보고를 받은 최고 경영자가 할 일을 소홀히 한 탓으로 보았다. 이에 대한 해결방안으로 최고 경영자에게 자신의 갈등 문제를 알리고 최고 경영자의 명령을 따름으로써 해결하는 것으로 제시했다. 독일 학생은 그 문제를 구조의 부재 때문으로 진단했고, 해결방안으로 구체적인 절차를 만들어놓을 것을 제시했다. 절차를 만들 때는 전문가에게 자문을 의뢰하거나 특별위원회나 태스크 포스를 구성해 정할 것을 제안했다. 영국 학생의 대부분은 갈등을 인간관계의 문제로 진단했다. 두 부서의 리더는 협상에 서투르기 때문에 협상 기술 연마를 위해 경영 과목을 수강할 기회를 주어야 한다고 해결방안으로 제시했다.

성장한 국가에 따라 같은 문제를 해결하는 방식이 다르다는 연구는 1960년대 네덜란드 틸뷔르흐대학교 경제학 연구센터의 사회심리학자 헤이르트 호프스테더Geert Hofstede(이하 헤이르트)가 시작했다. 그는 국가 간 문

---

36 헤이르트 호프스테더·거트 얀 호프스테더·미카엘 밍코프 지음, 차재호·나은영 옮김, 《세계의 문화와 조직(정신의 소프트웨어)》, 학지사, 2014, 340쪽.

화 차이에 관심을 두고, 특히 다국적 기업인 IBM의 사례를 집중적으로 연구했다. IBM에서 근무하는 직원이 해야 하는 일이 거의 같음에도 국적에 따라 이에 대한 해결책이 달랐던 점에 주목했다. IBM 직원의 가치에 관한 응답 내용을 통계적으로 분석해 유형을 분류했다. ①권력이 수평적인가 수직적인가, ②개인주의인가 집단주의인가, ③남성적 특성이 강한가 여성적 특성이 강한가, ④불확실성을 회피하는가 수용하는가, ⑤장기 지향적인가 단기 지향적인가, ⑥자율을 중시하는가 자제나 통제를 중시하는가 등의 잣대로 그 정도를 지수로 나타내거나 유형화하는 연구를 진행했다. 이후 많은 학자가 반복해서 이를 검증했고 상당히 유의미한 결과를 도출해냈다.

이 연구를 활용해 문화를 설명하는 방식 중 하나는 권한 거리(권력이 수평적인가 수직적인가)이고 다른 하나는 불확실성의 회피(불확실성을 회피하는지 허용하는지, 즉 업무에서 표준화하는 것을 중시하는지 창의적으로 해결하는 자율성을 중

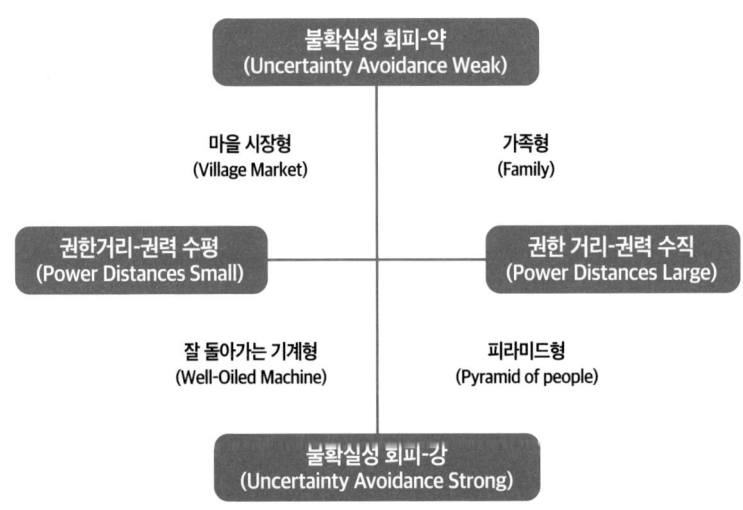

시하는지)이다. 4기지 유형을 직관적으로 설명한다. 이 모델Four Implicit Models of Organizations에 따른 유형은 마을 시장형, 가족형, 피라미드형, 잘 돌아가는 기계형이다.

앞선 스티븐스 교수의 과제 사례를 이 모델에 적용해보면 다음과 같다. 스티븐스 교수는 프랑스인이 암묵적으로 지닌 조직 모델은 인간 피라미드Pyramid of People라고 해석했다. 피라미드의 정점에는 최고 경영자가 있고, 그 아래 수준에 각 부서의 부장과 부하 직원이 차례로 자리 잡는다. 이 모델은 문제의 원인과 해결에 권력의 집중과 리더의 역량 등이 중요하다. 독일인의 조직 모델은 잘 돌아가는 기계Well-oiled Machine이다. 일반적인 문제는 사전에 정해진 규칙과 절차가 해결하기 때문에 경영자의 개입은 단지 예외에만 필요하다. 영국인의 의식 속에 있는 조직의 암묵적 모델은 마을 시장Village Market이다. 이 모델은 위계도 규칙도 아닌, 상황의 요구에 대응하는 방식이 더 중요하므로 임기응변적 문제 해결 방식을 선호한다.[37]

참고로 후에 추가적인 연구에 따라 중국과 같은 국가는 리더에 따라 많은 것이 좌지우지되는 가족형Family으로 분류했다. 우리나라는 프랑스와 같은 인간 피라미드로 분류된다. 쉽게 말하면 군대처럼 리더의 명령에 따라 운영되는 조직유형이라고 할 수 있다.

이런 연구에 따라 국가문화가 조직문화에 많은 영향을 미친다고 할 수

37 Geert Hofstede, "Management Scientists are Human", *Management Science*, Vol.40, No. 1, 1994, p.7.

있지만, 반면에 큰 영향이 없다는 의견도 있다. 기업의 구성원은 자기 자신의 결정에 따라 그 기업에 입사했고 때에 따라서는 그 기업을 떠날 수 있으며 근무시간에만 직접 영향을 받는다. 그렇지만 국가는 거의 선택할 수 없으며 한 국가에 거주하는 동안 계속 영향을 받을 수밖에 없다. 이런 차원에서 국가문화는 조직문화에 영향을 끼친다. 따라서 국가라는 울타리에서 형성된 문화를 이해하는 것도 중요하다.

대한민국 현대사가
조직문화에 미친 5가지 영향

성장하면서 보고 듣고 느꼈던 경험은 축적되면서 개인의 사고방식과 행동 양식에 큰 영향을 미친다. 우리는 개인의 사고와 행동이 여러 사람에게 공통으로 나타날 때 그것을 현상, 유행, 트렌드, 문화라고 부른다. 그래서 문화나 현상을 이해하려면 그 문화권에 있는 사람들이 어떤 경험을 했는가를 살펴보는 일이 필요하다.

현재 우리나라 조직(혹은 기업)에서 일하는 사람의 나이는 대략 25세에서 65세이다. 태어난 시점으로 보면 6·25 전쟁 후 휴전 시점부터 1990년까지이다. 7세 전후로 해서 기억하고 인식하는 수준이 높아진다고 가정할 때 1960년대 이후의 사건(역사)은 대한민국이라는 곳에서 성장해 조직에서 근무하는 구성원들의 사고방식과 행동 양식에 큰 영향을 주었다고 볼 수 있다.

조직문화를 이해하기 위해 현대사까지 언급할 필요가 있느냐고 의아해
할 수 있다. 하지만 현재 조직의 구성원들은 현대사를 겪으면서 자신도 모
르는 사이에 업의 특성을 이해하는 방식, 사람을 다루는 방식, 자원을 활용
하는 방식, 문화를 만드는 방식이 체화됐고 조직 내에서 그 방식대로 산다.
따라서 공통으로 내재한 경험을 이해할 필요가 있다.

이제 우리나라 현대사를 통해 조직 구성원들이 직접·간접적으로 겪은
경험을 살펴보고자 한다. 역사학자가 아니기에 역사적 사건에 대해 옳고
그름의 가치판단은 하지 않고, 다만 해당 사건이 조직문화 차원에서 어떤
영향을 줄 것인가 정도를 이야기하겠다. 현대사에서 긍정적인 측면보다는
부정적인 측면 중심으로 살펴본다. 인간의 삶에서도 트라우마처럼 부정적
인 측면이 인격 형성에 더 큰 영향을 미치기 때문이다. 이렇게 역사에서 부
정적인 사건은 조직문화에 내재한 리스크로서 제거되거나 관리해야 할 요
소이다.

지난 60년간의 현대사를 조직문화 관점에서 볼 때 중요한 특징은 대략
5가지로 정리해볼 수 있다. 첫째, 전체주의'적' 사고나 행태가 있다. 둘째,
드라마틱한 성장 경험의 명암이 혼재한다. 셋째, 제대로 된 보상(인정)에 대
한 경험이 부족했다. 넷째, 리더를 존경할 수 없는 기억이 많다. 다섯째, 스
스로 살아남아야 한다는 불안감이 있다. 이에 대해서는 지금부터 자세히
설명하겠다.

첫 번째 특징 :
전체주의'적' 사고나 행태

먼저 전체주의'적' 사고나 행태가 있다. 급성장은 국민 모두 한마음으로 달려갔기에 이룰 수 있었다. 단결했다는 것은 긍정적인 측면도 있지만 감춰진 이면도 있다. 하나로 똘똘 뭉치게 하려고(뭉치기 위해서라기보다는) 다양한 기법(혹은 편법)을 사용할 수밖에 없었고, 그 과정에서 개인 희생이 요구됐기 때문이다. 국민을 하나로 뭉치게 하는 이념을 식자들은 전체주의라고 부른다.

정부에서 공식적으로 전체주의 체제를 도입했다고 인정한 적은 없지만 지나고 나서 결과적으로 판단했을 때 전체주의 특징이 고스란히 나타났기에 여기서는 이를 구분해서 '전체주의적 체제'[38]라는 용어로 사용했다. 수십 년간 전체주의적 기법을 사용하면서 국민에게는 어느새 전체주의적 사고나 행태가 자리 잡았고, 오랫동안 영향을 받았기에 이는 무의식처럼 많은 조직문화의 밑바닥에 깔려 있다.

전체주의[39]란 개인의 이익보다 집단의 이익을 강조해 집권자의 정치 권력이 국민의 정치 생활, 경제, 사회, 문화생활의 모든 영역에 걸쳐 전면적이고 실질적인 통제를 가하는 것을 말한다. 전체주의라는 용어가 일반적으로 쓰이기 시작한 것은 1930년대 후반부터인데 애초에는 이탈리아의 파

---

38 체제 유지를 위해 전체주의 체제를 도입했다고 공식적으로 사용하는 것이 아니기 때문이다.
39 〈전체주의〉, 네이버 지식백과, 〈https://terms.naver.com/〉

시즘, 독일의 나치즘, 일본의 군국주의 등을 가리키는 말로 사용되었다. 그러다가 제2차 세계대전 이후의 냉전체제 아래에서 공산주의를 지칭하며 반反공산주의 슬로건으로 전용되기 시작했다. 칼. J. 프리드리히Carl Joachim Friedrich와 브르제진스키Zbigniew K. Brzezinski의 공저《전체주의 독재 정치론 Totalitarian Dictatorship and Autocracy》에서는 전체주의 체제의 특징을 다음 4가지로 설명하고 있다.

하나, 이상적인 사회를 제시하고 기존 것을 배척하는 공적 가치의 이데올로기를 활용한다.

둘, 권력을 독점한다.

셋, 사회·국가 및 정당을 통제하는 비밀경찰을 활용한다.

넷, 여론 조작을 위해 모든 매스미디어를 독점한다.

전체주의 체제는 거대 담론(공적 가치의 이데올로기)을 제시하고 거기에 따르도록 제도를 만들어 홍보하고 따르지 않는 사람은 벌을 주는 구조다. 우리나라는 반공과 경제발전이라는 공적 가치의 이데올로기를 제시하고 교육, 언론 등을 독점했다. 정치 검찰, 국가보안법, 긴급조치 등 공권력을 반복해서 이용하면서 국민이 자연스럽게 받아들이도록 했다. 다음 네 단계를 통해 대한민국 문화 속에는 전체주의적 사고와 행태가 자리 잡았다.

첫 번째 단계, 이데올로기를 주입한다. "우리는 민족중흥의 역사적 사명을 띠고 이 땅에 태어났다."라고 시작하는 국민교육헌장은 30년이 훨씬 지난 지금도 암기하고 있는 사람이 많다. 모든 교과서의 앞부분에 실렸고 학생들은 강제로 외워야 했다. 모든 학교 행사에서는 반드시 낭독했고 관청, 회사 행사 때도 낭독하게 했다. 〈국민교육헌장〉은 1890년, 일본제국에서 메이지明治가 반포하고 시행했다가 패전 후 폐지된 교육에 관한 칙어敎育勅語에서 비롯됐다고 알려졌다.[40] 일제 잔재인 것도 문제이긴 하지만 개인의 인권과 자유를 요구하는 인간보다 국가에 복종하는 전체주의 인간의 모습을 어렸을 때부터 주입했다는 것이 더 큰 문제다. 1990년대에 교과서와 정부의 공식행사에서 사라지긴 했지만, 첫 구절만으로도 자연스럽게 암송될 정도로 이미 많은 사람이 세뇌당했다.

학교 안에 국민교육헌장이 있었다면 학교 밖에는 "새벽종이 울렸네, 잘 살아보세."라는 새마을운동이 있었다.[41] 새마을운동은 경제를 일으키는 데 이바지했지만, 공동운명체를 위해 개인의 희생을 지나치게 강조했다. 못사는 것이 농민의 게으름에서 비롯되었으니 게으름 피우지 말고 열심히 일하라고 주문했다. 교량과 마을회관 세우기, 하천 정비, 상하수도 설치, 마을 숲 가꾸기 등의 공공사업(오늘날 지자체가 담당해야 할 일)을 수행했다. 공장에서는 "종업원을 가족처럼, 공장일은 내 일처럼"이라는 구호 아래 삶과 가정을 희생해서라도 생산성을 향상하는 것이 더 중요하다는 인식을 심어놓았다.

40 이임하, 《10대와 통하는 문화로 읽는 한국 현대사》, 철수와영희, 2014. 165쪽.
41 유시민, 《나의 한국현대사》, 돌베개, 2014, 312쪽.

두 번째 단계, 위험요소는 사전에 차단한다. 통제하는 사람들에게 예측 불가능은 가장 큰 위험이다. 어떻게 퍼질지 모르기 때문에 '더 문제가 되기 전에 싹부터 잘라야 한다.'라고 시작부터 과도하게 규제하려고 한다. 대표적인 것이 공연예술 분야의 통제였다.

노래는 사전심의 제도를 통해 많은 곡이 금지곡으로 지정됐다. 1965년, 방송윤리위원회가 첫 방송금지곡을 지정한 이후 1972년, 유신헌법 이후에는 각 방송사 자체적으로 대중가요 심의제도를 도입해 많은 노래를 금지했다. 송창식의 〈왜 불러〉는 반말을 한다는 이유, 이장희의 〈그건 너〉는 남에게 책임을 전가한다는 이유, 조영남의 〈불 꺼진 창〉은 창에 불이 꺼졌다는 이유로 금지곡이 됐다. 왜색, 표절, 창법 저속, 가사 저속, 퇴폐와 허무, 애상, 불신감 조장, 품위 없음, 불건전 등의 사유로 많은 노래를 금지했다. 사전심의 제도는 문화 대통령으로 일컬어지는 서태지가 〈시대 유감〉이라는 노래의 가사수정 요구를 거부하면서 이슈가 됐고 이후 표현의 자유를 규정한 〈헌법〉 제21조 위반으로 1996년에 폐지되었다.

영화는 검열과 등급제로 통제했다. 1966년, 2차 개정 〈영화법〉에서 신고와 검열에 관한 조항을 11조로 통합했고 영화의 제작 전 신고제와 공보부 장관의 사전검열제를 채택했다. 헌법 질서에 어긋나거나 국가의 권위 손상 우려, 사회질서를 문란케 할 우려, 국가 간 우의를 해할 우려, 국민정신을 해할 우려가 있을 때 영화는 금지되거나 삭제될 수 있었다. 시나리오에 대한 사전검열제까지 신설해 이중검열 체제를 마련하고 이에 응하지 않으면 제작 중지 및 상영 정지를 명령할 수 있었다.

1984년 12월 31일, 개정된 5차 개정 〈영화법〉은 검열제를 폐지하고 사전심의제를 채택했다. 그러나 이는 헌법의 검열 금지 원칙을 반영한 깃이었을 뿐 그 내용에 변화가 있는 것은 아니었다. 명칭은 바뀌었지만, 영화 심의 주체, 기준, 절차 등은 종래의 검열제와 거의 같았다. 검열 제도는 사실상 1990년대까지 그 기조가 유지되었다. 검열제에서 등급제로 바뀐 것은 불과 20년이 채 되지 않았다.[42]

책은 금서를 지정함으로써 통제했다. 금서는 기존의 정치, 안보, 규범, 사상, 신앙, 풍속 등의 저해를 이유로 법률이나 명령에 따라 간행, 발매, 소유, 열람을 금지한 책자를 말한다.[43] 역사적으로 체제 유지를 위해 금서를 지정하는 나라는 많았다. 우리나라도 크게 다르지 않다. 이승만 정권 아래에서는 《백범일지》가 금서로 분류됐고 유신정권 하에서는 공산주의 도서, 폭력을 정당화하는 유해 도서, 현실을 왜곡하고 부정하는 사회 안정 저해 도서, 음란 저속 도서 등을 금서로 지정했다.

심지어 미풍양속을 보호한다는 명분으로 머리카락과 복장에까지 제약을 가한 적도 있다. 경찰이 가위를 들고 다니면서 장발족의 머리를 자르고 단속했던 시기는 1970년대 중반이었다. 자를 들고 다니면서 여성의 무릎에서부터 치마 끝까지의 길이를 재고 20센티미터를 초과하는 여성을 경범

42 김미현, 《한국영화 정책과 산업》 중 '영화 심의제도 변화: 검열에서 등급제로', 커뮤니케이션북스, 2013.
43 〈금서〉, 이응백·김원경·김선풍, 《국어국문학자료사전》, 한국사전연구사, 1998.
44 노현섭, "해킹에도 자유로운 외국 개인번호", 〈파이낸셜뉴스〉, 2011.8.10. 경제면.
45 헌법재판소 헌법재판연구원 편, 《주민등록번호제에 대한 헌법적 쟁점》, 헌법재판소 헌법재판연구원, 2013, 100쪽.

죄로 처벌하기도 했다. 복장도 국가에서 일률적으로 지정한 적도 있었다. 옷값을 아끼고 재건 정신을 기르자는 취지로 정부는 1961년 10월, 전 국민에게 표준 간소복을 입도록 했다. 정부는 모범을 보이기 위해 공무원에게 우선 공무원 근무복을 적용했다(공무원들의 근무복은 1996년에 사라졌다). 정해진 틀 안에서만 운신할 수 있도록 하고 체제에 위험이 될 사항에 대해서는 미리 제약조건을 만들어 이를 넘으면 처벌을 주어 체제에 순응할 수 있도록 하였다.

세 번째 단계, 벗어나는 사람을 통제한다. 통제를 위해 통제대상을 먼저 정확히 알아야 했다. 군대의 기본이 인원 점검인 것처럼 전체주의에서도 인원을 확인한다. 그런 측면에서 주민등록번호는 편리하게 국민을 추적 관찰하고 관리할 수 있는 수단이다. 1968년 1월 21일, 북한의 특수부대 요원 12명이 청와대를 습격해 당시 대통령인 박정희를 살해하려던 사건이 일어났다. 이후 간첩을 손쉽게 식별하기 위한 수단으로 그해 11월에 도입된 것이 주민등록번호 제도다. 이것은 2014년까지 큰 변화 없이 계속 사용되었는데 잇따른 개인정보 유출 사고로 사실상 전 국민적 사회문제가 되자 그 제도의 심각성을 인식하게 되었다.

다른 국가에서도 개인 식별 번호를 부여하더라도 이때는 무작위의 번호가 부여된다. 대한민국의 주민등록번호와 같이 국가에서 특정 목적 없이 일괄적으로 모든 국민에게 부여하는 국가 개인 식별 등록 번호는 존재하지 않는다.[44] 게다가 우리의 주민등록증은 지문이라는 생체정보까지 포함한다. 헌법재판연구원에서 발간한 연구보고서[45]에는 "주민등록번호를 개인별로 강제로 부여하고 그 이용이 법률상 또는 사실상 강제되며 사인 간에 주민등록번호의 불법적 이용이 일어나는 것은 결국 개인정보 자기 결정권 등의 기본권을 침해할 수 있으나 주민등록번호의 현실적인 용도가 커서 폐지에 따른 사회적 비용과 혼란이 매우 클 것으로 예상하기 때문에 쉽사리 폐지되기는 어려울 것"이라고 적혀 있다. 법적인 면에서 문제가 있지만, 지금은 어쩔 수 없다는 뜻이다.

유시민의 《나의 한국현대사》[46]에서는 주민등록번호를 두고 "송아지 귀를 뚫고 바코드로 된 명찰을 붙여 사육하고 도축하는 과정에서 원산지를 확인할 수 있게 하는 것과 다르지 않다."라고 했다. 우리는 조직이 개인의 사생활, 정보보호 등을 침해하는 것을 쉽게 겪는다. 노래, 책, 영화, 복장의 규칙을 어기거나 정부가 하려던 것에 반해 집회, 시위, 선동하는 자는 주민등록번호라는 틀 안에서 엄격하게 관리됐다. 그리하여 한번 낙인찍히면 공공기관에 취직하기는 불가능했다. 조직에 반하면 평생 내가 손해 볼 수 있다는 생각, 복종해야 한다는 생각이 많은 사람의 잠재의식에 각인되었다.

네 번째 단계, 반복하고 또 반복한다. 전체주의적 사고를 반복시키고 강화하는 데는 군대가 큰 역할을 했다. 군대는 나라를 지키는 데 필요하다. 군대의 특성상 군인은 무조건 명령에 따라야 한다. 통치자 측면에서 보면 전 국민이 군인처럼 자기의 명령을 무조건 따르게 하려는 유혹에 빠지기 쉽다. 우리나라는 군 출신의 최고 권력자가 상당 기간 통치하면서 군

46 유시민, 《나의 한국현대사》, 돌베개, 2014, 317쪽.

대라는 특수한 문화가 교육 현장과 회사생활 등 일반적인 생활에 영향을 끼쳤다. 학교에서 얼룩무늬 교련복을 입고 일제 강점기 군인처럼 각반을 차고 나무총을 들고 제식훈련과 총검술을 익혔던 군사훈련과 군복무가 직접적인 군대경험이었다면, 신입생 오리엔테이션 때 선배가 신입생에게 단체 얼차려를 시키고 강제로 술을 먹이면서 선·후배 간 유대강화라는 이름으로 군기를 잡는 것은 간접적인 경험이라 하겠다.

이렇게 우리는 학교와 군대를 거치면서 자연스럽게 전체주의적 시스템에 익숙해진 후 회사에 입사한다. 회사생활은 전체주의적 시스템에 녹아든 사람만이 생존할 수 있는 일종의 전쟁터이다. 오와 열을 맞추지 않으면 안 됐고 서열은 무엇보다 우선했으며 상사의 명령은 항상 옳다고 여겼다. 조직을 위해 개인은 때로 희생했다. 여기에 따르지 못하는 사람에게 "저 친구는 군대는 갔다 왔나? 여자들은 자기밖에 몰라. 군대를 안 다녀와서 그래. 까라면 까야지, 뭔 말이 많아!" 등의 말을 하며 부적응자로 인식했다.

대한민국 근현대사의 상당 부분은 의도했든 의도하지 않았든 전체주의적 문화를 만들었다. 조직을 위해서 개인은 희생해야 한다는 사고와 '복종은 좋은 것이고 반항은 나쁜 것이다.'라는 이분법적인 논리의 틀 속에 가둬놓았다. 이런 문화는 우리나라 산업이 급격한 성장을 이루는 데 큰 역할을 했다. 1990년대 후반 인터넷이 도입되고 스마트폰이 보급되면서 자유롭게 다양한 의견을 표현하는 시대로 바뀌었다. 요즘 시대의 성공 요소와 고도 성장 산업 시대의 성공 요소였던 전체주의적 문화는 궁합이 맞지 않는다. 하지만 현실은 아직 전체주의적 문화가 조직의 저변에 깔려 있고, 이로 인해 조직 내에서 신·구세대 간 갈등이 벌어지곤 한다.

두 번째 특징 :
드라마틱한 성장이 초래 한 명암의 혼란

우리나라는 지독히도 빠르게 성장을 경험했다. 세계에서도 그 유례를 찾아볼 수 없을 정도로 빠른 경제성장과 민주화를 이룩했다. 이를 잠시 살펴보면 1960년대 초반 우리나라의 1인당 국민총소득Gross National Income 명목 기준 80달러 수준으로 인도, 방글라데시, 우간다와 같은 최빈국 대열에 있었다. 농업 중심의 생산이 이루어졌으며 인구는 현재의 절반 정도였고 한 해 75만 명의 아기가 태어나 베이비붐 세대라 불렀다. 고층 건물은 찾아볼 수 없었고 주택 대부분은 초가집이었다. 한정된 공간에서 대가족이 모여 살았으며 제대로 된 상하수도 시설이 없었고 화장실은 재래식으로 마을 주민이 공동 이용하는 형태였다. 대다수 국민이 장에 기생충이 있을 정도로 영양 상태와 위생 상태가 좋지 않았다. 의료시설은 턱없이 부족해 영아 사망률이 높았고 기대수명은 50세에 불과했다.

주요 지표	1960년	2015년
1인당 국민총소득	80달러	27,339달러
산업 중 농림어업의 비중	39%	2.3%
인구	2,501만 명	5,101만 명
생산가능인구(15~64세)	1,370만 명	3,744만 명
출생인구	약 75만 명	약 43만 명
합계출산율	6명	1.21명
평균연령	23.1세	40.2세
기대수명	51.1세	80세
65세 이상 구성비	2.9%	12.8%

※ 통계청, 주요인구지표(성비, 인구성장률, 인구구조 등)

그에 비해 2015년에 대한민국(약 2세대가 지난 대한민국)은 세계에서 열두 번째로 큰 경제 규모를 가진 나라가 되었다.[47] 반도체를 중심으로 하는 전자, 조선, 자동차, 철강, 화학 산업이 경제성장의 동력이다. 아파트가 주택의 모델이 되었고 대형 텔레비전, 냉장고, 세탁기 등 수많은 가전제품이 그 공간을 채운다. 그렇지만 인구절벽 문제를 심각하게 고민할 정도로 출산율이 매우 저조하다. 경제성장으로 건강상태가 좋아지고 국민건강보험을 통해 의료접근성이 높아짐에 따라 기대수명도 80세로 급격하게 증가했다.

이런 변화의 속도는 다른 국가와 비교하면 엄청나다. 산업혁명 이후 서유럽 국가와 미국은 100년이 넘는 시간을 통해 오늘날의 모습을 갖추었다. 우리나라의 산업은 1960년대 식품, 섬유, 봉제, 신발 등의 단순 소비재에서 출발하여 가전제품이 발달했고, 몇십 년 만에 철강, 금속, 정유, 조선, 원자력, 자동차 등 중화학공업의 전성기를 맞이했다. 최근에는 전자, 반도체, 컴퓨터, 이동통신까지 세계 시장에서 치열하게 경쟁하는 수준에 이르렀다. 이 단계까지 두 세대가 채 걸리지 않았다. 우리나라의 발전 속도는 유례를 찾아보기 어려울 정도다. 심지어 고령화 속도도 OECD 국가 중에서 제일 빠르다.

성장했을 때 목표를 달성했다는 긍정적인 경험을 했으니 자신감이 생겼다. 그러나 지나치게 빠른 속도로 성장하면 적응하는 데 어려움이 있다. 이

---

47 2014년 기준으로 중국, 미국, 일본, 독일, 러시아, 브라질, 프랑스, 영국, 이탈리아, 멕시코, 터키, 대한민국 순이다.

는 유연하게 제도와 시스템을 바꾸지 못하고 과거의 기준(눈높이)에 맞춰 일하다 보니 조급함과 불안감 증폭으로 드러난다.

우리는 성장하면서 옷을 바꿔 입듯이 제도와 시스템을 성장 수준에 맞춰 변화시켰어야 했다. 회사의 운영체계(제도, 규칙, 시스템, 문화 등)는 급격히 바꾸기 어렵다. 그렇다고 환경이 그런 회사의 입장을 기다려주지 않는다. 사정이 이렇다 보니 리더가 시간과 노력을 쏟아부어 체계를 바꾸기보다 기계나 사람의 노동력을 더 투입하는 방식으로 변화에 대응했다. 시스템을 전환한 조직도 있었지만, 끝까지 버티다 망한 조직도 많았다.

요즘 시대에 맞게 변하지 못하고 예전 방식으로 일하는 조직이 우리나라에 아직도 많다. 인터넷과 TV를 보면 4차 산업혁명을 이야기하고 있는데 내가 속한 회사는 아직도 1970년대에 맞는 조직이다. 이런 불일치가 반복되면 회사에 대한 비전, 희망, 기대감이 사라지고 조직 속에 어쩔 수 없이 머물러야 하는 본인 신세를 한탄하면서 자존감도 낮아진다.

사회 전반적으로 심리적인 불안정성이 확대되었다. 대부분 집이 없을 때는 다 같이 가난하니까 상대적 박탈감이 덜한데, 다른 사람은 집이 있고 나만 집이 없으면 더 크게 박탈감을 느낀다. 급하게 성장하여 성공을 이룬 경험은 실패하면 패배자라는 인식을 심었고 뒤처지면 망하기에 서둘러야 한다는 조급함을 만들었다. 변화에 휩쓸리면서 무엇이 새로 등장할지에 대한 막연한 불안감도 생겼다. 오늘날 대한민국 사회에 이러저러한 광풍(혹은 빨리 뜨거워졌다 빨리 식는 현상)이 많은 것도 이와 무관하지 않다.

세 번째 특징 :
제대로 된 보상(인정)의 부족

그동안 우리나라의 조직과 기업은 제대로 된 보상(인정)에 대한 경험이 부족했다. 생산의 3요소는 토지, 노동, 자본이다. 이중 토지는 한정된 것이니 생산 증대를 위해 적극적으로 활용할 수 있는 요소는 노동과 자본이다. 1960년대 이후 경제성장의 기본 구조는 희생에 가까운 노동을 통한 자본의 축적 ⇨ 축적된 자본으로 인프라 투자 ⇨ 인프라를 바탕으로 한 산업 육성 ⇨ 산업 발전을 통한 일자리 확대 ⇨ 노동 투입으로 이어지는 순환이었다. 이 순환을 정부의 통제력으로 조절하는 방식이었다. 우리나라는 가장 쉽게 통제가 가능했던 노동을 통해 짧은 시간에 막대한 자본을 축적하면서 산업을 성장시켰다.

자재를 다듬는 기계에 손가락과 팔다리가 잘리거나 보호 장구 없이 일하느라 중금속에 노출된 노동자, 새벽부터 밤늦도록 허리 한번 펴지 못한 채 반복 작업을 하는 근로자, 머나먼 독일의 지하갱도에서 석탄을 캐던 광부, 노인을 돌본 간호사, 베트남 전쟁에서 활약한 청룡·맹호·백마·비둘기·십자성·백구 소속 군인, 중동 사막에서 오일 머니를 얻기 위해 땀 흘린 건설 노동자, 이들이 경제 성장의 숨은 주역이다.

한창 경제 성장 시에는 보상도 적절하게 이뤄지는 듯 보였다. 하지만 국가에 경제 위기가 닥치자 이들은 또 다른 희생을 해야 했다. 1997년 말, 국제통화기금International Monetary Fund 외환위기를 겪었다. IMF 외환위기는 단기 중심의 외화자금 차입구조를 갖던 국가가 글로벌 통화 재편 과정에서 현명하게 대응하지 못해 발생한 큰 사건이었다.

국민에세는 그 원인을 해외어행을 비롯한 과소비와 기업의 방만 경영 문제로 설명하고는 대우그룹을 비롯한 대기업과 금융사 문을 닫게 하거나 매각, 통합 등의 구조조정을 단행했다. 정리해고제, 사내 하도급, 파견 등 비정규직 제도를 허용하면서 대기업의 부담은 중소기업, 자영업자, 노동자에게 전가했다. 평생직장 개념이 강했던 시기였기에 회사를 나가라는 것은 사형선고나 다름없는 큰 충격이었다. 남은 자에게도 갑자기 쫓겨날 수 있다는 트라우마가 남았다. 이 위기를 겪으니 언제든지 조직에서 버려질 수 있다는 불안이 대한민국 직장인 마음 한구석에 자리잡게 되었다.

IMF 외환위기를 극복한 이후, 근본적인 시스템 경쟁력을 강화한 것이 아니라 앞서 말한 고용과 관련된 제도를 더욱 적극적으로 활용했다(사람에 따라서는 악용이라고 볼 수 있다). 언제든 다시 위기가 닥칠 수 있다는 말을 외치면서 위기의식을 주입하고, 명예퇴직, 외주, 연장 근로 등 고용 방식을 쥐락펴락하면서 근로자의 희생을 요구했다. 생존 경쟁은 더욱 심해졌고 대기업과 중소기업, 정규직과 비정규직의 소득 격차는 확대(양극화)되었다. 언제부턴가 '개천에서 용 났다.'라는 말은 과거의 유물과 같이 되어버렸다. 이미 기득권이 된 계층은 대단히 높이 올라서 아무리 열심히 노력해보았자 극복할 수 없는 벽이 되었다.

자식에게 이어지는 가난, 심각한 고용불안, 비정규직 확산, 세계 최고 수준의 노동시간, 자살률, 헬조선으로 일컬어지는 사회 현상 속에서 조직구성원들에게 '고통은 힘없는 우리만 겪는 것 아닌가.'라는 피해 의식이 생겼다. 조직문화를 구축할 때 무엇보다 적절한 보상 메커니즘이 중요한데 우리나라 국민에게는 이 메커니즘에 대한 불신이 마음 한 쪽에 자리 잡고 있어 조직문화 구축이 쉽지 않다.

　친일파 후손들이 사회 지도층으로 떵떵거리며 잘 살고 있고 독립투사의 후손들은 빈곤하게 살고 있다는 신문 기사를 읽으며 조직 구성원들은 사회 곳곳에서 자리잡고 있는 불합리한 보상체계에 실망한다.

네 번째 특징 :
리더를 존경할 수 없었던 사건들

우리에게는 리더를 존경할 수 없는 기억이 많다. 우리나라에서 힘이 있는 자는 사건에 종종 연루되었다. 무소불위, 안하무인으로 힘을 휘두르고 도가 지나쳐 감옥에 가도 얼마 가지 않아서 풀려나고 되레 피해자에게 희생과 침묵을 강요했다. 일제 치하에서 친일했던 사람들은 1951년, 〈반민족행위처벌법(반민법)〉이 폐지되면서 사실상 면죄부를 받았고, 오히려 형편에 맞게 변신해 사회 곳곳에서 다시 높은 자리를 차지했다. 일제강점기에 축적한 자산으로 세력을 확장해 오늘날까지 우리 사회에 큰 영향을 미치고 있다. 반면, 독립을 위해 몸을 바치고 모든 재산을 헌납했던 투사와 그 자손은 아직도 많은 수가 그만큼 보상받지 못하고 있다.

　전임 대통령 중에는 군사 반란과 내란 목적 살인 혐의로 구속된 이가 있고, 천문학적 규모의 뇌물로 비자금을 축적한 이도 있다. 중·고등학교 입시를 없애고 추첨으로 학교 배정 방식을 바꾼 것이 대통령의 아들 때문이라는 세간의 이야기는 사적 이익을 위해 주어진 힘을 남용하다보니 생겨났다.

　재벌 총수는 불법 비자금 조성, 뇌물 제공, 탈세, 분식 회계 등 많은 범

죄를 저질렀지만 모두 경제 살리기라는 이름으로 허다하게 묵인되거나 사면되었다. 사회적으로 돈이 있으면 죄가 없고 돈이 없으면 죄를 뒤집어쓴다는 유전무죄 무전유죄有錢無罪 無錢有罪 분위기가 형성됐다. 법률소비자 연대 조사를 보면 80%가 이 말에 동의한다.[48]

가진 자, 힘 있는 자와 가지지 못한 자, 힘없는 자에 대한 차별은 현재까지도 계속 있다. 힘을 가진 자의 자식이 학교폭력의 가해자이면 학교폭력위원회 등의 회의를 통해 폭력이 장난 수준으로 축소되거나, 힘이 있는 자의 눈치를 보면서 피해자에게 책임을 전가하기에 급급한 모습을 뉴스에서 본다.

보이지 않는 곳에서 사회의 등불이 되어준 리더가 더 많다. 하지만 뉴스 등을 보면 근현대사의 일부 리더가 잘못된 행태를 보였던 것도 사실이다. '국민은 개돼지'라고 표현했던 영화 대사를 단순한 허구로 받아들이지 못한다. 이렇듯 힘을 맘껏 휘두르고 책임지지 않는 자들을 직·간접적으로 경험하다가 국민의 마음 한구석에 리더에 대한 불신이 자랐다. 많은 조직의 오너, 최고 경영자, 임원에 대한 직원의 마음 한구석에도 불신이 자라고 있을 가능성이 높다.

다섯 번째 특징 :
스스로 살아남아야 한다는 불안감

우습지만 웃을 수 없는 기사가 있었다. 어쩌면 이것이 우리나라 현실이기 때문이다.

"해외여행 중 말도 안 되는 이유로 현지 경찰에 잡힌 대한민국인 A 씨. 당연히 재외공관을 통해 도움을 요청했지만, 이런저런 핑계로 찾아오지 않았다. 이역만리 타국에서 A 씨 상황은 말 그대로 고립무원. 그러던 중 우연히 현지에서 알게 된 일본인 친구가 일본 대사관에 부탁해 겨우 빠져나올 수 있었다고 한다.

A 씨 사례가 예외나 과장이라면 좋겠다. 하지만 안타깝게도 실상은 그렇지 않다. 위급한 상황에 부닥쳤을 때 현지에 있는 대한민국 재외공관에 도움을 청할 바엔 일본 재외공관을 통하는 게 낫다는 얘기가 별로 새삼스럽지 않다는 말까지 나온다. 우리나라 여행객이 해외여행 중 도움이 필요할 때 자국 대사관을 찾을 게 아니라 이웃국 대사관을 찾으라는 게 일종의 여행 팁이 되어버린, 우습지만 웃을 수 없는 상황이다."[49]

국가를 비롯해 조직은 기본적으로 그 안의 구성원들을 보호해주어야 한다. 그런데 때때로 발생하는 사고, 이에 대한 부적절한 대처, 각종 보험과 같은 규정의 불완전함은 국가나 조직이 나를 온전히 지켜주지 못하니 나 스스로 챙겨야 한다는 일종의 불안감을 심었다.

성수대교와 삼풍백화점 붕괴, 대구 지하철 참사, 대연각 빌딩 화재, 최근 세월호 사건에 이르기까지 우리나라에서는 대형 참사가 많이 일어났다.

---

48 "10명 중 8명 유전무죄, 무전유죄", YTN, 2011.4.25.
49 "해외서 문제 생기면 일본 대사관을 찾아라?", 신윤재, 〈매일경제〉, 2018.1.22., 문화면.

정부와 관계기관, 운영 조직이 규정과 절차를 준수해 예방했다면 일어나지 않을 수도 있었고, 사고가 터졌을 때 신속하게 적절한 대응을 했다면 피해를 최소화할 수 있었다. 하지만 사고는 발생했고 개인은 고스란히 희생되었다. 국민에게 안전망에 대한 불안감, 보호받지 못한다는 마음이 더욱 강화되었다.

일자리를 잃고, 병에 걸리고, 산업재해를 당해 장애가 생기고, 재산도 소득도 없이 늙는 것 등은 사회적 위험이다. 이 위험은 당사자뿐 아니라 가족과 주변 사람까지도 연쇄적으로 고통스럽게 하므로 국가는 국민을 이런 위험에서 보호해야 할 의무가 있다. 국가는 실업급여를 제공하는 고용보험, 치료비를 지급해주는 국민건강보험, 산업재해와 직업병에 대비하는 산재보험, 노후 생활비를 충당할 수 있는 공무원연금, 군인연금, 국민연금 등의 사회보험을 도입했다.[50]

하지만 국민연금은 기금의 고갈 위험 때문에 소득 대체율을 2028년까지 40%로 하향 조정했고 연금 지급 개시 나이를 60세에서 65세로 늦추었다. 의료보험은 2015년 기준 건강보험 보장률이 63.4%로 수십 년간 70% 수준을 넘지 못한다. 이에 국민이 개별적으로 민간의료보험에 가입해 스스로 위험에 대비한다. 고령화의 문제를 인식해 〈노인장기요양보험법〉을 제정했지만 치매, 중풍 등의 노인성 질환을 앓고 있는 노인을 위한 시설은 아

---

50 유시민, 《나의 한국현대사》, 돌베개, 2014, 334쪽.

직 턱없이 부족하다.

그동안 국가에서 하라는 대로 열심히 해왔건만 닥친 위험과 다가올 위험에 대해 속 시원하게 국가가 해결해 주는 것은 없다. 결과적으로 스스로 부담해야 한다는 불안감도 있고 한편으론 배신감과 억울함도 있다. 상황이 이렇다보니 조금만 손해를 보는 것 같으면 견디지 못한다. 국민청원 게시판, 민원 사이트에는 다양한 분야에서 불공정함에 불만을 토로하는 글이 쏟아진다.

밀레니얼 세대와 함께 달성해야 할
조직의 미션

과거의 역사적 사실이 우리나라 조직문화에 미친 영향을 결론적으로 표현하면, 우리나라에서 좋은 조직문화를 구축하기 어렵다. 그러므로 조직문화 구축에 세심하게 신경을 더 써야 한다. 전체주의적 사고에 과도하게 노출되어서 가치 체계의 중요성을 간과하게 됐고, 국가의 원수를 존경할 수 없었던 기억으로 조직 내 리더까지도 불신하게 되었다. 체계적인 보상 경험이 부족했기에 조직의 동기부여 시스템이 바르게 작동하지 않았고 스스로 살아남아야 한다는 압력을 느꼈다. 성공 경험에서 오는 높은 기대치와 조급함 속에서 좋은 인간관계, 좋은 조직문화 등 무형의 가치보다는 성과 우선주의의 늪에 빠져 있다.

조직문화를 망치는 5가지 유형의 관점에서 살펴보면, 정도 차이는 있겠

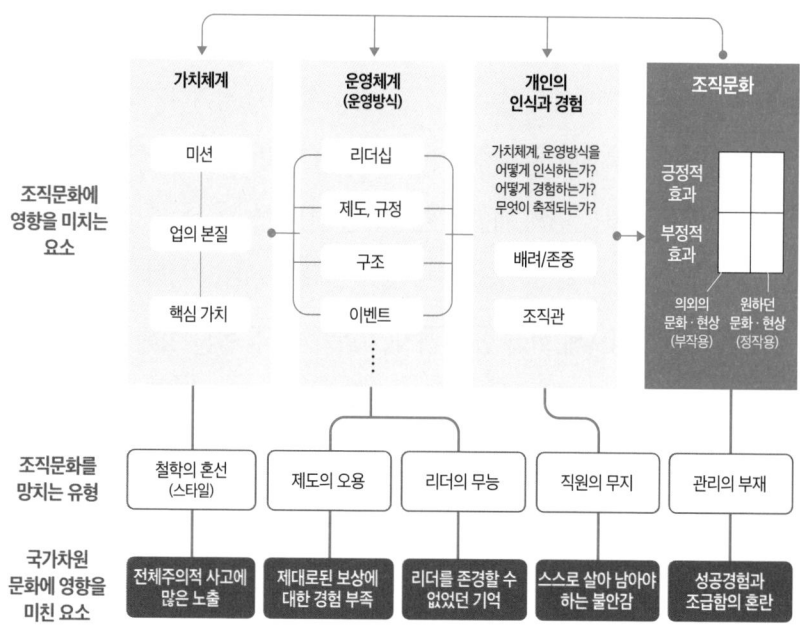

조직문화에 영향을 미치는 요소	가치체계	운영체계 (운영방식)	개인의 인식과 경험	조직문화
	미션	리더십	가치체계, 운영방식을 어떻게 인식하는가? 어떻게 경험하는가? 무엇이 축적되는가?	긍정적 효과
	업의 본질	제도, 규정		
		구조	배려/존중	부정적 효과
	핵심 가치	이벤트	조직관	의외의 문화·현상 (부작용)　원하던 문화·현상 (정작용)

조직문화를 망치는 유형	철학의 혼선 (스타일)	제도의 오용	리더의 무능	직원의 무지	관리의 부재
국가차원 문화에 영향을 미친 요소	전체주의적 사고에 많은 노출	제대로된 보상에 대한 경험 부족	리더를 존경할 수 없었던 기억	스스로 살아 남아야 하는 불안감	성공경험과 조급함의 혼란

지만 우리나라 조직에서 이 모두를 공통으로 겪는다. 조직문화 구축 시에 이 부분을 간과해서는 안 된다.

그런데 좋은 조직문화를 구축하기 어려운 대한민국에 또 하나의 어려움이 예상된다. 조직 내에서 양적으로나 질적으로 주도적 역할을 하는 밀레니얼 세대의 등장 때문이다. 이들은 기존 세대와 성향이 다르다.

밀레니얼 세대는 미국 세대 전문가인 닐 하우Neil Howe와 윌리엄 스트라우스William Strauss가 1992년 펴낸 책[51]에서 처음 언급한 용어로, 1980년대 초에서 2000년대 초까지 출생한 세대를 일컫는다. X 세대(1960년대 중반~1970년대 말 출생)의 다음 세대라고 해서 Y 세대로 불리거나 컴퓨터 등 정보기술Ingotmation Technology에 친숙하다는 이유로 테크 세대라는 별명도 있다. 2013년 5월, 〈타임〉 지는 자기 위주로 생각하고 행동하는 이들 세대를 가리켜 미 미 미 제너레이션Me Me Me Generation이라고 정의하기도 했다.[52]

이들 밀레니얼 세대는 자기 주관이 강하며 집단의식보다는 개인주의 성향을 보인다. 조직을 위해 개인이 희생하는 것을 당연시하던 기성세대와 달리 야근이나 과도한 회식, 눈치 보는 휴가 등에 거부감이 있다. 자기를 소중하게 생각하기 때문에 의미 있고 성장 기회가 될 수 있는 일에 집중하며 의미 없고 단순히 반복적인 일은 싫어한다. 얼굴을 맞대고 하는 소통보다는 문자나 소셜 네트워크 등을 통한 커뮤니케이션을 많이 한다. 이를 통해 수평적이고 자유로운 커뮤니케이션에 익숙하다. 즉각적인 피드백과 의미와 가치를 줄 수 있는 면담 등을 원하고, 일방적인 지시에 거부감을 보인다. 경제 저성장 시기에 공정한 기회를 잡는 것을 중요하게 생각하고 건강과 식생활에 투자를 아끼지 않으며 이전 세대와 달리 소유보다는 공유를 추구한다.

밀레니얼 세대 중심으로 직장 내 세대구조가 변화하면서 다양한 제도

---

51 Neil Howe, William Strauss, 《세대들, 미국 미래의 역사 Generations: The History of America's Future 1584 to 2069》, Harper Collins, 1992 에서의 세대 구분.

Generation	Born	Type	page
Silent Generation	1925~1942	Adaptive	pp.279~298
Boom Generation	1943~1960	Idealist	pp.299~316
Thirteenth Generation(*)	1961~1981	Reactive	pp.317~334
Millennial Generation	1982~(2004)(**)	Civic	pp.335~343

* 원저에서는 X 세대가 아니라 서틴 제너레이션Thirteenth Generation, 제13세대로 되어 있다. 미국의 인구조사 학자들은 인구변화를 연구하다가 미국은 19년 주기로 인구가 변한다고 알게 됐다. 19년 동안은 인구가 늘었다가 다시 19년 동안은 인구가 줄어드는 현상을 보였다. 미국 역사 시작 이후 19년 단위로 계산해서 13번째 세대를 서틴 제너레이션Thirteenth Generation이라고 불렀다. 그러나 이 용어는 미국 현실에 기반해서 나왔으므로 여기서는 일반적으로 많이 사용하는 X 세대를 사용했다.
** 원저에는 밀레니얼 세대의 시작 시점은 있지만 종료 시점은 없다. 일반적으로 사용하는 연도를 대신 넣었다.
52 〈밀레니얼 세대〉, 한경 경제용어사전, 한국경제신문/한경닷컴. 〈http://dic.hankyung.com/apps/economy.view?seq=12405〉

가 도입되고 있다. 1년마다 진행하는 하향식 평가 대신 지속적인 피드백을 고려한 평가로 바꾸기도 하고, 다양한 자기계발 기회를 제공하기 위해 소셜 학습을 장려하기도 한다. 차세대 리더 육성을 위해 밀레니얼 세대에 적합한 리더십 교육을 만들기도 하고, 기존의 수직적인 의사소통 구조를 수평으로 혁신하기 위해 직급별 호칭을 없애고 영어 이름을 사용하거나 직급 단계를 축소하기도 한다.

새로운 세대가 들어오고 다양한 제도를 도입하는 과정에서 조직문화는 기존과 다르게 바뀔 것이다. 이 과정에서 밀레니얼 세대의 성향만을 고려한 조직문화로 흘러갈 우려가 있다. 당연히 조직에 맞는 조직문화를 구축해야 하지만 잘못해서 밀레니얼 세대만을 만족시키는 조직문화를 구축할 수 있다. 조직문화는 조직의 미션을 달성하기 위해 구축하는 것이 기본임을 잊지 말아야 한다. 미션과 핵심 가치의 체계, 리더십과 제도 등의 운영, 개인의 인식과 경험 등 다양한 요소에서 구성원끼리 영향을 주고받는다.

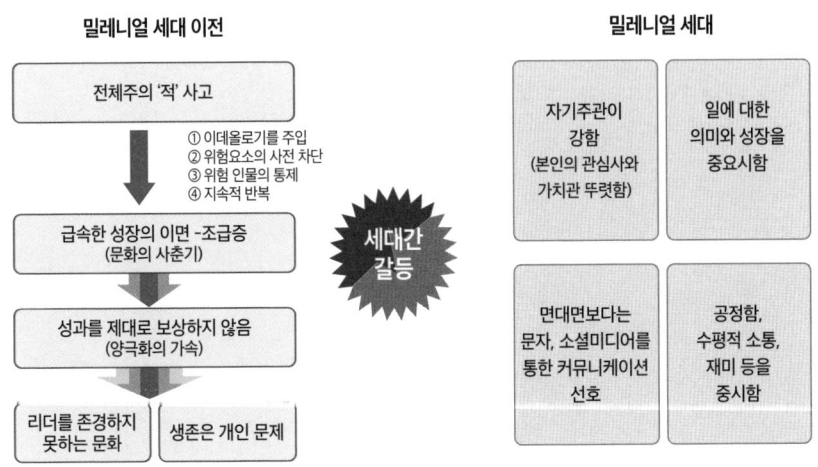

Chapter 2

수평적 조직으로의 전환이
어려운 이유

우리가 바꾸고 싶어한다고 해서 문화는 변하지 않는다.
조직이 바뀌어야 문화가 바뀐다.

- 프랜시스 헤셀바인 -

현실의 수직적 구조 VS. 이상향 수평적 구조

대부분의 사람은 '회사의 조직문화를 좋다거나 나쁘다'라고 평가한다. 하지만 조직문화에는 좋고 나쁨이 없다. 현재 회사가 달성하고자 하는 사명에 조직문화가 얼마나 적합한지 그렇지 않은지로 판단할 수 있을 뿐이다. 존재하는 회사의 모든 문화는 각각 만들어진 이유가 있고 지금까지 존재해야만 했던 필요성도 있다. 단순히 마음에 들지 않는다고 없앨 수 있는 물건 같은 것이 아니다. 따라서 문화를 좋은 것과 나쁜 것으로 바라볼 것이 아니라, 현재 회사 사명, 비전, 전략에 적합한지 적합하지 않은지로 바라보아야 한다. 또한 당장 조직에 알맞지 않다고 해서 반드시 없어져야 하는 것도 아니다. 지금은 맞지 않지만, 다른 시대와 공간 속에서 조건이 달라지면 맞을 수 있기 때문이다. 특정 문화에 대해 '왜 이런 문화가 생겼을까?' 하는 의구심과 함께 그것을 파헤쳐 보려는 호기심도 필요하다.

수직적 구조 VS.
수평적 구조

요즘 트렌드는 수평적 문화이다. 그래서인지 많은 곳에서 수직적 조직을 수평적 조직으로 바꾸고 직급 체계를 손보기도 한다. 호칭도 없애고 회의 문화도 바꾸고 공간도 새롭게 구성한다. 수평적 문화를 시대의 흐름으로 받아들이더라도 수직적 문화를 없애야 할 적폐로 인식하는 것은 지양해야 한다. 따라서 두 문화를 균형 있는 시각으로 바라볼 필요가 있다.

수직적 조직 구조와 문화는 역사적으로 살펴보더라도 수천 년을 이어왔다. 오늘날 정부나 군대와 같은 조직에서 운영되는 체계이다. 요즘 트렌드가 아니라는 이유로 배척받을 체계가 아니다. 사실 시장 환경에 신속히 대응하기 위해 수평적 구조와 문화를 도입해야 한다고 하지만 다수의 알려진 사례가 있을 뿐 일반적으로 그것이 얼마나 효과적이었는지에 관한 구체적인 연구는 별로 없다.

절대적으로 우위에 있는 구조는 없다. 조직의 특성에 맞느냐 맞지 않느냐를 보는 것이 더 중요하다. 모든 제도에는 장·단점이 있다. 장점은 목적 달성을 충족시킬 수 있도록 강화하고 단점은 안전장치로 보완한다. 수직적 구조의 단점에 대해, 안전장치를 확실하게 운영하지 못해 발생한 이슈를 부각해서 문제인 양 확대하여 해석하고 수평적 구조로 전환해야 한다고 주장하지 않도록 주의를 기울여야 한다. 수평적 조직이 그렇게 좋다면 왜 오늘날의 많은 조직이 여전히 수평적 조직으로 전환하지 않았겠는가?

'고객의 니즈에 효과적으로 대응하기 위해서, 유연하고 신속한 대응력을 상실한 전통적인 수직 조직에서 수평 조직으로 전환하는 것이 불가피하다.'라는 말이 있다. 어떻게 생각하는가? 우리는 수직 및 수평 조직에 대해 정확하게 알지 못하면서 종종 몇 가지 가정을 숨긴 채 대표적인 특징 1~2개로 이렇게 단정하듯이 말한다.

수직적 구조는 중앙 집권형으로 계층을 나누고 통제와 지시로 운영하는 방식이다. 잘 운영되면 통일된 정책을 펼칠 수 있고 위기 등에서 신속히 대응할 수 있지만 권위적이거나 관료적인 조직문화가 될 수 있다. 수평적 구조는 지방 분권형으로 생각하면 쉽다. 각 주체에게 권한을 위임하여 자율적으로 운영하게 하는 방식이다. 주체의 특수성을 고려할 수 있고 다양한 의견수렴이 가능하다. 그러나 기능이 중복되어 비효율적이거나 조직 전체 차원에서 부분 최적화 문제가 발생할 수 있다.

두 구조의 특징을 정리하면 다음 표와 같다. 교과서처럼 정리된 내용만으로는 수직적 구조의 진짜 문제가 무엇인지, 수평적 구조로 전환하는 것이 왜 어려운지 파악하기 어렵다. 특징, 장·단점, 성공 요건 등에 대해 지금부터 살펴보자.

구 분	수직적 구조	수평적 구조
적합한 환경	• 최고(Top) 리더의 경영역량이 뛰어날 때 • 실패가 큰 리스크인 업	• 급변하는 환경 • 제품 혹은 서비스가 다양할 때
지향성	안정성, 책임성	유연성, 창의성
운영상 특징	계층, 명령, 통일(획일) / 중앙 집권	전문성, 자율성, 다양성 / 지방 분권
장점	• 통일된 정책 수립 • 중복 기능 최소화(효율성) • 위기 시 신속한 대응	• 부문 내 신속한 의사 결정 • 부문의 특수성 반영(다양성) • 동기부여에 유리 • 다양한 의견 수렴 가능
단점	• 지배 영향이 큼(리더의 독단, 인재유출 시 공백) • 소수의견이 배제될 수 있음 • 무임승차자 발생 가능성	• 중복기능 발생 / 사각지대 • 부문 간 갈등 및 이기주의 발생 • 부분 최적화 • 의사전달 경로의 혼란
조직문화	관료적, 권위주의적 문화 가능성 큼	민주적 문화 조성에 유리
성공 요건	• 유능한 리더의 확보 • 인사제도의 객관성 / 동기부여 • 공식적인 소통 채널	• 전문성 갖춘 인재풀 확보 • 성과관리의 공정성, 투명성 • 효과적인 공유 체계

수직적 구조를 망치는
무능한 관리자 유형 3가지

수직적 구조에서 가장 아래는 신입 직원 내지는 역량이 부족한 사람이 배치되고, 위로 갈수록 관리 역량과 지식이나 경험이 있는 사람들을 배치한다. 아래 단계에서 발생하는 많은 구멍을 위로 올리면서 채우고 보완하는 구조이다. 단계(계층)를 거치면서 더 탄탄해진다. 능력 있는 사람을 위에 위치시킬수록 효과가 좋다.

하지만 이와 같은 구조에서는 위에서 지시하는 업무만 수행하면 큰 무리가 없으므로 수동적으로 되기 쉽다. 높은 위치에 올라가야 무언가를 할 수 있는 권한이 생기지 낮은 위치에서는 결정할 권한이 극히 제한된다.

부서장은 "쓸데없는 생각 말고 시키는 일이나 똑바로 해."라며 테두리를 벗어나는 것을 통제하고, "말로 하지 말고 문서로 남겨 공람 걸어."라며 성과를 만드는 일보다 타부서에 책임을 넘기는 방편을 우선시한다. 이런 경험이 쌓이면서 구성원은 수동적이 되고 조직에는 관료적이고 권위적인 문화가 자리 잡는다.

수동적인 태도는 스스로 전문성과 리더십을 개발할 동기를 감소시킨다. 권위는 전문성과 뛰어난 리더십에서 나와야 하는데, 그럴 환경이 되지 않다 보니 전문성이 채울 자리를 '짬밥(회사에서의 근무 연수)'과 '허세(예전에 내가 말이지)'가 차지한다. 리더십이 아랫사람을 몰아세우는 능력으로 대체된다. '승진할수록 무능해진다'는 이야기에는 이런 배경이 있다.

예전에는 좁은 공간에서 옹기종기 모여 일을 했고 회의공간도 많지 않았다. 사원이 보고하는 것을 과장이 지적하면 뒤에서 부장이 알 수 있었다. 업무 소통이 공개된 장소에서 단계적으로 이뤄졌다. 따라서 부장은 업무가 어떻게 진행되는지, 추가로 고려할 것이 무엇인지 생각할 시간을 가질 수 있었다. 과장이 강하게 나무라면 부장은 유하게 다독여 주는 방식으로 조율이 이루어졌다.

그런데 시스템이 발달하고 전자문서가 등장하면서 그럴 여지가 사라졌다. 이제 모든 것을 전자 결재 시스템으로 파악한다. 회의도 많아져서 빠른 의사 결정이 필요해졌다. 자신의 무능력이 쉽게 노출된다. 무능한 관리자는 대략 3가지 유형으로 정리할 수 있다.

첫째는 질투하는 유형이다.

부하 직원이 유능하면 자신이 무능력이 쉽게 드러나고 언젠가 자신의 자리를 차지할 수 있으므로 견제한다. 동료를 시켜 괴롭히거나 따돌리기도 한다. "미국에서 공부하면 다냐? 어디서 잘난 척하냐? 여기가 어디라고 끼

어드느냐? 그건 이미 생각했던 거고, 아직 현실을 잘 모르는 모양인데." 등의 말을 자주 사용한다.

둘째는 게으른 유형이다.

무임승차자로서 큰 욕심도 없고 일은 최소한만 하면서 자기 자리 유지가 중요한 부류이다. "예전에 내가 한창 일할 때는 말이야. 요즘 친구들은 자기밖에 몰라. 우리 때는 시키는 일뿐만 아니라 찾아서 했는데."라며 아무도 인정하지 않는 과거의 영웅담과 지금의 바람을 이야기한다.

셋째는 조폭형(꼰대형)이다.

업무에는 자신이 없어서 무엇보다 인간관계를 중요시한다. 회식이나 사적인 모임이 잦고 사석에서는 형−동생 관계를 유지하길 원한다. 과격한 발언과 행동으로 강한 남자 코스프레를 하지만 목소리를 높이는 만큼 불안감도 크다.

이런 무능한 관리자 때문에 수직적 구조의 단점이 많이 드러난다. 수천 년 이어온 피라미드가 구시대 유물인 것과 마찬가지이다. 과업을 피라미드 구조로 만든 것이 수직적 구조이지 인간관계를 계층으로 나누어 신분 계급을 만드는 것이 수직적 구조가 아니다. 피라미드 자체가 문제가 아니라 중간에 있는 무능한 리더가 문제이다. 또 이들이 그 자리를 차지하도록 내버려 둔 시스템과 안전장치 미비가 문제이다. 단점을 보완할 장치를 갖추지 않고 문제를 크게 부각해서 장점도 있는 제도를 배척하지 않도록 경계해야 한다.

수직적 구조의
핵심 성공 요인

수직적 구조에서의 첫째 성공요건은 올바르게 명령하고 통제할 수 있는 리더를 확보하는 일이다. 오랫동안 수직적 구조를 지속시키는 군대조직을 살펴보면 리더를 채용하고 육성하는 데 큰 노력을 기울이고 있다는 것을 알 수 있다. 군대는 일반적으로 사병, 부사관, 장교, 장성으로 구성된다. 장성이 되기 위해서는 우선 장교가 돼야 하며, 장교는 소대–중대–대대–연대 등 군대 단위 조직을 책임지는 리더이다. 단위 조직의 장으로서 리더 역할이 있어 부사관, 사병의 역할과 큰 차이가 있다. 장교는 사관학교와 같이 별도의 교육기관을 마련해서 엄격하게 선발하고 가르친다. 이렇게 육성된 장교의 명령에는 아무리 나이 많은 부사관이라고 하더라도 따라야 한다. 권한을 주기 때문이다.

또한 이런 장교 중에서 일부가 장성이 된다. 장성은 영어로 종합적인, 전반적이란 의미의 제너럴General로 군복에 붙어 있던 병과(주특기)를 떼고 전반적인 관리 업무를 맡는다. 어떤 일을 맡겨도 해내야 하는 책임을 진다. 장성을 별이라고도 한다. 달고 있는 계급장 때문이기도 하지만 장성이 되는 것이 하늘의 별 따기만큼 어렵기 때문이다.

군대라는 조직이 왜 이런 체계를 갖추게 됐는지를 주목할 필요가 있다. 군대는 리더의 중요성을 안다. 리더의 결정에 따라 적게는 수십 명에서 많게는 수만 명의 목숨이 왔다 갔다 한다. 그렇게 중요한 자리이기 때문에 신중에 신중을 거듭하면서 그 그릇만큼만 책임을 지는 체계를 만들어냈다. 수직적 조직에서는 이 메커니즘이 중요하다(대한민국 남자들은 군대를 경험해서 군대가 평범하게 다가오고 이런저런 안 좋은 시선들로 인해 군대를 깎아내리기도 한다. 정작 배워야 할 점은 배우지 않고 추억의 소재 정도로 생각한다).

리더를 관리하기 위해서는 인사 제도가 뒷받침되어야 한다. 조직에 필요한 역량을 도출해서 적합한 리더를 선발해야 한다. 리더를 교육하고 리더에게 동기를 부여하도록 인센티브 제도를 마련하고 경력 경로 설계를 지원하는 데 신경을 많이 써야 한다. 리더 끼리 교류하며 정보를 나누고 서로 자극을 줄 수 있는 공식적인 소통의 장을 만드는 것도 중요하다.

수직적 구조의 성패는 얼마나 많은 별(리더)을 만들어내느냐 혹은 만들어낼 수 있는 시스템을 갖추고 있느냐에 달렸다(본보기가 될 수 있는 리더 얼마나 많은가). 업무의 권한과 책임의 크기와 사람 그릇의 크기를 잘 맞추는 기능이 있어야 한다. 제 역할을 하는 사람을 위에 앉혀 놓지 않고서 피라미드 구조가 문제라고 이야기해서는 안 된다. 수직적 구조나 문화가 나쁘다고 이야기하기 전에 그것이 잘 돌아갈 수 있는 조건을 갖추고 있는지를 점검해보는 것이 순서이다.

과업을 피라미드 구조로 만든 것이 수직적 구조이지 인간관계를 계층으로 나누어 신분 계급을 만드는 것이 수직적 구조가 아니다. 피라미드 자체가 문제가 아니라 중간에 있는 무능한 리더가 문제이다. 또 이들이 그 자리를 차지하도록 내버려 둔 시스템과 안전장치 미비가 문제이다. 단점을 보완할 장치를 갖추지 않고 문제를 크게 부각해서 장점도 있는 제도를 배척하지 않도록 경계해야 한다.

수평적 조직 구축의
실패 요인

고객의 니즈에 신속하게 대응하기 위해 수평적 구조로 전환하고자 하는 조직은 많아졌지만 그 조직에 알맞게 자리 잡은 경우는 많지 않다. 업의 특성에도 맞는 것 같아 보고 체계와 직급 체계를 간소화하고 공간 구성도 바꾸었는데 생각만큼 돌아가지 않는다고 한다. 이는 수평적 구조의 특성을 파악하지 못했기 때문이다. 수평적 구조는 전문성을 가진 구성원들을 전제로 한다. 구성원들은 주어진 일을 본인이 책임져야 한다. 조직 구조상 관리자는 전반적인 사항을 지원하거나 코칭할 뿐이다. 과장, 부장이 모자란 부분을 채워주지 않는다. 과장, 부장은 관리 부분에서 영향을 미칠 뿐이지 전문 분야에서는 말하지 못한다. 본인의 역량으로 부족한 부분을 채워야 하므로 개인의 전문성이 특징이 된다.

'아마추어 기사 1단 10명을 모아도 프로기사 9단 1명을 이기지 못한다'는 말이 있다. 실력이 없는 사람들끼리 모인 집단에서 계급장 떼고 자기 실력을 발휘하라고 구조를 바꿔놓으면 자신의 실력이 드러나지 않기 위해 가면을 쓰는 행동만 증가한다. 비슷한(낮은) 수준의 사람이 모여 몇 시간 동안 토론해보았자 기대할 게 별로 없었던 워크숍을 경험해보지 않았는가? 수평적 구조의 성공은 전문가를 얼마나 확보하고 있느냐에 달려 있다. 고도로 전문화된 전문가가 많을수록 수평적 조직으로의 전환이 쉽다.

전문 분야를 가진 전문가에게 특정 과제를 수행할 수 있는 책임과 권한을 주고, 다양한 자원, 지식, 정보를 공유하게 해주는 것이 수평적 조직이 움직이는 순서다(전문성 ⇨ 자율성 ⇨ 네트워킹). 전문성을 위해 조직은 전문가를 쉽게 받아들일 수 있는 개방적 인사(급여 체계)와 교육 체계를 갖추어야 한다. 획일적인 집단 교육이 아니라 전문 분야에 최적화된 교육이어야 한다. 자율성을 위해서는 구성원들끼리 쉽게 접근하도록 직급과 호칭을 유연하게 만든다. 자율적으로 수행한 결과에 대한 책임 여부를 따지려면 성과 관리 체계의 공정성과 투명성을 유지해야 한다.

각자 자율적으로 근무하므로 서로가 일하는 과정과 내용을 공유할 수 있는 제도(회의, 공유 게시판, 함께 일하는 시간 등) 마련, 보고 체계의 간소화, 함께 이야기 나눌 공간 설계가 네트워킹 단계에서 중요하다. 이 순서를 모르는 조직은 거꾸로 적용한다. 그러니까 운동장은 이미 만들었는데 그 운동장에서 놀 사람이 없다. 이것이 수평적 조직으로 변화하는 데 실패하는 가장 큰 원인이다.

전문성을 확보하지 않고 진행한 수평적 조직의 문제점을 살펴보자. 보고 체계 간소화를 하여 보고 단계를 없앴다. 보고가 신속해질 것으로 기대했지만 대리, 과장, 부장 등이 걸러주지 않아 보고의 수준은 형편 없다. 이것저것 물어보아야 해서 검토 시간도 많이 소요된다. 보고 주체에게 보고가 필요할 때 하도록 했더니 사람마다 보고 주기가 달라 책임자는 정신이 없다.

직급 체계를 간소화해 자율성을 부여했다. 수직적 조직에서 지시에 익숙해 있던 수동적인 구성원이 갑자기 능동적으로 변해 알아서 일을 찾아서 하지는 않는다. 통제와 감시가 사라졌다고 하면서 자신만의 자유를 누린다. 직급에 따른 호칭을 폐지해 평등사회를 구현했지만 장長'을 빼앗긴 사람은 사기가 저하된다. 완장이 주는 책임감에 이것저것 챙기기도 했는데 이제는 자기 일만 신경 쓴다. 사무공간도 개선하여 지정 좌석제에서 자율 좌석제로 바꾸고 회의공간도 많이 만들었지만, 구성원들이 언제 출근했는지 어디서 무엇을 하고 있는지 알 길이 없다. 대부분은 예전과 같이 정시에 출근하고 앉던 곳에 앉긴 하지만 일부 직원은 얼굴 보기가 어렵다. 이러한 문제는 성과관리 체계 등이 미흡해 발생한 것도 있지만 근본적 이유는 주체의 전문성 부족이다.

수직적 조직과 수평적 조직은 전략적 차원의 문제

자율성을 준다고 전문성이 생기지 않는다. 반대로 전문성이 있는데 자율성을 주지 않으면 전문성이 발휘되지 않는다. 전문성과 자율성이 주어진 가운데 네트워킹이 있어야 의미 있는 공유와 창조적 발상이 나오는 것이지 전문성과 자율성 없는 네트워킹은 불필요한 회의와 소문만 양산할 뿐이다. 수평적 조직에서는 조정과 균형의 역할이 어렵다. 분산화가 되면 부분 최적화가 될 가능성을 항상 염두에 두어야 한다. 지방 분권이더라도 중앙 정부에서 일정 역할을 해주어야 하는 것과 같은 이치다. 조직의 핵심 가치, 경영 철학, 기본방침 등을 공유하고 전사 차원의 전략을 실행하며 중복 기능을 조정하고 지휘해야 한다.

수평적 구조는 빠른 의사 결정을 통해 시장 변화에 빠르게 대응한다는 장점이 있다. 정보를 독점하지 않고 공유해 정보의 가치를 극대화하고 자율적인 업무환경에서 적극적으로 업무를 수행하도록 한다. 하지만 '그렇게 좋은 수평적 조직이 아직 많지 않다'는 것은 수평적 조직으로의 전환 과정이 그만큼 어렵다는 의미이다. 앞서 이야기한 것처럼 단계마다 고려할 요소도 많다. 조직이 그걸 연구하지 않고 구조 변화를 진행한다면 백전백패다. 바꿔야 한다면 전략적으로 접근하길 바란다.

사실 수직이니 수평이니, 특정 방식이 우월하다고 이야기하는 것은 의미가 없다. 업에 따라 수직적 구조가 바람직한 곳이 있고 수평적 구조가 바람직한 곳이 있다. 혹자는 제조업은 수직적 구조가, 서비스업은 수평적 구조가 바람직하다고 예를 든다. 하지만 수직적 구조를 기반으로 한 곳에서도 수평적 구조가 필요한 부분이 있고 수평적 구조가 기반인 곳에서도 수직적 구조가 필요한 부분이 있다.

군대 같은 조직에서도 혁신이 필요하다면 수평적 구조의 태스크 포스Task Force를 만들어 운영할 필요가 있다. 디자인업과 같은 수평적 구조의 조직에서도 재무 등과 같은 관리적인 측면에는 수직적 구조가 낫다. 수직과 수평의 문제보다는 해당 업에 어떤 것이 적합한지, 문제점을 어떻게 보완할 것인지, 어떻게 조화시키고 효과적으로 운용할 것인지가 더 중요하다. 이를 위해서는 각 제도의 특성을 확실하게 이해하는 것이 먼저이다.

Chapter 3

주인의식의
진정한 의미

구성원 참여는 문화에서 비롯된 것이고 다른 방향에서 발생하지 않는다.
- 모에 캐릭, 캐미 더너웨이 -

주인의식이라는 말에는
정작 주인이 없다

핵심 가치 속에서 혹은 최고 경영자의 입에서 많이 듣는 단어 중 하나가 주인의식이다. 그런데 주인의식이라는 단어처럼 무책임하게 남용되는 말은 없다. 누가 어떤 목적으로 사용하느냐에 따라 비겁한 말, 착취의 말, 혼란을 가져오는 말이 된다. 조직 입장에서 주인의식은 크게 3가지 유형으로 분류해볼 수 있다.

첫째, 노예를 원하는 주인 유형의 주인의식이다.

밤늦게까지 열심히 일하는 모습, 사장님의 말씀을 머릿속에 새겨놓고 자기 이야기인 양 말하는 모습, 사장님의 말씀에 절대 충성하는 모습, 조직에 무슨 일이 발생하면 무엇보다 우선시하는 모습 등을 주인의식으로 인식한다. 그런데 이건 주인보다는 노예의 모습에 가깝지 않은가? 형식은 주인의식이라고 했지만, 실질은 노예 의식이다.

직급에 상관없이 전 직원을 강제로 모아 매일 30분씩 회사 구석구석을 청소시키면서 본인이 일하는 장소와 환경을 청소하는 과정에서 주인의식이 형성된다고 강조하는 조직이 있다. 본인도 쓰기 쉽지 않은 조직의 서비스나 상품을 사돈의 팔촌까지 구매하지 않으면 주인의식이 없는 것처럼 분위기를 조성하고 실적 관리하는 조직, 조직의 비품을 자기 것처럼 아껴 쓰고 전등도 끄고 다니라고 하면서 대표 본인의 보수만 인상해서 챙기는 조직도 있다. 부서나 개인 간 업무로 다툼이 있을 때 적절하게 조정해주지도 않으면서 말로만 주인의식을 운운하는 조직, 직원이 조직의 사소한 의사 결정에도 참여할 기회가 없고 지시에만 따라야 하는 조직이 있다.

이런 조직에서 주인의식이란 직원을 부려먹기 위한 선동용 단어일 뿐이다. 주인 관점에서 바람을 담은 말이다. 이런 조직의 주인의식은 절대 주인을 만들지 않는다. 더 강한 노예를 만든다. 다른 곳으로 도망가지 못하게 만든다. 하지만 대부분 깨닫지 못하다가 정년이 되어서야 자신이 노예의 삶을 살았음을 깨닫는다.

개인 차원에서도 조직의 목적을 착각하면 안 된다. 조직은 목표를 달성하기 위해 모인 시스템이지 동호회나 친목 단체가 아니다. 조직에 충성하면 딴짓하지 않고 업무에 몰두하기 때문에 성과가 좋을 것이라는 가정이 있으므로 조직을 위해서 일해야 조직이 좋아한다. 그렇지만 성과가 나지 않으면, 즉 조직에 이바지하지 못하면 나가야 한다. 이것이 조직의 밑바탕에 있는 조직 심리다. 과거에 조직을 위해 나의 모든 것을 쏟아 부었는데 지금에 와서 조직이 나를 헌신짝 버리듯 한다고 하소연하기도 하는데 그건 개인이 회사를 대하는 애정의 문제일 뿐이다.

조직 차원에서는 일한 만큼 이미 보상해주었다고 생각한다. 다만 개인 스스로가 자기 삶에 대한 애정을 포기하고 조직에 충성했을 뿐이다. 개인은 조직의 말뜻을 정확하게 이해하고 현명하게 대처해야 한다. 조직에서는 어설프게 주인의식이라는 말을 사용하지 말아야 한다. 책임 의식, 헌신, 몰입 등의 바람을 보다 명확하게 해주어야 한다.

둘째, 희망 고문을 하는 조직의 주인의식이다.

진짜 주인이 되어야 한다는 생각에서 스톡옵션이나 주식을 준다. '동반 성장한다'는 의미는 있지만 진짜 주인이라고 느낄 수 있는 지분 규모를 가질 수 있는 대상은 극히 일부이다. 초창기 창업을 이끌었던 사람이나 영입된 C-레벨 수준에나 해당하는 말이다. 구성원 처지에서는 집을 살 때 처분해 목돈을 마련할 수 있는 주택자금 지원이나 퇴직금 정도로 인식된다.

우리사주라는 명목으로 구성원들의 희생을 강요하는 조직도 있다. 이때는 '팔지도 못할 주식을 주지 말고 차라리 복리후생 제도나 처우를 개선해주었으면 좋겠다'는 불평이 나오기도 한다. 주인은 아닌데 주인이라고 생각하라고 하면서 또 다른 희생을 요구한다. 미래의 희망을 위해 지금 희생이 필요하다는 논리이다. 우리사주나 스톡옵션이 나쁘다는 이야기가 아니다. 조직과 개인의 목표를 일치시키는 측면에서 좋은 제도임에는 분명하다. 하지만 조직은 그것만으로 돌아가지 않는다. '게다가 주식까지 나눠준다.'와 '주식만 준다.'라는 차이가 있다.

셋째, 삶의 주인이 되는 경험을 주는 조직의 주인의식이다.

만수르Mansour Bin Zayed Bin Sultan Al Nahyan처럼 부자로 살아본 적이 없는데

부자처럼 생각하고 행동하라고 하면 잘살 수 있을까? 꼭 살아보지 않았더라도 부자라고 상상해서 흉내 내면서 살 수 있을지도 모른다. 하지만 상상도 어느 정도 개념이 정립되어야 바른 상상을 할 수 있다. 주인으로 살아본적 없는 사람들에게 주인처럼 생각하고 생활하라고 하면 사람마다 주인에 대해 다른 상상을 하고 다른 행동방식을 보일 수밖에 없다. 회삿돈을 자기돈인 양 막 쓰는 사람이 있는가 하면, 부하가 머슴인 양 권력을 마구 휘두르는 사람도 있다. 업체에 갑질을 하는 것이 주인인 양 착각하는 몰지각한사람도 있다.

구성원 각자가
자신의 삶에 주인 되기

주인의식에서 주인은 무엇에 대한 주인을 말하는 것일까? 조직의 주인으로 해석할 수도 있지만, 삶의 주인으로 해석할 수도 있다. 자기 삶의 주인이 되어야 자기가 하는 일에 대해서도 주인으로서 일할 수 있기에 조직의 주인보다 삶의 주인이 더 앞서야 한다. 좋은 조직은 주인의식을 강조하기 이전에 삶의 주인이 되는 경험을 많이 하도록 제도를 설계하고 운영한다. 그런 경험이 축적되면서 주도적으로 일하게 되는데 이것이 다른 사람 눈에는 주인의식처럼 보인다. 대부분 조직은 주인의식을 가지라고 말만 한다.

비용의 예를 들어보겠다. 모든 지출 비용을 부서장이 승인하고 재무부서에서 재검토하는 조직은 모든 직원이 비리를 저지를 수 있거나 실수할 수 있다는 가정에 있다. 시스템과 사람에 대한 불신이 밑바탕에 깔려 있는 것이다. 여기에는 사고를 미리 방지할 수 있다는 장점이 있지만, 관리 비용이 많이 든다. 마치 노예를 감시하는 관리직 노동자를 많이 필요로 하는 것과 같다. 문제가 생기면 책임을 돌리기 바쁘고 공범을 만들기 위해 결재선이 길고 복잡하다.

반면에 비용 지출에 대해 크게 관여하지 않는 조직이 있다. 구성원 각자가 알아서 쓰고 책임을 진다. 결재선도 짧다. 간혹 시스템에서 이상한 값이 나오면 관리부서에서 샘플로 검증을 하긴 하지만 전반적으로 통제가 없고 관리비용이 적다. 구성원들을 믿고 맡겨 둔다. 혹시 문제가 생기면 소명하고 책임질 부분은 책임지게 한다. 전자와 같은 조직에서는 구성원이 주인으로서 경험을 하지 못하지만, 후자의 조직에서는 주인이 된 경험을 할 수 있다.

출·퇴근 시간 관리, 휴가 일정 통제, 성과 목표 할당, 일방적인 업무 지시와 회의 등 조직 내부에서는 알게 모르게 주도적으로 판단, 결정, 실행, 책임질 기회를 무시한다. 수동적인 경험이 많으므로 이런 조직에서는 결코 주인의식이 있을 수 없다. 구성원들만 괴롭히고 미안해하지 않아도 되는 일에 미안한 감정을 생기도록 할 뿐이다.

실제 주인의식이 있다고 인정할 수 있는 조직은 출·퇴근 시간, 비용을 쓰는 것, 휴가 가는 것, 자리 앉는 것(자율 좌석제일 때 자리 선택하는 것), 회의에서 의견을 내는 것 등에서 조직이 제시한 규정을 벗어나지 않는 선에서 자유롭게 판단하고 결정한다. 성과 목표는 상의해 의견이 반영되도록 한다. 사소한 것부터 알아서 하는 경험을 많이 준다. 실패를 용인하는 것도 주요한 특징이다. 실패도 책임을 져야 하는 데 실패를 용인하지 않으면 일을 주도적으로 하지 않기 때문이다. 주인이 되는 삶을 단순하게 보면 다음 4가지 타입으로 구분할 수 있다.

A. 자기 삶의 주인으로 살아가는 사람

B. 아직 자기 삶의 주인은 아니지만, 그것을 추구하는 사람

C. 자기 삶의 주인은 아니지만 포기하고 사는 사람

D. 고민 없이 그냥 사는 사람

A와 B 타입의 구성원이 많은 조직의 최고 경영자나 리더에게 주인의식에 관해 물어보면 "자기들이 알아서 하는 거지."라고 흔히 말한다. C와 D 타입의 구성원이 많은 조직은 "주인의식을 가졌으면 좋겠다."라고 말한다. 후자의 조직은 비전과 목표를 공유하고자 하고 월급쟁이 마인드를 버리라고 이야기하지만 이러한 이야기는 잘 수용되지 않는다.

"스스로 가치평가를 할 수 있는 자, 자기 극복을 통해 삶을 조형하려는 강한 의지의 소유자, 많은 욕구가 대립하는 내적 긴장을 제어하고 자기 극복 및 자기 지배를 할 수 있는 자, 자신과 다른 유형을 구별하는 거리를 둘 줄 하는 파토스의 소유자. 이런 존재는 자기 긍정과 자기 가치의 느낌을 새로운 선의 내용으로 제시할 수 있는 자."[53]

53   니체 지음, 백승영 해제, 《도덕의 계보》, 서울대학교 철학사상연구소, 2005. 48쪽.

이는 니체가《도덕의 계보》에서 주인의식을 가진 존재를 설명한 내용이다. 주인, 주인의식이란 그만큼 쉽지 않은 말이다. 주인의식이라고 말하기 전에 리더 스스로가 자기 삶을 주인으로 살아가는 모습을 보여줄 수 있어야 한다. 그래야지 따르는 이에게 떳떳하게 나처럼 행동하라고 말할 수 있다. 본인은 삶의 노예처럼 사는 모습을 보여주면서, 속마음은 구성원들이 자신의 노예이기를 바라면서 현혹하는 말로 주인의식을 가지라고 말하지 않았으면 한다.

'말하지 않아도 스스로 찾아서 했으면 좋겠다.'라고 생각한다면 조직 생활 속에서 그 경험을 할 수 있도록 운영해야 한다. 그런 다음에야 주인의식을 말할 자격이 있다. 구성원은 본인 스스로가 삶의 주인으로 살고 있는가를 냉철하게 생각해 본 후, 자신이 몸담은 조직이 자신이 삶의 주인으로 살아가기에 맞는 곳인가를 살펴볼 필요가 있다. 다음과 같은 질문으로 요약된다.

'주인의 모습은 무엇일까? 나는 내 삶의 주인인가? 주인으로 살고 있는가?'

Chapter 4

제대로 말하지 않고
올바르게 알아듣길 바라는가

최고의 문화를 만드는 비기(祕器, 비밀무기)는
마음을 열고 정직하게 피드백하는 것이다.
- 지나 라우 -

개떡같이 말하면
당연히 개떡 밖에 안 된다

1990년, 미국 스탠퍼드대학교의 심리학 전공 대학원생이던 엘리자베스 뉴턴 Elizabeth Newton은 간단한 실험을 했다.[54] 유행가의 리듬만 듣고 노래 제목을 맞추는 게임 같은 실험이었다. A 그룹은 노래를 듣고 그 리듬을 손가락으로 책상을 두드려서 문제를 내면 B 그룹은 리듬을 듣고서 노래 제목을 맞추는 미션이었다. 여기서 노래는 A 그룹과 B 그룹 모두 알 수 있는 유명한 노래였다.

---

54 이한영, 《너 이런 경제법칙 알아?》, 21세기북스, 2016, 268쪽.

B 그룹은 얼마나 맞추었을까? 평균적으로 2.5%를 맞춘다고 한다. 120곡으로 실험을 했는데 3곡을 맞추었다. A 그룹에 "B 그룹이 얼마나 맞출 수 있을 것 같으냐?" 물었더니 "50%의 노래는 맞출 것"이라고 예상했다고 한다.

이처럼 내가 알면 남도 알고 있을 것으로 생각하는 현상을 '지식의 저주'라고 부른다. 의사소통의 문제를 설명하면서 자주 언급되는 개념이다. 이러한 현상은 우리 주변에서도 쉽게 목격할 수 있다. 학교에서 교수나 선생님이 '이 정도야 충분히 알고 있겠지.'라고 생각하고 진도를 빠르게 나가면 학생은 쫓아가기에 급급하다가 일부는 흥미를 잃으면서 포기한다. 아주 우수한 학생 1~2명은(한 반에 40명 기준으로 2.5%를 가정하면 1명) 알아들을 수도 있다. 간혹 평론가들이 좋은 점수를 준 작품이 재미가 없을 때도 있다. 평론가들이 자신의 기준과 시각으로 분석하다 보니 자기 지식의 틀에 갇혀 벌어진 현상으로 이것도 지식의 저주로 볼 수 있다.

조직에서도 자주 경험할 수 있다. "이보게, 이걸 보고서라고 써 왔나? 왜 이렇게 말귀를 못 알아듣나? 척하면 척, 손발이 맞아야지. 개떡같이 말해도 찰떡같이 알아들어야지. 이렇게 센스가 없어서야 어디 직장 생활 하겠어?" 직장인이라면 한 번쯤은 들어봤을 말들이다. 상사는 자신의 머릿속에 든 생각을 말해주었다고 착각하지만, 부하 직원은 알아듣지 못해 문제가 발생했다. 이는 부하 직원의 업무역량이 부족해서 발생한 일일 수도 있지만, 커뮤니케이션 문제일 수 있다.

이런 일이 반복되다 보면 상위 리더는 '저 친구는 말귀를 못 알아듣는 형편없는 친구야. 무식한 놈.'이라고 생각하고, 부하 직원은 '자기는 태어날 때부터 개구리였나! 개구리 올챙이 적 생각 못 하고.'라고 생각하면서 서로 신뢰가 깨진다. 업무도 잘 안 되고 상호관계도 나빠진다. 이것도 잘못된 커뮤니케이션으로 인한 지식의 저주이다.

무언가를 알고 있는 것과 그것을 전달하는 것은 아주 다른 일이다. 전달하는 방식을 몰라서, 올바른 방식을 배운 적이 없어서 소통 장애인 사람이 매우 많다. 조직 내에서 이 부분을 해결하지 않으면 사명을 분석하고 핵심 경쟁력과 가치관을 만들어 갖은 제도와 이벤트를 실행해봤자 아무 소용이 없다. 오히려 그런 활동이 구성원 간의 관계를 더욱 안 좋게 만들고, 제도 자체도 목적한 바를 달성하기 어렵게 만들 수 있다.

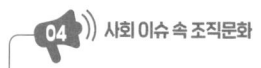

제대로 커뮤니케이션을
하는 법을 알고 있는가

조직문화 설계에서 올바른 커뮤니케이션 구축을 인프라 구축(기반 마련)에 비유하는 것도 이 때문이다. 조직문화는 무형으로 회의, 공간배치, 성과급, 채용, 호칭 등의 형태로 사람과 사람 사이에 전달되면서 학습되며 축적된다. 이런 전달 메커니즘을 이해하고 설계하는 데 다양한 채널을 이용한다. 문화는 관계로 이루어지고 관계는 커뮤니케이션에서 이루어진다. 커뮤니케이션은 조직문화의 통신망으로서 중요하다. 하지만 실상 우리는 조직 내에서 올바르게 방법을 배운 적이 없다. 잘 모르는 선배에게서 잘 모르는 것을 그냥 이어받았을 뿐이다.

커뮤니케이션은 메시지가 전달되는 과정으로 주는 자$_{Giver}$-매개체$_{Medium}$-받는 자$_{Taker}$로 구성된다. 주는 자는 연극 연출가, 건축 설계자, 디자이너, 플래너의 역할을 맡는다. 이들은 받는 자의 수준을 생각해서 메시지를 정의하고 효과적인 전달 장치를 설계하며 수신자로부터 회신을 챙겨야 한다. 주는 자는 이 사이클을 설계할 책임이 있다. 많이 아는 것과 전달하는 것은 별개의 문제라고 한다. 많이 아는 것은 업무와 관계된 것이고 전달하는 것은 위의 사이클을 설계하는 것이기 때문이다.

매개체는 전달하기 위한 형식, 즉 수단이다. 무형의 내용을 전달하기 때문에 그것을 담는 그릇이 중요하다. 정확한 전달을 위해서는 손짓보다는 말이 낫고 말보다는 글이 나으며 글보다는 말과 글을 함께 전달하는 편이 훨씬 효과적이다. 약어를 사용하는 것보다는 본말을 사용하고 추상적인 단어보다는 구체적인 사례나 단어를 사용한다. 만나서 이야기할 사항인지, 문서로 보낼 것인지, 메신저나 전화로 해야 하는지 등 채널도 고려해야 한다.

가끔 인트라넷을 켜면 소식을 전달하는 팝업이 마구 뜬다. 이는 매개체에 대한 조직의 원칙이 마련되어 있지 않아서이다. 폭탄 던지듯 내보내는 팝업이나 메시지는 스팸메일과 같다. 스팸메일은 가치 없는 것으로 인식되어 누구나 열어보지도 않고 휴지통으로 보낸다. 읽어볼 생각조차 하지 않고 버린다. 사내 전달 사항을 확인할 때 "인트라넷에 공지했습니다."라고 대답하는 구성원이 있다면 그 방식이 맞는지 함께 생각해보길 권한다.

받는 자는 수신 여부를 알려줄 의무가 있다. 무선 통신에서 마지막에 "오버Over"라고 말하는 것처럼 말이다. 수신자가 제때 회신하지 않는 메일은(대화하면서 고개를 끄덕이거나 추임새를 넣는 것도 포함) 발신자가 스팸메일을 보낸 결과와 같다. 받는 자의 기본적인 의무는 메시지에 동의하든지 동의하지 않든지 신속한 회신이다.

어떤 보직자들은 바쁘다는 이유로 조직에서 보낸 문서와 메시지를 보지 않고 있다가 나중에 문제가 발생하면 알려주지 않았다고 남 탓을 하거나 보지 않았다고 종종 발뺌한다(특히 대학병원에서 빈번하게 그러하다). 개인의 메시지는 안 받아도 그만이지만 공적인 메시지는 확인해야 한다. 그런 기본적인 의무조차 하지 않는 사람은 그 자리에 앉을 자격이 없다. 조직문화의 근간을 흔드는 일이기 때문이다.

정리하면 이렇다. 커뮤니케이션이 중요하다고 생각하지만 정작 이에 대해 신경 쓰고 확실하게 배워본 적도 없다. 그래서 개떡같이 말하면 찰떡같이 알아듣길 바라고, 알아듣지 못하면 그 사람을 무식한 사람인 양 바라본다. 말하는 사람과 듣는 사람 사이의 신뢰가 깨지면서 부정적인 감정이 형성되고 이것이 심해지면 정상적인 소통을 막는다. 여기서 찰떡을 기대하기 이전에 개떡이 아닌 찰떡을 이야기할 줄 알아야 하는 것이 조직 내 커뮤니케이션의 시작이다. 기술이 발전하면서 다양한 커뮤니케이션 수단이 도입되었는데, 어떤 수단을 쓸 때 목적과 용도가 불분명하면 혼선만 생기고 구성원을 피곤하게 한다.

'말보다 글이 강하다'는 것을
증명한 사례

안 되는 조직의 특징 중 하나는 말이 아예 없든
지, 아니면 말이 매우 많다. 특히 주인이 없는 조직에서는 말이 넘친다. 그
말은 회사에 대한 불만이거나 개인이나 특정 부서를 험담하는 것이 대다수
이다. 병원 조직이 대표적이다.

병원은 의사, 간호사, 병리사 등 자격증을 가진 직종이 많으므로 기존의
계층 간 소통 장애뿐 아니라 직종 간 소통 장애도 심한 편이다. 회의를 관
찰해보면 의사인 보직자는 진료하다가 회의 시간이 임박해서야 회의실에
입장해 자기만의 관점에서 자기 진료과에 해당하는 문제점만 두서없이 나
열한다. 주로 자기 진료과는 특수해서 특별한 지원이 필요한데 그런 지원
이 없어서 열심히 하기 어렵다는 내용이다. 다른 지원 부서는 별로 신경 쓰

지 않는다. 간호사, 행정직과 같은 의사직 이외의 직종은 물어보는 말에 대답하는 정도이다. 그렇지만 뒤에서는 한이 맺힌 듯 불만을 털어놓는다.

A 병원은 일반적인 병원보다도 더 심각했다. 20년간 적자가 누적되어 인력 구조 조정을 겪은 지 얼마 되지 않았다. 그러다 보니 구성원들의 사기는 떨어질 대로 떨어져서 무언가를 해야 한다는 의지가 없었다. 또 일하면서 보고 느끼는 문제점은 있었지만 그걸 공론화해 이야기하지 못했다. 불만은 뒤에서 이야기했고 그중 일부는 뜬소문으로 확대 재생산되었다.

A 병원이 위기극복을 위해 첫 번째로 커뮤니케이션 채널을 다시 만들었다. 직종의 모든 리더를 동시에 한 장소에 모아놓고는 말은 시키지 않고 종이를 나누어준 뒤 적고 읽게만 했다. 첫 번째 시간에는 문제점만 적고 그것을 40여 명 되는 리더들이 돌려가면서 읽었다.

두 번째 시간에는 각자가 생각하는 문제점의 원인을 적고 돌려가면서 읽었다. 세 번째 시간에는 대안을 적고 돌려서 읽었다. 마지막에는 나온 대안을 모두 나열한 뒤, 거수로 우선순위를 정했다.

많은 조직에서 회의를 통해 집단지성을 발휘한다고 하지만 실상 그만큼 효과를 거두지 못한다. 주는 자가 메시지를 명확하게 정의하지 않은 채 머릿속 생각을 그대로 뱉으려고 한다. 말에 감정을 싣기 때문에 메시지가 효과적으로 전달되지 못한다. 말만이 효과적인 커뮤니케이션 수단은 아니다. 글도 효과적인 수단이 될 수 있다.

글을 쓰기 위해서는 머릿속 생각을 논리적으로 정리해야 한다. 글 속에는 말만큼 감정을 담기 쉽지 않다. 글은 종이에 남기 때문에 메시지가 날아가지 않고 책임질 수 있는 말 중심으로 구성된다.

A 병원에서는 쓰고 읽고 하면서 시간은 오래 걸렸지만 40여 명 참가자가 서로 무슨 생각을 하는지 알 수 있었다. 문제의 원인을 읽으면서 문제가 상호 연관되어 있다는 것도 알게 되었고, 자연스럽게 과제의 우선순위도 결정할 수 있었다.

A 병원은 이후에도 이 방법을 사용했다. 롤링페이퍼처럼 부서 이름이 적힌 종이를 다른 부서에 돌려 그 부서에 바라는 점을 적었다. 예를 들면 총무부에는 '담당자들이 무슨 일을 하는지 잘 모르니 출입문 옆에 좌석 배치도와 업무 안내판이 있으면 좋겠다. 하루에 한 번은 병원을 돌아주세요. 3층 화장실이 청소가 잘 안 되는 것 같아요.' 등을 썼다. 원무부에는 '접수를 할 때 환자뿐 아니라 보호자의 전화번호도 필요하다.'라고 요구했다. 부서의 장이 모여 그 종이를 읽으면서 사소하더라도 '구성원들의 마음 한구석에 불만으로 남아 있던 사항은 곧바로 해결하겠다'고 선언하거나 왜 그렇게 하고 있는지를 설명했다. 조직 차원에서 접근해야 할 사항에 대해서는 정리해 의사 결정 기구에 건의하기로 했다.

이후 A 병원은 20년간의 적자를 벗어나 3년간 흑자를 기록할 정도로 안정됐다. 커뮤니케이션뿐만 아니라 다양한 혁신과제를 실천했기 때문이다. 특히 커뮤니케이션 방법은 이들의 혁신에서 중요한 역할을 했고 문제를 함께 해결해 나가면서 '우리도 할 수 있다.'라는 문화가 자리 잡을 수 있었다. 서로가 무엇을 문제로 생각하고 있는지, 불만이 무엇인지를 공유할 수 있었다. 말이 많은 조직, 억울함을 많이 토로하는 조직, 계층 간이나 직종 간 갈등이 큰 조직에서는 글이라는 도구를 사용해보는 것도 고려할 만하다.

일론 머스크가
본인의 승인을 요구한 것은

전기차 제조사인 테슬라 모터스의 최고 경영자 이기도 한 미국의 억만장자 일론 머스크Elon Musk는 화성에 이주한다는 꿈을 내걸고 2002년, 민간 우주선 개발업체 스페이스 X를 설립했다. 이후 2016년 4월에는 로켓의 해상 회수에 성공하면서 로켓 재활용 시대를 열었다. 로켓의 재활용이 가능해지면 위성 발사 비용을 종전보다 최대 10분의 1로 줄일 수 있게 된다.[55]

55　〈스페이스 X〉, 네이버 백과사전, pmg 지식엔진연구소, 《시사상식사전》, 박문각, 〈https://terms.naver.com/entry.nhn?docId=3432632&cid=43667&categoryId=43667〉

일론 머스크는 많은 시행착오를 거치면서 자금난을 겪기도 했지만 설립한 지 불과 6년 만에 민간 기업 최초로 액체연료 로켓을 지구 궤도로 쏘아올리는 성과를 달성했다. 여러 성공 요인이 있겠지만 그중에서 크게 2가지가 기존 업체와 차별성을 보였다.

첫째, 일론 머스크는 커다란 공장 안에 기계를 설계하는 아이비리그 출신 컴퓨터 과학자와 엔지니어, 하드웨어를 만드는 용접기사, 기계 제작 기술자가 머리를 맞대고 함께 앉을 수 있도록 책상을 배치했다. 전통적인 항공 우주 기업들에서 엔지니어와 기계 제작 기술자를 멀리 떨어뜨려 놓아 서로 격리해둔 것과 대조된다.

둘째, 전문가가 서로 줄임말을 쓰지 못하도록 했다. 줄임말을 쓰려면 최고 경영자인 본인의 승인을 받도록 할 정도로 의사소통의 매개체를 관리했다. 2010년 5월, 직원에게 발송한 '줄임말은 심각한 골칫거리다.'라는 이메일에서 이를 엿볼 수 있다.

스페이스 X에서 말을 줄여 쓰는 경향이 서서히 눈에 띕니다. 원활하게 의사소통하는 것은 매우 중요한데 줄임말을 남용하면 의사소통을 심각하게 방해합니다. 개인적으로 줄임말을 여기저기서 산발적으로 약간씩 사용하는 것은 크게 문제가 되지 않습니다. 하지만 예를 들어 1,000명이 줄임말을 만들어 쓰면 시간이 지날수록 그 수가 늘고 결국 신입사원이 들어왔을 때 어휘집을 만들어 교육해야 할 것입니다.

실제로 줄임말을 많이 사용하면 이를 전부 기억할 수 있는 사람이 없을 뿐더러 회의 시간에 바보처럼 보이고 싶지 않아 무슨 소리인지 몰라도 그냥 앉아 있습니다. 이러한 현상은 특히 신입사원에게 두드러지게 나타납니다. 이러한 현상을 당장 중지해야 합니다. 아니면 이미 여러 해에 거쳐 충분히 경고했듯 특별 조치를 내릴 것입니다.

스페이스 X에서는 내 승인을 거치치 않은 줄임말을 절대 사용할 수 없습니다. 시험장에서 사용하는 대Stand는 시험대Test Stand로 불러야 합니다. (…중략…) 줄임말을 사용하는 것이 적합한지를 판단하는 기준은 의사소통을 돕느냐 아니면 방해하느냐입니다. GUI와 같은 단어는 스페이스 X 외부의 엔지니어도 대부분 알고 있는 줄임말이므로 사용해도 괜찮습니다.[56]

일론 머스크는 커뮤니케이션의 중요성을 잘 알고 있다. 이처럼 전문가가 많은 조직은 소통의 원칙을 마련하여 이를 적극적으로 실행해 보는 것도 조직 내 커뮤니케이션 활성화를 위해 좋은 방법이다.

56 애슐리 반스 지음, 안기순 옮김, 《일론 머스크, 미래의 설계자》, 김영사, 2015, 356쪽.

Chapter 5

조직폭발의 전조증상
파악하는 법

훌륭한 문화를 만드는 마법 공식은 없다.
유일한 방법은 당신이 대우받고 싶은 것처럼 직원들을 대하는 것이다.
- 리처드 브랜슨 -

자살, 태움 등 심상치 않은
전조증상 및 집단행동을
무시하면 안 되는 이유

태움은 '신규 간호사를 재가 될 때까지 태운다'
는 뜻으로 간호사 사회에서만 사용되던 은어였으나 2010년 이후 대형 대
학병원 간호사의 자살 사건이 연달아 발생하면서 이제는 대중도 익히 아는
말이 되었다.

태움은 군대의 신입 사병 갈굼(길들이기)과 특성이 같다. 국민의 생명을
다루는 군인에게는 사소한 실수조차 용납할 수 없다는 것이 갈구는 이유인
데, 그와 똑같이 생명을 다루는 직종에서는 사소한 실수가 치명적인 결과
로 이어지기 때문에 엄하게 교육한다는 것이 태움의 자기 합리화다. "내가
신입이었을 때는 이보다 더했다."라는 가해자의 심리, "나만 아니면 돼!"라
는 주변인으로서 방관, "피해자가 뭔가 잘못한 게 있어서 그런 것 아니야?

오죽 못났으면…."이라는 관리자의 인식, 폐습이지만 어쩔 수 없는 필요악처럼 인식하는 사회적 시선, 탈출구 없는 피해자의 내몰림이 똑같다.

지자체 공무원의 계속되는 자살. 업무량이 몰리는 것을 막기 위해 업무 분담 가이드라인을 만들어 3급 이상은 15일, 5급 이상은 13일 등의 직급별 연가 목표를 설정하도록 하고, 괴롭힘 신고센터를 신설, 스트레스 수준을 정기적으로 검진받도록 하며 업무 시간 이외에는 메시지나 카카오톡 등의 메신저로 업무 지시를 하지 않도록 조례안을 만들기도 했지만, 공무원의 자살 사고는 끊이지 않았다.[57] '공무원은 좀 편하다.'라는 사회적 인식이 자리 잡은 사회에서 일어난 자살 사건이었기에 사회적 충격은 더 컸다.

기사를 통해 알려진 일련의 사건은 빙산의 일각에 불과하다. 공무원 조직과 병원보다 더 열악한 조직의 갑질 행태, 태움 행태, 군대 행태[58]는 이 못지않을 것이기 때문이다. 지금도 대한민국 어딘가에서는 집단 따돌림, 책상과 비품 등의 회수, 강제로 술 권하기, 사람들 앞에서 망신 주기, 특별한 사유 없이 원거리로 발령 내기, 개인 일 심부름시키기 등이 벌어진다.

조직 내 약자에 대한 이러한 폐습은 우리나라에 전방위적으로 퍼져 있는 심각한 사회문제이다. 이제는 특정 조직의 문제로 치부해 그 조직에서 해결하도록 하는 단계를 넘어선 것으로 보인다. 이를 모두의 문제로 인식

---

57 "서울시 공무원 또 자살… 벌써 8번째", 〈뉴데일리〉, 2018.1.31.,〈http://www.newdaily.co.kr/site/data/html/2018/01/31/2018013100052.html〉
58 '문화'라는 단어를 사용해 갑질문화, 태움문화, 군대문화라고 부르는 것은 용어 사용을 잘못하는 것이다.

전환하고 시스템을 바꿔야 한다. 지금 일어나는 사건은 일종의 전조증상이다. 병이 생기기 전에 나타나는 여러 증세라는 뜻이다. 태움, 자살 등은 증세다. 이러한 전조증상을 보고 그 심각성을 인지해 예방 조치함으로써 발현을 막을 것인지, 그대로 두고 병이 발현될 때까지 기다릴 것인지 선택해야 할 시기이다.

집단행동을
무시하면 안 되는 이유

우리나라에는 2가지 큰 증폭 장치가 있다. 하나는 정보통신 기술을 적극적으로 활용하는 것이고, 또 하나는 세상을 바꿀 수 있는 집단행동이다. 5·18 광주 민주화 운동의 실상이 알려지기까지 수십 년이 걸렸다. 예전에는 소식을 모으고 전달할 수 있는 수단이 별로 없었다. 정부에서 통신망과 언론을 장악하기만 하면 모든 정보를 관리할 수 있었다. 하지만 지금은 그렇지 않다. 정보통신 기술이 발달해 정보를 수집하고 소통할 수 있는 수단이 많다. 각종 디지털 장비로 상습적인 폭행과 폭언, 불합리한 계약 등의 자료를 모을 수 있다. 이렇게 모은 자료는 익명 게시판, 국민청원 게시판, 소셜 네트워크 등을 통해 세상에 공개할 수 있다. 대형 언론사도 있고 팟캐스트, 유튜브 등의 개인 미디어도 발달한 시대이기 때문에 대중매체에 접근성도 높다. 지금 우리는 구두상의 증거가 아니라 생생한 증거가 쉽게 공개되는 환경에 살고 있다(그만큼 바르게 살아야 한다).

집단행동은 광장에 모인 사람의 응원, 군중의 폭동, 유행, 여론, 혁명 등 조직적인 사회 운동을 뜻한다. 집단행동은 여러 사람이 공동의 관심과 정체감을 가지고 일시적으로 참여하는 자발적인 행동이다. 이러한 행동은 일상적인 기준으로부터 이탈하는 경향이 있고 폭발적이고 예측할 수 없다. 집단행동은 때때로 사회운동과 사회 변동에 중요한 역할을 하기도 한다. 군중이 우연적이냐 인습적이냐 능동적이냐, 유형이 광란이냐 유행이냐 폭동이냐 공황이냐 사회운동이냐, 이론적 기반이 순환반응 이론이냐 J곡선 이론이냐 합리적 선택이론이냐 등의 지식은 중요하지 않다.

대한민국은 이미 집단행동을 여러 번 했다. 2002년 월드컵에서의 응원, 광우병 파동, 촛불혁명, 평창올림픽 여자팀 추월 경기 예선에 대한 청원 등이 그렇다. 모두가 실제로 경험했기에 긍정적인 면과 부정적인 면을 안다. 집단행동은 월드컵 4강의 신화를 쓰는 원동력이 됐고 촛불집회는 정권을 바꾸는 에너지가 될 정도로 사회 변화를 이끄는 힘이었다. 우리나라 국민은 이와 같은 집단행동을 하는 성향이 있다. 특히 불합리하거나 공정성을 훼손한다고 판단하면 불같이 일어난다.

정보통신 기술의 발달과 집단행동이 새로운 형태의 노동운동, 사회운동을 촉발함으로써 조직의 생존에도 영향을 미칠 수 있다. 이전의 노동운동은 정보가 통제되었기에 대중이 이에 대해 정확히 알기 어려웠다. 또한 정부 차원에서 분위기를 조성하여 일부의 희생이 있더라도 전 국민이 잘살수 있다는 산업화 논리와 전체주의적 사고가 있었다. 그 속에서 노동자, 위장 취업 학생운동가, 지식인, 종교단체로부터 시작하여 조직 내의 노동조합, 노동조합의 연합체 등으로 영향력을 확대해 나갔다. 하지만 전 국민의 공감대를 얻기는 어려웠다.

오래전 공장 근로자는 학대를 당해도 그게 학대인지도 몰랐지만, 지금은 모두 지식수준도 높고 정보력도 강해서 자신이 처한 불합리를 바로 알 수 있다.

지금은 조직 구성원의 동의 없이도 자신의 억울한 사연을 공개할 수 있고 사회적 동의를 얻어 이를 해결할 수 있는 채널이 늘었다. 구성원이 부당한 일을 당하고 나서 조직 내에서 이 문제가 해소되지 않으면 사회에 공개하고 공감대를 형성하여 붐Boom으로 촉발될 수 있다. 개인의 문제가 공론화되면서 사회 문제가 되고 집단행동으로 나타나 조직에 위험한 요소로 작용할 수 있다. 모 항공사의 땅콩회항 사건, 모기업에서 발생한 직장 내 성희롱 사건으로 소비자가 회사에 책임을 묻는 일[59]처럼 이미지 추락, 불매운동 등으로 조직 생존에 영향을 줄 수 있다.

구성원들이 제기한 문제를 축소하거나 은폐, 미루는 과거의 방식은 큰 위기를 가져온다. 증폭 현상은 더 빨라지고 더 커질 것이기 때문이다. 일단 사건이 터지면 조직이 통제할 수 있는 범위를 넘어서기 때문에 불행한 일이 발생하지 않도록 예방하는 것이 중요하다.

59 "각계로 퍼지는 성범죄 미투 운동…기업 책임도 무거워진다", 〈조선비즈〉, 2018.2.28., 〈http://biz.chosun.com/site/data/html_dir/2018/02/27/2018022702906.html〉

전조증상을 만든 3가지 요소와
각 조직의 비등점

조직문화에 빨간 불이 켜지는 전조증상의 패턴을 분석해보면 공통된 원인을 찾아볼 수 있고 그에 따라 예방할 수 있는 단서를 찾을 수 있다. 다행히 현재의 전조증상은 같은 패턴을 보인다. 크게 3가지로 정리해볼 수 있다.

첫째, 강한 권력 관계(높은 권력지수)가 있다. 지나친 갑을 관계다. 승진 업무 배정과 관련된 상하 관계, 고용 여부와 관련된 정규직—비정규직 관계, 사업과 관련된 발주—도급 업체 관계 등에서 갑과 을의 공정함이 지나치게 훼손되면 증상이 심각해진다.

둘째, 폭력 수단(불합리한 수단)이 사용된다. 폭력, 성폭력, 폭언, 따돌림, 태움, 나쁜 소문 유포, 과도하거나 맞지 않는 업무부여, 책임 전가, 계약종

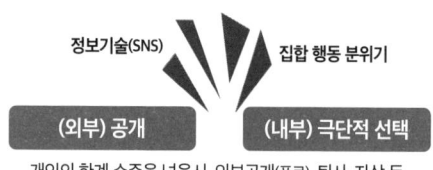

정보기술(SNS)　　　　집합 행동 분위기

(외부) 공개　　　　(내부) 극단적 선택

개인의 한계 수준을 넘을시, 외부공개(폭로), 퇴사, 자살 등

강한 권력 관계	폭력수단 사용	안전장치 미비
인사평가, 성과평가, 정규직 전환, 배치 등의 권한을 보유하여 부하에 대한 영향력이 큼	폭력, 성폭력, 폭언, 따돌림, 태움, 나쁜 소문, 과도한 업무 배정 혹은 맞지 않은 업부 배정, 책임 전가 등	상담, 순환 등 해소를 위한 제도적 장치가 없거나 제대로 작동하지 않음 / 반복되는 구조

· 저성장 경제 ⇨ 단기 성과 강조
· '가치체계' 중요성에 대한 인식 미흡

· 리더의 자질 부족
· 리더 양성 시스템 부실(과거의 관리 방식)

· 제도적 장치의 중요성 인식 미흡
· 후천적 인식[불필요하게 일을 키운다. 그래봤자 다치는건 너야(보복 심리)]

료, 지나친 가격 후려치기, 원가 부담 등 윤리 도덕적일 뿐 아니라 법적으로 문제가 될 수 있는 수단을 쓴다.

셋째, 안전장치가 없다. 상담, 순환 근무, 조사 및 감시 등 문제 해소를 위한 제도적 장치가 없다. 있어도 바르게 작동하지 않아서 동일 문제가 반복된다.

3가지 조건이 거듭 반복되면 섭씨 100도에서 물이 수증기가 되듯 한계 수준에 도달하면서 폭발한다. 폭발은 퇴사하거나 안타깝게 목숨을 끊기도 하는 등 현 상황을 외부에 공개하는 방식으로 나타난다. 세 조건이 충족된다고 모든 사람이 폭로나 극단적 선택을 하지 않는다.

물이 섭씨 100도가 도달하기 전에 성급하게 튀어 나가는 물 분자들이 있는 것처럼 폭로 및 극단적 선택은 전조증상이다. 100도가 되기 전에도 달궈진 것처럼 조직의 많은 구성원들이 부글부글 끓고 있다. 과연 우리나라 상태는 현재 몇 도인 걸까? 우리 조직은 몇 도인 걸까? 같은 논리로 앞의 두 예를 살펴보자. 군대의 사수-부사수와 같이 선임 간호사Preceptor와 신입 간호사Preceptee의 권력 관계에서 윗사람의 비정상적 폭언, 무리한 업무 부여가 발생해도 이를 해소하는 제도가 없는 것이 간호사 사회의 태움을 만들어냈다. 계약과 평가를 무기로 과도하게 업무를 배정하고 지나친 책임을 요구하여 공무원이 자살까지 하였다. 간호사 사회와 공무원 사회에서 그 구성원들은 이미 충분히 달궈져 있다. 여기에 주목해야 한다.

각 조직의 비등점에 주목해야 하는 이유

부글부글 끓기 시작했다면 냄비 뚜껑을 여는 수준으로는 해결할 수 없다. 냄비를 달구는 불을 조절해야 한다. 그렇다면 지금과 같은 모양을 가져오는 불은 무엇일까? 크게 3가지로 볼 수 있다.

첫째, 성과 위주의 운영이다. 단기 성과를 강조하여 강력한 권한 관계를 더욱 공고히 하고 가치 체계의 중요성은 간과한다.

경쟁이 치열해지고 저성장 기조에 들어서자 조직은 생존을 위해 단기 성과를 강조했다. 사람, 문화, 인프라 등의 장기 계획보다는 당장 수익을 중시하는 현상이 가속화됐다. 비용 절감을 위해 인건비 높은 직원은 내보내고 그 자리를 신입 직원으로 대체했다. 수익 증대를 위해 업무량은 계속 늘릴 수밖에 없었다.

실수는 원가를 증가시키고 다른 일이 더 생기므로 실수를 용납하지 않는 분위기를 조성한다(예를 들어 3교대 24시간 근무하는 간호사 사회에서는 1명이 업무에 미숙하면 다음 근무 간호사의 업무가 가중돼 스트레스를 높인다). 잘 짜인 환경에서 초임자가 제 역할을 할 수 있도록 하는 교육체계를 갖춘 것도 아니고 업무를 표준화한 매뉴얼이 있는 것도 아니다. 오로지 요구만 높다. 몇 마디 말로 가르쳐주고서 잘 하지 못하면 '그것도 못 하냐?'며 나무랐다. 마치 아마추어가 하루아침에 프로가 되길 기대한다. 어느 순간 중간 관리자조차 늘어나는 업무량에 여유를 잊고 주위를 둘러보지도 못한 채 지시하기도 바쁜 처지로 내몰린다. 위에서 못살게 굴면 아래에서 받는 괴롭힘은 눈덩이처럼 불어난다.

경기가 어려울 때 싼 인건비 인력으로 극복하는 과거의 방식을 최근에도 그대로 적용하는 곳이 많다. 프로세스 개선, 처우 개선, 교육, 조직문화 정비 등의 장기적인 관점의 노력은 등한시한다. 단기 성과는 개인의 연봉, 승진, 해고 여부에 직접 연관되어 있어서 각자 단기 성과에 민감하다. 여기에 조직도 단기 성과에 집중하면 다른 부분에 소홀해질 수밖에 없다. 구성원은 빨리 성과를 내야 하므로 정상적인 생각을 할 여유가 없다. 동료를 경쟁자로 보기도 하고 동료에 대한 시기와 질투가 나오기도 한다. 신뢰가 낮아지고 긍정적인 문화가 자리 잡을 수 없는 환경이 돼 간다.

경영 방식이 단기 성과에만 집중하고 구성원의 가치 체계가 중요하다고 인식하지 못하여 조직에서 상하 관계, 갑을 관계를 가속하는 불이 붙었다. 이 불을 잠재우기 위해서는 하루살이 운영방식을 극복하고, 미래지향적 관점을 가져야 한다. 교과서 같은 이야기라고 할지 모르겠지만 미션을 돌아보고 희망을 줄 수 있는 비전을 설정하며 이에 맞는 핵심 가치가 조직에 자리 잡도록 해야 한다. 목적지를 모른 채 그냥 100미터를 달리라고 한다면 이를 견딜 수 있는 사람은 없다. 지나치게 단기 성과 중심인 조직이 많다. 절반 수준의 균형을 바라는 것이 아니라 몇 %만이라도 장기적인 관점이 필요하다.

둘째, 폭력수단을 아무렇지 않게 사용하는 리더의 자질 부족과 이런 리더를 양성하는 조직의 시스템이다.

괴롭힘과 꾸짖음을 구분하지 못하고 자신의 폭력을 사랑의 매라고 자기 합리화하는 관리자가 있다. 직원의 가족 심지어 부모까지 들먹이면서 모욕을 한다. 감정 표현의 수위를 조절하지 못하고 스트레스를 풀 듯 쏟아내는 관리자도 있다. 그렇지만 퇴사와 자살이라는 극단적 사고가 벌어지면 피해자와는 사이가 좋았다느니 피해자가 우울증을 앓고 있었다느니 궤변을 늘어놓는다. 더 높은 상사한테 치이고 사회가 묵인한다고 해서 모든 리더나 관리자가 이런 잘못을 저지르지 않는다.

환경적인 문제도 있겠지만 그에 앞서 개인의 인성 문제도 짚어야 한다. 실제로 팀원에게 욕설을 퍼붓고 결재판으로 머리를 때리는 행동을 한 팀장을 다른 지점으로, 다른 기능을 수행하는 부서로 몇 차례 옮겼음에도 그 팀장의 태도가 전혀 달라지지 않았다. 오히려 그 팀장으로 인해 가슴에 상처를 입은 구성원만 늘어났다. 직급이 낮은 직원을 노예 부리듯 하는 행위가 반복될 때는 가해자에 대한 제재가 분명히 있어야 한다.

폭력적 리더는 인성 자체가 문제이지만 과거 방식에 길들어져 자신도 똑같이 그렇게 하는 예도 있다. 세상이 달라졌기에 판단 기준도 달라져야 함에도 과거의 방식이 옳다고 착각하여 스스로 잘못됐다고 느끼지 못한다.

"그럴 수도 있지, 우리 땐 그랬어."처럼 1980년대 군대 이야기하듯 하는 리더나 관리자가 여기에 해당한다. 이뿐 아니라 때로는 조직의 주도, 묵인, 방조 아래 불합리하고 몰상식적인 행위가 이뤄진다. 조직 내에서 암묵적으로 승인된 힘은 집단으로 따돌린다든지 하는 방식으로 나온다.

인성 자체가 문제거나, 몰라서 비상식적인 행위를 저지르는 리더나 관리자는 또 하나의 불이다. 이 불을 잠재우기 위해서 조직은 리더를 잘 뽑고 교육하는 것이 중요하다. 특히 우리나라는 연공서열을 중시해서 어느 정도 나이가 되면 리더나 관리자를 시킨다. 리더의 자질이 준비되었는지와 상관이 없다. 하지만 인사부서에서는 리더나 관리자 후보군에 대해 면밀하게 관찰하여 기본적인 인성을 파악하고 있어야 한다. 역량은 그다음이다.

회사가 필요에 따라 역량을 더 개발할 수는 있지만, 인성을 바꿀 수는 없다. 바꾸기는 거의 불가능에 가깝다. '좋은 자리에 올라가면 나아지겠지.' 하고 기대하면 안 된다. 다른 구성원들에게 '저렇게 해도 승진하는구나.' 하는 잘못된 신호를 줄 수 있다. 역량만 보고 인성을 보지 못하는 것은 불에 기름을 붓는 격이다. 사람은 자기가 경험했던 틀 속에서 판단하므로 리더십 교육이 필요하다. 과거의 방식은 지금의 방식과 맞지 않는다고 교육해야 한다.

셋째, 안전불감증과 안전장치의 중요성을 모르는 후진적 인식이다.

국가인권위원회의 〈2017년 직장 내 괴롭힘 실태조사〉에 따르면 직장인 10명 중 7명 이상이 괴롭힘을 당한다고 나타났다. 어디까지를 괴롭히는 언행으로 볼 것인가에 따라 다를 수도 있지만, 이 결과에 따르면 괴롭힘은 성격이 이상한 사람이나 일 못 하는 사람만 당하는 것이 아니라 누구나 당할 수 있다. 이런데도 이에 대한 심각성을 모른다. '맞을 만한 일을 했으니까 맞겠지. 자기 살자고 조직을 위험에 빠뜨리나. 저 친구 때문에 조직 분위기가 이게 뭐야?'라며 남의 일로 생각한다.

실태 조사에 따르면, 괴롭힘과 같은 불합리하거나 비이성적인 언행의 특징은 시간이 지날수록 복합적으로 진화한다. 괴롭힘의 행위가 추가되거나, 강도가 높아지거나, 괴롭히는 사람이 증가한다. 특히 민원이나 고충을 처리할 수 있는 시스템이 없으면 못살게 구는 빈도가 늘어난다. 게다가 고충처리 제도가 바르게 작동하지 않아 가해자에게 해당 고충의 내용이 전달되면 아예 극단으로 치닫는다. 그런데도 제도적 안전장치를 덜 갖추었다.

우리나라에서 성수대교 붕괴, 씨랜드 청소년 수련원 화재, 세월호 참사 등 크고 작은 안전사고가 잦았다. 사고 당시는 안전 불감증 문제를 지적하고 안전장치를 마련해야 한다고 목소리를 높이지만 시간이 갈수록 흐지부지되고 만다. 이런 사회적 패턴이 우리나라 조직에도 그대로 작동하고 있는 듯하다.

조직 내 약자에 대한 불합리한 행태를 막는 예방 부서와 고충 처리 제도 부재, 괴롭힘을 남의 일처럼 생각하는 후진적 인식은 조직문화를 망치는 세 번째 불이다. 이 불을 줄이기 위해서는 남을 괴롭히는 것이 범죄가 될 수 있다는 인식이 자리 잡아야 하고, 괴롭힘을 예방하고 괴롭힘이 발생했을 때 신속히 조치할 수 있는 안전장치가 있어야 한다. 태움에 문화라는 말을 붙이는 것은 적절하지 않다. 문화라고 해서 이를 자연스러운 흐름 내지는 현상으로 인식할 오해가 있기 때문이다. 경각심을 불러일으키기 위해서라도 태움 악습, 태움 폐습, 갈굼 악행, 갑질 폐해 등으로 불러야 한다. 가치판단의 잣대를 반영해 그 행위가 얼마나 나쁜 일인지를 알 수 있도록 해야 한다. 불합리하고 비이성적인 행위에 문화를 붙여 문화의 이름을 더럽혀서는 안 된다.

　제3자가 운영하는 상담소, 예방 교육, 규정 보완 등으로 실질적이고 효과적인 안전장치도 마련해야 한다. 이때 중요한 것은 피해자 관점에서의 접근이다. 조직 우선의 논리, 가해자 처지에서 접근하면 오히려 사태에 기름을 붓는 격이다.

선진국은 어떻게
조직 내 괴롭힘을 관리하는가

이런 불을 조직이 효과적으로 관리할 수 있을
까? 잘 관리하는 좋은 조직도 있겠지만 그렇지 않은 조직도 있다. 조직은
시장에서의 생존을 우선시하다 보면 불합리하고 비이성적인 행위에 대한
대처를 뒷순위로 미룰 가능성이 있다. 조직이 근본적으로 가질 수밖에 없
는 한계다. 조직 자체의 안전 장치만으로는 해결하지 못할 수 있으므로 국
가가 최소한의 안정장치를 법률로서 보장해주어야 한다. 그렇다면 다른 많
은 선진국은 이 문제를 어떻게 해결하고 있을까?

스웨덴은 1993년, 〈직장에서의 희생에 관한 명령Ordinance on Victimization at
Work〉으로 직장 내 정신적 괴롭힘을 규율하기 위한 유럽 내 최초의 입법적
시도를 한 바 있다. 영국은 1997년, 〈괴롭힘으로부터의 보호법Protection from

Harassment Act〉과 2010년, 〈평등법Equality Act〉을 통해 괴롭힘을 법률에 명시적으로 규율한다. 캐나다 오타와에서 1999년, 운송회사의 한 종업원이 집단적 괴롭힘에 시달리다 4명의 동료를 총으로 살해하고 자살했다. 이 사건으로 직장 내 정신적 괴롭힘을 방지하는 법과 직장 내 정책적 프로그램을 마련할 필요성이 제기됐다. 이에 따라 퀘벡주에서 〈정신적 괴롭힘 없는 건강하고 안전한 노동환경의 권리Right to a Work Environment Free from Psychological Harassment〉를 인정함으로써 캐나다 관할권 중 최초로 직접적인 명문 규정을 도입했다. 퀘벡주는 2004년, 〈노동 기준법Act Respecting Labour Standards〉으로 직장 내 정신적 괴롭힘을 금지하는 조항을 신설하고 이를 준수하고 시정을 보장하기 위한 법적 구제 기구를 규정했다. 프랑스는 2002년, 〈사회 현대화 법률loi du 17 Janvier 2002 de Modernisation Sociale〉로 정신적 괴롭힘을 독자적인 법적 범주로 신설하고 그 실효성을 담보하기 위해 민형사상 책임을 엄격히 묻고 있다.[60]

이들 국가는 지금도 계속 괴롭힘 방지를 위해 노력하며, 괴롭힘의 범주를 다음과 같이 확대했다.

첫째, 조직 내에서 약자를 대하는 말과 행동, 약자에게 지시하는 업무와 태도를 포함한다. 괴롭힘을 직장에서 근무할 수 없을 정도의 정신적인 고통을 주는 극단적인 사례(폭력 등)만으로 한정하지 않는다. 업무 수행상 통상적인 요청에 비해 용인하기 어려운 비합리적인 대응이나 조치로 고통을 일으키는 경우도 포함한다. 정상적으로 업무를 분담하지 않은 일, 갑자기 예상치 못한 업무를 한꺼번에 부여하고 짧은 기간 내에 불가능한 목표 달성을 요구해도 약자는 고통스러울 수 있다.

괴롭힘 양상The Negative Acts Questionnaire-Revised(NAQ-R)[61]

• 중요한 정보를 알려주지 않는 것 • 불합리하거나 불가능한 목표(시간)를 주는 것 • 지나치게 낮은 수준의 일을 주는 것 • 주요한 일에서 배제하는 것 • 중요하지 않거나 불쾌한 일을 시키는 것 • 일을 그만두라는 암시나 신호 • 일과 노력에 대한 끊임없는 비판

• 실수를 계속해서 나무라는 것 • 나쁜 소문을 퍼뜨리는 것 • 조직적으로 따돌리는 것 • 태도, 사생활에 대해 모욕하거나 불쾌한 이야기를 하는 것 • 과도하게 소리를 지르거나 분노하는 것 • 손가락질이나 협박하는 행동 • 과도한 놀림과 비아냥, 풍자

둘째, 가해자의 범위도 확대된다. 직접적인 인사권이나 고용 등의 관계가 없더라도 피해자의 평판에 악영향을 미치고 인사권에 간접적으로 영향을 행사할 수 있다면 가해자로 본다. 피해자와의 직접적인 관계 여부가 아닌 실질적인 영향력을 행사할 수 있느냐로 가해자를 판단한다.

셋째, 의도성 여부는 중요하지 않다. 가해자의 불법성 인지 여부나 상대방을 괴롭히려는 고의성 여부로 판단하는 것이 아니라 행위가 가져오는 결과로 판단한다. "저 친구 잘되라고 가르쳐주다가 욱해서…." 같은 논리는 통하지 않는다. 이때 그 행위가 반복적이고 악의적이라면 책임이 더 있다.

넷째, 책임의 범위가 확대된다. 법률 등으로 사업장의 안전을 보장한다. 사용자에게는 근로자의 신체 및 정신 건강을 보호하기 위해 직업상 위험에

---

60 국가인권위원회,《직장 내 괴롭힘 실태조사》, 2017(스웨덴은 41쪽, 영국은 51쪽, 캐나다는 60쪽, 프랑스는 41쪽).

61 노르웨이 버겐대학교의 세계 따돌림 연구소에서 개발한 NAQ-R(부정적 경험 설문지)로 항목 중 하나라도 1회 이상의 빈도로 6개월 이상 경험했을 때 직장 내 괴롭힘 피해자로 분류한다.

62 "Dentsu chief resigns after overworked employee commits suicide", BBC, 2016.12.28.

대한 예방조치, 정보 제공 및 교육, 조직 구성 및 적응 수단 등 필요한 조치를 마련하라고 요구한다.

폭발 전에 불 조절하기

2015년 12월, 일본의 대형광고회사 덴쓰電通에서 근무하던 20대 여성이 월 100시간이 넘는 초과근무로 과로를 견디지 못하고 투신한 일이 있었다. 검찰은 비공개 약식절차로 덴쓰를 기소했지만, 오히려 법원이 정식 공개 재판을 열었다. 회사가 죄를 인정하고 벌금을 내는 약식 절차로 일을 마무리하는 것은 부당하다고 판단하여 다른 기업의 노무관리, 경영자의 의식개선을 위해 공개심리를 선택했다.

일본에서는 매년 약 2,000명이 과로 때문에 극단적인 선택을 하는 과로사, 일본어로 카로시過勞死가 큰 사회적 문제이다. 마침내 2016년 12월, 덴쓰의 최고 경영자 타다시 이시이石井直는 사임했다.[62] 정리하자면 괴롭힘은 개인끼리의 문제이므로 조직은 책임이 없다는 식의 논리는 이제 통하지 않는 시대이다. 그뿐만 아니라 근로자를 괴롭힌 고객도 책임의 주체로 본다.

반대 논리도 있다. 행위, 책임 등의 범위를 포괄적으로 적용하면 악용될 수 있으므로 엄격히 적용해야 한다는 주장이다. 그렇지만 이제 괴롭힘은 인간의 권리 침해 문제이고, 이 문제에서 조직도 자유로울 수 없다.

에너지의 폭발은 자동차를 움직이는 힘이 되지만 폭탄이 폭발하면 사람을 다치게 한다. 조직에서 폭발시켜야 할 것은 미션 달성을 위한 에너지이지 불합리해서 쌓인 분노가 아니다. 폭발시켜야 할 것과 폭발시키면 안 될 것을 면밀하게 관리해야 한다. 조직문화에서 또 하나의 과제다.

'한두 사람 그럴 수도 있는 것 아닌가?'라고 안일하게 생각한다면 큰 오산이다. 그 밑에서 부글부글 끓고 있는 사람을 보아야 한다. 또한 그 아래서 타오르는 불의 화력을 볼 줄 알아야 한다. 불 조절이 필요하다는 신호를 놓치면 통제할 수 없는 폭발을 경험하게 될 것이다.

조직의 관리요소는 점차 많아지고 복잡해진다. 그런데도 태움과 같이 조직 내 불합리하거나 비이성적인 행태가 심각하다고 인식하지 못하면 나중에 큰 후회를 할지 모른다. 터지지 않도록 관리하고 예방책과 안전장치를 마련해야 한다. 누르고 감춘다고 눌러지고 감춰지는 시대가 아니다. 언젠가 터지는 시대다.

Chapter 6

워라밸이 우리에게 주는
진정한 의미

우리는 일을 하며 살고 싶다.
일을 하면 인생을 포기해야하거나 인생을 위해서 일을 포기하고 싶지 않다.

- 다르메쉬 샤 -

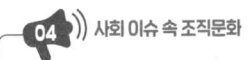

워라밸의
속뜻을 아십니까?

　　영국은 6세 이하 아동의 학부모가 유연한 근무 일정을 요구할 수 있는 법이 있다. 유럽에서는 노동시간을 주당 최대 48시간으로 하는 지침으로 마련했다. 이러한 흐름에 따라 우리나라도 법정 근로시간을 주당 68시간에서 52시간으로 축소하는 방향으로 〈근로기준법〉을 개정했다. 이런 분위기에 따라 일과 삶의 균형을 뜻하는 워라밸Work and Life Balance이 주목받는다. 워라밸은 1970년대 말 영국에서 처음 만들어져 50년 가까이 사용된 용어이다. 산업화가 급속히 진행된 서양에서 정부의 인구정책과 기업의 경쟁력 확보 차원에서 활용되었다. 그것이 우리나라에서는 최근에서야 회자했다.[63]

　저녁이 있는 삶, 가족친화 기업과 유사한 형태로 하나의 유행처럼 흐지부지 끝날 것이라는 예상도 있었지만, 법이 바뀌는 환경 변화까지 포함된 개념이기에 일시적으로 흘러 지나가기는 어려울 것이다.

근무시간을 축소하는 내용을 담은 〈근로기준법〉 개정, 일과 삶의 균형에 관한 관심 증가는 노동과 삶의 관계가 확실히 예전과 달라졌기에 조직이 그걸 받아들이기 위해 변해야 함을 의미한다. 앞으로 4시간·6시간 근무제, 근무일을 3·4·5일 중에서 선택할 수 있는 근무 일수 선택제, 점심시간을 없애고 1시간 일찍 귀가할 수 있는 근무제, 재택근무 등 다양한 형태의 근무방식이 등장할 것이다.

"우리나라는 근로시간이 지나치게 많으므로 줄여야 한다. 일과 삶의 균형을 고려해야 한다."라는 주장에 반대하는 사람은 거의 없다. 다만 장기적으로 바꾸어야지 당장은 현실적인 어려움이 훨씬 크다며 시기상조론을 주장하는 사람이 많다. 준비가 덜 된 쪽은 조직이나 구성원들이나 큰 차이가 없는 듯하다.

조직 관점에서는 새로운 환경 변화로 노동시간이 줄어들면서 생산량은 감소하고 비용은 증가할 것이라는 걱정이 크다. 또한 '개인을 우선시하는 분위기 때문에 조직에서는 해야 할 일이 많은데 자기 일만 하고 퇴근 시간이 되면 그냥 가버리지 않을까' 하는 걱정도 있다. 고용주는 워라밸을 지켜

63 "2018 행복 키워드로 주목받는 '워라밸'", 〈한국경제매거진〉 2018.01., 제 152호,〈http://magazine.hankyung. com/money/apps/news?popup=0&nid=02&c1=2&nkey=2017122800152094872&mode=sub_view〉
64 "서녁 있는 삶모나 서녁거리 살 논이 숭요… 일 더하게 해주세요", 〈한국경제〉 2018.4.11., 〈http://news. hankyung.com/article/2018041194151〉

주자니 기둥뿌리를 뽑아서 해주어야 할 것 같고 안 해주면 나쁜 고용주가 될 것 같은 생각에 심리적 부담감도 느낀다. 구성원의 마음은 '저녁 있는 삶보다 저녁거리 살 돈이 중요… 일 더하게 해주세요.'[64]라는 기사제목에 나타난다. 특근, 야근, 잔업수당 감소로 월급도 줄고 실질임금 감소로 퇴직금까지 축소되는데 무슨 워라밸인가라는 이야기이다.

게다가 어떤 일이라도 절대적인 시간은 필요하다. 그런데 일하는 양은 줄여주지 않고 정규시간 이후에는 강제로 퇴근하라고 하는 것은 일을 들고 집에 가서 하라는 말이기에 이는 오히려 워라밸을 더 파괴할 수 있다. 공무원이나 대기업 등은 괜찮을지 모르겠지만 중소기업은 근로시간을 인정해주지 않거나 무임금 노동으로 내몰 것이라고 염려하기도 한다.

이러한 이야기는 이미 2000년 초반에 들었다. 주 6일 근무에서 주 5일 근무로 바뀌는 과정에서도 노동비용 상승으로 기업의 경쟁력 약화를 걱정했다. 하지만 시간이 지난 지금 당시의 걱정을 어떻게 생각하는가? 주 6일 근무를 주 5일 근무로 바꾸는 것과 근로시간을 52시간으로 축소하는 것은 다른 문제로 비유가 적절하지 않다고 이야기할 수도 있지만, 5년 후 시점에서 바라보게 될 지금의 걱정은 오늘날 주 5일제를 도입할 때의 걱정을 바라보는 것과 크게 다르지 않다.

이는 마치 이미 성인이 된 아들을 두고 부모는 아직도 아이 취급하며 이것저것 간섭하고 그 아들도 독립할 생각을 하지 않고 부모에게 의지하려는 상황과 비슷하다. 부모와 아들 모두 성인이 되었음을 받아들이지 않고 '어떻게 잘 살아갈 수 있을까?'를 고민하기보다는 그 상황을 유지하기 위해 전전긍긍하는 것 같다. 걱정을 이해 못 하는 바는 아니지만, 걱정보다는 어떻게 효과적으로 살아갈 것인가를 고민하는 편이 더 현명한 일이다.

　근로시간 단축과 워라밸은 서로 일치하는 개념도 아니지만 명확하게 구분하지 않고 묶어서 이야기한 이유는 같은 관점의 시간개념을 사용하고 있기 때문이다. 근로시간 단축과 워라밸은 모두 새로운 시간 개념으로 관점을 전환하는 신호탄이다. 기존의 시간개념으로 근로시간 단축과 워라밸을 보면 걱정거리투성이로 보이지만 새로운 시간개념으로 보면 새로운 방식을 열어주는 실마리이자 숙제이다. 이는 아들을 아이로 접근하면 걱정거리로만 보이지만 성인으로 보면 주체로서 살아가야 하는 삶이 보이는 것과 같다.

시간의 패러다임을
바꾸어야 하는 진짜 이유

시간에는 2가지 개념이 있다. 하나는 크로노스 Kronos의 시간 개념이고 또 하나는 카이로스Kairos의 시간 개념이다. 크로노스의 시간은 물리적 시간으로 의미를 두지 않고 단순히 흘러가는 일상의 시간으로 누구에게나 주어지는 24시간을 말한다. 그에 비해 카이로스의 시간은 감정을 느끼거나 특별한 의미를 지니는 시간이다. 질적인 관점의 시간으로 자신의 선택 때문에 이뤄지는 시간을 말한다. 크로노스의 시간은 누구에게나 공평해 바꿀 수도 통제할 수도 없지만 크로노스의 시간은 어떤 선택을 하고 어떤 마음을 가지느냐에 따라 관리할 수 있다. 크로노스의 시간에 가치와 의미를 부여하면 카이로스의 시간으로 전환될 수 있다.

크로노스의 시간 관점에서 근로시간 단축과 워라밸 문제에 접근하면

24시간을 뺏기고 빼앗는 판에 놓인다. 양의 개념이기 때문에 조직에서 일하는 성과도 시간으로 측정하고 개인의 삶도 시간의 양으로 전환해 비교할 수밖에 없다. 그러면 가정이나 개인을 위한 삶의 시간을 얼마나 보장해주어야 적절하냐는 질문에 맞닥뜨린다. 지금이 그 단계이다. 이제 그 단계를 넘어 카이로스 시간 개념으로 관점을 전환해야 할 때다. 의미 있고 가치 있게 2시간을 일하는 것과 의미 없게 12시간을 보내는 것은 다르다는 말을 이해할 필요가 있다.

크로노스의 시간 속에서 생산이란 노동자의 시간을 통제하는 것과 직접적인 관계가 있다. 간단하게 말하자면 100을 투입하면 손실을 최소화하면서(최대한 100에 가까운) 99의 산출물을 만드는 과정이다. 어떻게 투입(노동자의 양적인 시간)을 크게 할 것인가와 어떻게 프로세스 과정상의 손실을 최소화할 것인가에 집중한다. 산업화 기간에 과실을 얻었던 조직과 구성원들의 머릿속에는 이 방식이 성공방정식으로 자리 잡았다. 그래서 그 방식에서 벗어나지 못하고 새로운 방식으로의 전환에 두려움을 느낀다.

반면 카이로스의 시간 속에서 생산이란 효율화 프로세스가 아닌 가치창출 프로세스를 거친다. 창조적 사고와 협업으로 조그마한 씨앗을 점점 키워간다. 크로노스의 시간 속 생산 프로세스는 투입에서 깎아 나가는 마이너스적 방식이라면 카이로스의 시간 속 생산 프로세스는 가치를 더해가는 방식이다.

게리 켈러Gary Keller는 저서 《원씽The One Thing》에서 균형 잡힌 삶Balanced Life은 존재하지 않는다고 말했다.[65] 대부분 사람이 곰곰이 생각해보지도 않은 채 달성 가능한 목표인 것처럼 받아들이는 잘못된 개념으로 균형 잡힌

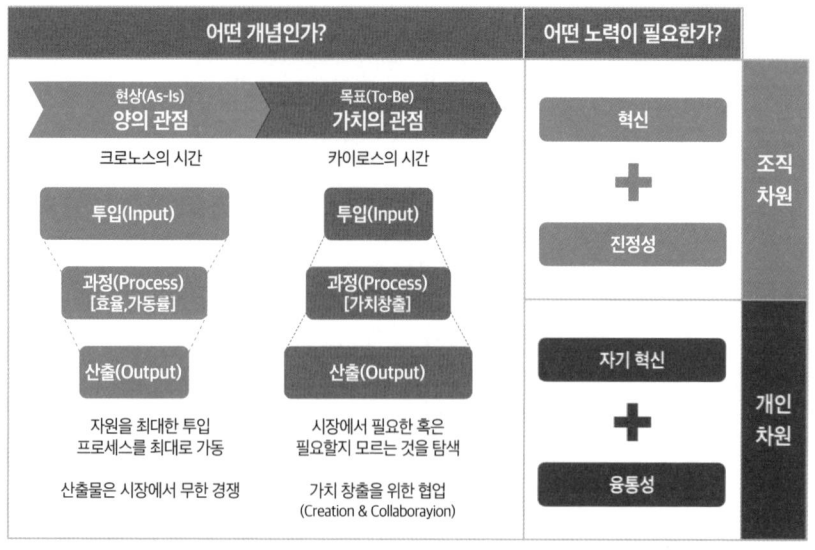

어떤 개념인가?		어떤 노력이 필요한가?	
현상(As-Is) **양의 관점** 크로노스의 시간	목표(To-Be) **가치의 관점** 카이로스의 시간	혁신 **+** 진정성	**조직 차원**
투입(Input)	투입(Input)		
과정(Process) [효율,가동률]	과정(Process) [가치창출]	자기 혁신 **+** 융통성	**개인 차원**
산출(Output)	산출(Output)		
자원을 최대한 투입 프로세스를 최대로 가동	시장에서 필요한 혹은 필요할지 모르는 것을 탐색		
산출물은 시장에서 무한 경쟁	가치 창출을 위한 협업 (Creation & Collaborayion)		

삶이란 거짓말이라고까지 이야기한다. 목적의식, 삶의 의미, 중요성 등이 성공적인 삶을 만드는 요소다. 이를 추구하다 보면 불균형한 삶을 살게 된다. 그러므로 직업적인 성공에서 업무에 더 많은 시간을 투입하는 것이 아니라 집중할 수 있는 시간을 갖는 것이 중요하다. 탁월한 성과를 내기 위해서는 무엇이 가장 중요한지를 선택하고 거기에 필요한 시간을 쏟는 것이라고 했다. 게리 켈러 역시 시간을 크로노스의 시간이 아니라 카이로스의 시간으로 바라보라고 한다.

——
65　게리 켈러·제이 파파산 지음, 구세희 옮김, 《원씽》, 비즈니스북스, 2013, 98쪽.

워라밸이 혁신을 전제로
해야 하는 까닭

　　법정 근로시간의 단축, 워라밸은 단순히 법을 바꾸고 제도를 도입하는 것이나 캠페인성 문구가 아닌, 새로운 방식에 대한 시대적 요구이다. 이러한 요구에 부응하기 위해서는 변화가 필요하고 이는 시대에 맞지 않는 기존의 것을 시대에 맞게 새롭게 고치는 혁신을 의미한다. 여기에서 혁신은 조직 차원의 혁신뿐 아니라 조직 구성원의 자기 혁신까지 포함한다. 조직에는 구성원들을 대하는 진심을 담은 혁신, 구성원들에게는 조직에 대한 융통성을 담은 자기 혁신을 요구한다.

　일과 삶을 양과 양의 비교가 아니라 질과 질의 비교, 가치와 가치의 비교로 바꾸기 위해서는 조직 혁신이 일상화되어야 한다. 회의와 보고를 비롯한 일하는 방식과 근무환경 등의 변화 없이 새로운 것을 담을 수는 없다. 사전

자료도 주지 않고 참석자와 목적이 불명확한 회의, 새로운 내용도 없는데 있는 것처럼 보여야 하는 수많은 보고서, 책임 회피를 위해 공범을 만드는 여러 단계의 보고 체계, 난해하고 복잡하게 증가하는 프로세스 속에서 워라밸을 구현할 수는 없다. 불필요한 요소의 제거는 기본 중의 기본이다.

조직 혁신에는 진정성이 담겨야 한다. 조직은 일이 성취의 유일한 원천이 아니라는 것을 인정한다. 근로 시간이 줄었으니 충성심이 줄어들 것이라기보다는 자기의 삶을 소중히 다루는 사람일수록 조직도 소중하게 생각하고 그 가치를 높여갈 수 있다고 생각해야 한다. 어떻게든 구성원을 혹사하려고 하는 조직에 대해서는 구성원들도 손해를 보지 않기 위해 그만한 대응을 하려고 한다. '조직을 위해 당연히 희생해야 하는 것 아닌가. 돈 주는 것이 아깝다.'라는 자세는 구성원들에게 퇴근 시간 1분 1초를 측정하면서 야근 수당을 신청하고픈 욕구를 불러일으킨다.

제도나 정책에 진정성이 없으면 구성원의 융통성도 점점 사라진다. 유연근무제, 재택근무제 등을 하고 싶어도 경제적 여건 때문에 하지 못하는 조직도 있다. 다시 말해 마음은 있는데 여력이 없다. 하지만 조직이 구성원들에게 진솔하게 접근하면 구성원은 유연성을 보여준다. 우리는 조금씩 양보하면 서로를 배려하는 문화적인 면이 있다. 그런데 진정성을 보여주지 않으니까 서로 평행선을 달릴 뿐이다.

개인에게는 자기 혁신이 필요하다. 자기 시간을 잘 관리하지 못하는 사람은 '일과 삶의 균형'을 논할 자격이 없다. 인터넷을 보면서, 담배를 피우면서, 커피 한 잔과 함께 수다를 떨면서 근무시간을 낭비하는 사람은 다른 일에서도 시간을 낭비한다. '시간을 어떻게 가치 있게 보낼 수 있을까?'를 항상 고민하고 실천해야 진정한 일과 삶의 균형도 가능하다.

이는 워라밸 문화가 잘 정착된 곳으로 인정받는 덴마크나 스웨덴에서 찾아볼 수 있다. 덴마크는 표준 주당 근무시간이 보통 37시간인데 언제 어디서 일을 하느냐에 주안점을 두기보다는 정해진 목표를, 정해진 기한 내에 달성하는 것을 더 중요시한다. 개인의 필요에 따라 근무 시간이나 업무량을 분배하는 자율성은 최대한 보장해주되 목표 달성을 위해 책임감을 느끼고 일하는 것이 덴마크의 보편적 사회 분위기이자 국가 경쟁력이다.

스웨덴에서도 보편적인 유연근무제를 하여 자신이 일하는 시간과 쉴 시간을 계획할 수 있고, 거의 모든 직장이 개인의 선택을 존중한다. 예를 들어 직원이 갑자기 휴가를 쓰겠다고 상사에게 보고하면 상사가 오히려 "당신이 쉬는 걸 왜 나에게 보고하는가? 그건 당신이 알아서 하는 거지."라고 말할 정도라고 한다.[66] 일과 삶에서 성공적으로 균형을 잡으려면 자기 주도적인 삶의 자세가 필요하다. 특히 기술 발전으로 이메일, 노트북, 휴대전화와 같이 언제 어디서나 일할 수 있으니 더더욱 자기관리가 필요하다.

개인에게 필요한 마음은 조직에 대한 융통성이다. 조직에 적을 두고 있는 이상 조직의 성장에 이바지해야 할 책임이 있다. 상황에 따라서는 개인이 조직을 위해 희생할 수도 있고 조직이 개인을 위해 희생할 수도 있다. 고지식한 사람과 같이 지내면 그 사람이 틀린 것은 아니지만 답답하고 분

---

66 "'행복 선진국'의 현실 속 워라밸은", 〈한국경제매거진〉 2018.01. 제 152호, 〈http://magazine.hankyung.com/money/apps/news?popup=0&nid=02&c1=2&nkey=2017122800152094922&mode=sub_view〉

통이 터져 견디기 어렵다. 개인과 조직의 관계에서도 마찬가지이다. 다만, 융통성이 지나쳐서 상황에 따라 다른 잣대를 들이대면서 신뢰를 떨어뜨리는 것은 주의해야 한다.

일과 삶의 균형은
잘못된 표현이다?

일과 삶의 균형은 잘못 만들어진 말이다. 그 이유로 3가지를 들 수 있다.

첫째, 일은 삶의 일부분임에도 불구하고 일과 삶을 대등한 입장에서 비교할 수 있다고 착각하게 만든다. 삶을 가정생활이나 개인생활로 보면 비교 가능하다고 할지라도 적확한 표현은 아니다.

둘째, 쉽게 측정할 수 있는 단위로만 생각을 한정시킨다. 일에서 중요한 것은 성과이고 삶에서 중요한 것은 행복, 가족 등이다. 그렇지만 이런 것은 쉽게 측정할 수 없을뿐더러 개인마다 생각하는 크기도 다르다. 그런데 전체 구성원에게 이 말을 적용하려고 하니까 손쉽게 측정할 수 있는 시간(크로노스)을 두고 이야기할 수밖에 없다. 시간의 비교 프레임에 빠진다.

셋째, 균형을 삶의 목적으로 착각한다. 균형 자체가 삶의 목적은 아니다. 12시간은 직장에서, 12시간은 가정에서가 삶의 목적이 될 수 있는가? 삶의 목적은 행복 혹은 성공 등이 되어야 한다. 균형은 과정일 뿐이다. 현상을 유지하는 균형은 의미 없는 균형이다. 어느 순간 기울어지고 이를 개선해 다시 균형을 맞추는 과정이 반복되면서 사회, 조직, 개인이 발전한다. 균형보다는 맞추려고 노력하는 과정이 더 중요하다. 이런 차원에서 일과 삶의 균형은 더욱 나은 삶을 위한 나와 조직의 노력이라고 해석해야 한다.

성과주의가 만연하면서 뭔가 새로운 개념을 도입해 확산하는 것을 중요하게 생각하는 조직장이 나타나곤 한다. 뭔가 다 되는 것처럼 환상을 심어 놓는다. 이것을 매우 경계해야 한다. 근로시간 단축과 워라밸 운동으로 출산율이 올라가고 청년실업률도 해소될 것이며 충분한 휴식으로 생산성이 향상될 것이라고 이야기한다. 이는 모두 엄청난 가정을 생략한 말이다. 아이 키우는 것 자체가 열악한 환경에서 조기 퇴근하는 것만으로 출산율을 높일 수는 없다. 불필요한 일 때문에 야근이 늘어나고 있는데 그 일을 위해 청년을 고용할 리는 만무하다. 비효율적 프로세스 개선 없이 휴식만으로는 결코 생산성이 높아지지 않는다. 허황한 말보다는 근무시간 단축과 워라밸의 정확한 의미와 그것을 위해 우리에게 필요한 노력이 무엇인지를 알려주는 것이 진정 삶의 질을 높이는 길이다.

Chapter 7

조직문화는 구성원의 수준과 조직의 품격

회사의 문화와 회사의 브랜드는 실제로 동일한 동전의 양면에 불과하다.

- 토니 셰이 -

품격 있는 조직의
기준 3가지

명품, 유명 호텔의 서비스, 임산부의 배가 부딪치는 것을 고려한 책상, 작전 진행 과정을 참모진과 함께 백악관 상황실에서 지켜보는 대통령 사진, "식사는 했습니까?"라는 말. 우리는 명품 가방에서 좋은 가방을 만들기 위한 장인의 혼을 본다. 고객이 잠을 편안하게 자도록 좋은 침구류를 찾아내고 샤워한 뒤 개운한 느낌을 받으라고 샤워기 꼭지를 수소문해 교체한 호텔의 노력을 본다. 같은 기능이지만 조금 다른 모습의 책상에서 직원에 대한 회사의 배려를 보고, 작전 실무자인 별 하나의 장군에게 상석을 내주는 대통령의 열린 리더십을 본다. 식사했는지를 물어보는 말에서는 힘든 시간을 보내게 하여 미안함, 좋은 결과에 대한 기대감을 읽는다.

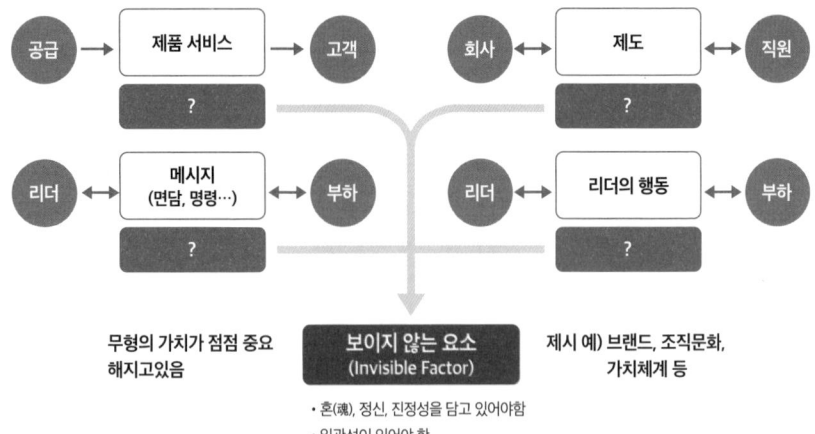

무형의 가치가 점점 중요
해지고있음

보이지 않는 요소
(Invisible Factor)

제시 예) 브랜드, 조직문화,
가치체계 등

· 혼(魂), 정신, 진정성을 담고 있어야함
· 일관성이 있어야 함
· 축적(경험)의 시간이 필요함

정보통신 기술이 발달하면서 과거에 비해 많은 것을 볼 수 있다. 이로써 겉으로 보이는 것이 다가 아니라 그 속에 담긴 가치를 볼 수 있어야 한다고 알게 됐다. 대중의 안목도 점점 높아져서 보이는 것보다 보이지 않는 것 Invisible Factor이 몇 배의 가치를 지녔다고 본다. 이제는 보이지 않는 요소를 제품 · 서비스 · 사람 · 조직에 어떻게 불어넣고 다룰 줄 아느냐가 차별화 요소이자 핵심경쟁력인 시대이다.

보이지 않는 것을 잘 다루기 위해서는 특성을 잘 알고 있어야 한다. 보이지 않는 것은 보이는 것(그릇)에 따라서 브랜딩, 서비스 정신, 진정성, 리더십, 혼, 스토리, 잠재력 등 다양한 이름으로 불린다. 이름을 가진다는 것은 특성과 정체성을 드러낸다는 면도 있지만 이름을 잘못 정의하면 특성의 범위를 좁혀 한정된 의미로 사용될 수 있다. 보이는 것과 보이지 않는 것을 모두 아우르는, 명확하게 정의할 수 있는 이름을 찾는 것이 중요한데, 김진영 교수의《격의 시대》에서 가장 적절한 말을 찾았다.

격을 갖추는 3가지 기준

김진영 교수는 저서 《격의 시대》를 통해 격格은 21세기 창조 사회에서 가장 중요한 경쟁우위 요소인 문화 자본Cultural Capital을 의미한다고 했다. 이것은 단기간에 획득하는 것이 불가능하고 오랜 기간의 경험이 축적되어 형성되는 것이기 때문에 모방 또한 쉽지 않다. 격은 궁극적인 차별적 경쟁우위의 원천이 된다. 격의 시대는 감성과 함께 남과 다르게 우위를 점하는 요소가 기본이 되는 시대라고 이야기한다. 이를 판단하는 기준으로 숙성시간, 태도, 절제를 제시한다.

그가 격의 특성으로 숙성시간을 가장 먼저 들었다. 그것도 혼이 있는 숙성시간이다. 격이란 한두 번의 교육, 시설과 장비 교체, 프로세스 개선을 통해 갑자기 만들어지지 않으며 혼을 쏟아서 숙성할 시간이 필요하다. 평소 생각과 행동이 점점 더 표출되는 것이 격이라고 했다.

호텔은 병원과 비슷해 보이지만 실제로 아주 다르다. 가장 큰 차이점은 한결같음Consistency이다. 호텔에서는 24시간 어느 시간, 어느 요일, 어느 계절이든 한결같은 서비스를 보장받을 수 있지만, 병원은 시간대와 요일에 따라 같은 서비스를 받을 수도 있고 그렇지 않을 수도 있다. 올바른 마음을 담은 한결같은 태도(품질), 이것이 격의 기본이자 두 번째 기준이다.

마지막 세 번째 기준은 일본에서 가장 오래된 국숫집 '혼케 오와리야本家 尾張屋'를 통해 이해할 수 있다. 교토역에서 택시로 약 20분 거리에 있는 이 조그만 메밀국수 가게는 한적한 주택가 골목에 위치한다. 창업 이래 550년 간 고객의 입맛에 맞는 신메뉴 개발에 노력해 가장 인기 있는 5단 메밀국수부터 외국인도 부담 없이 즐길 수 있는 메뉴 등을 갖추는 노력을 하고 있지만 무리해서 외형을 확대하려고 하지 않는다. 교토 천혜의 지역에서도 가장 수질이 좋다는 곳을 선정해 지하 수백 미터의 지하수를 끌어올린 뒤 이를 맥반석을 이용해 연수로 만들어 반죽과 요리에 사용한다. 그러다 보니 품질 유지를 위해, 교토를 떠난다거나 세계 진출 등의 시도를 하지 않는다. 이를 김 교수는 때와 장소를 가릴 줄 아는 절제된 행위라고 말한다. 무리하다가 서비스를 그르치고 끝내 격이 한순간에 무너지는 위험을 자초하지 않는다. 도자기를 굽는 도공이 자기 기준에 맞지 않는 도자기를 스스로 깨버리는 것과 같은 이치이다.

이처럼 격의 시대에는 보이지 않는 것을 잘 만들기 위해서 혼, 정신, 철학이라는 가치를 유지해 오랜 시간을 거쳐 숙성시키는 일이 필요하다.

보이지 않는 것도 잘 만드는
조직을 지향하자

김진영 교수는 저서 《격의 시대》에서 자동차업의 개념이 과거에는 이동하는 수단을 만드는 것이었다면 사회가 발전하면서 첨단기술을 파는 업으로 바뀌었다고 했다. 최근에는 운전자와 동승자에게 공간과 소리의 경험을 파는 업으로 바뀌었다는 예를 제시하면서, 이를 양의 시대, 질의 시대, 격의 시대로 명명했다. 양의 시대는 만들면 팔리는 시대였기 때문에 빨리 많이 만드는 것이 전략적 방향이었다면, 질의 시대는 기능을 가진 제품 이상의 품질을 요구하는 시대로 넘버원 전략과 표준화가 전략적 화두였다. 격의 시대는 감성을 파는 시대로 온리원Only One과 개인 맞춤이 중요한 전략이라고 설명한다.

양의 시대	질의 시대	격의 시대
보이는 것(Visible, 수량)	보이는 것(Visible, 시각)	보이지 않는 것(Invisible, 안목)
제품	상품	명품
특징	기술	감성
모방(Me too, Imitator)	선두(No 1. Fast Follower)	독보(Only One, First Mover)
다양한 요구대로 (Other-directed)	표준화(Standardization)	개인 맞춤(Personalization)
수용, 포함(Container)	내용, 만족(Contents)	내력, 일화(Story)

보이는 것을 '많이' 만드는 조직

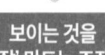
보이는 것을 '잘' 만드는 조직

보이지 않는 것도 잘 만드는 조직

격의 시대는 양과 질의 시대와는 차원이 다르다. 품질관리Quality Control라는 용어처럼 양과 질이 생산자의 관리 차원적 접근이라면 격은 격 관리라고 부르지 않는다. 격을 높이고 맞춘다고 하는 종합적인 접근이 필요한 개념이다. 모방하면서 많은 양을 생산하다 보면 조금씩 기술이 쌓이고 관리 노하우가 발달해 질의 시대에 도달할 수 있다. 하지만 질 관리를 오랫동안 한다고 격의 시대로 갈 수 있는 것은 아니다. 앞서 격의 성질에서 이야기한 것처럼 숙성된 시간뿐 아니라 완벽한 질(양과 질은 기본)을 전제로 하는 일관성이 충족되어야 하고 무형의 요소인 안목도 필요하기 때문이다.

이것을 조직 관점에서 풀어보면 양의 시대는 보이는 것을 많이 만들고 질의 시대는 보이는 것을 잘 만든다. 격의 시대는 보이지 않는 것도 잘 만든다. 유행하는 다양한 제도를 도입하는 조직이 보이는 것을 많이 만드는 조직이다. 모방하는 제도의 활용도를 높이고 불필요한 제도를 제거할 줄 아는 조직이 보이는 것을 잘 만드는 조직이다. 리더의 말과 제도 속에 인간 존중, 배려, 신뢰를 넣어 운영하는 조직이 그렇다. 보이지 않는 것을 잘 만들기 위해서는 보이는 것을 잘 관리하는 것은 기본이고, 보이지 않는 것을 볼 수 있는 안목을 키워야 하며, 이를 오랫동안 실천하는 인고의 시간이 필요하다.

수많은 제품 중에 일부가 상품이 되고 그 상품 중에 극소수만이 명품이 되는 것처럼 조직(혹은 조직문화)이라는 대상을 파는 것에 비유하면 명품이라고 부를 수 있는 조직은 손에 꼽을 만큼 매우 적다. 이는 어찌 보면 자연스러운 현상일지 모르겠다. 하지만 우리나라 조직은 제품이라고 부를 수 없는 시제품 조직이 많아서 안타깝다. 팔 수도 없는 제품이면서 제품, 상품, 심지어 명품이라고 착각한다. 여러분의 조직은 시제품, 제품, 상품, 명품 중 어디에 속하는가?

우리나라에도 보이지 않는 것도 잘 만드는 조직, 말하자면 명품 조직이 많아졌으면 하는 바람이다. 격은 격을 볼 수 있는 안목이 있어야 만들 수 있다. 그 안목을 지니지 못한 사람은 보이지 않는 거대한 가치를 볼 수 없다. 보이지 않는 것을 읽을 수 있는 능력이야말로 지금 정말 필요하다.

조직문화를 대하는
우리의 자세

조직문화란
'몰입과 배려'다

'조직문화란 OOO다'라는 명제에 대한 답을 찾고자 난 필자들과 이야기하였고, 수많은 책을 보았으며 조직문화 전문가들을 찾아다녔고 다양한 조직을 경험하였다. 이 책을 마무리할 때쯤 알게 되었다. 그 답은 '몰입과 배려'라는 것을 말이다. 아주 훌륭한 리더나 거창한 제도, 조그마한 선물이나 활동이라도 이는 결국 몰입을 위한 것이었고, 거기에 플러스알파로 조그만 배려가 담기면 족하였다. 원고를 출판사에 넘긴 이후 그 사실을 깨닫게 되었다. 바깥에서 활동한다고 가까운 사람들을 챙기지 못하고 있는 데, 유미와 유진에게 항상 미안하고 고맙다.

_안근용

조직문화는
'에너지 Energy'이다

에너지가 없는 존재는 죽은 것과 같다. 단연코 조직에 문화가 없다면 죽은 것과 다름 없다. 조직은 그 나름의 존재하는 이유가 있고 어느 조직이든 나아가려는 지향점이 있다. 조직은 지속해서 살아 움직이며 만들어내는 가치가 있다. 이 모든 것을 제대로 작동하게 하는 에너지가 조직문화이다.

에너지는 보유하고 있기보다는 활용되어야 한다. 조직문화가 없는 조직은 없다. 다만, 조직문화를 제대로 활용하고 있는 조직과 그렇지 않은 조직이 있을 뿐이다. 제4의 경영자원이요 차별화의 근간이며 4차 산업을 주도해 갈 힘의 원천인 조직문화를 올바르게 활용하는 조직이 의외로 많지 않다. 어떤 조직은 이 소중한 에너지를 긍정의 에너지가 아닌 부의 에너지로 쓴다. 조직의 에너지가 생산과 성과에 쓰여야 하는데 서로 시기 질투하고 불화와 다툼의 밑

천으로 쓰이고 있음을 종종 보았다. 심지어는 이 조직 에너지를 개인의 이익이나 명예를 쌓는 데 활용하거나 부서 이기주의를 강화하는 데 이용한다. 또한 어떤 조직은 정말 좋은 에너지원이 있는데 그 가치를 모르고 그냥 버려둔다. 에너지는 제대로 개발하여 써야 한다. 이를 점화하여 힘으로 활용하여야 한다. 밥도 짓고, 국도 끓이며 고기도 굽고, 생선도 조리는 것과 같이 성과를 만들어 내는 데 활용되어야 한다. 이 책이 그렇게 쓰였으면 한다.

이 책을 계기로 조직을 경영하는 분들이나 조직 구성원들에게 조직문화라는 크고 바른 생각이 들게 되었으면 좋겠다. 그래서 조직을 더 좋게 만들어 갈 수 있도록 용기를 주어 조직 분위기를 환기하는데 쓰였으면 한다. 우리나라의 여러 조직이 좀 더 유연하고 참된 문화를 가진 조직으로 성숙하고 발전하여 각 조직이 해야 할 본연의 열매를 잘 맺길 바란다. 그 조직뿐만 아니라 주변까지 행복하게 잘 먹고 잘살게 하는 데 이바지할 수 있기를 소망한다.

_조원규

조직문화는
'흐르는 강물'과도 같다

문화는 조직이 처음 만들어지는 그 순간부터 자연적으로 만들어져 점진적으로 진화해 간다. 인위적인 장치로 긴 시간 동안 진화해 온 문화를 쉽게 통제하기는 힘들다. 비유해서 설명하면 문화는 흘러가는 강물이고 제도는 돌멩이라 할 수 있는데, 조직 경영상의 이유로 조직문화를 개선하고자 시도하면서 흐르는 강물 위에 무작정 돌멩이만 던지고 있는 모습이다. 안타깝기 그지없다.

강물의 흐름을 바꾸기 위해선 수원지로 거슬러 올라가 봐야 한다. 우리가 어떤 모습으로 시작하는지 잘 살펴봐야 흐름을 바꿀 수 있다는 의미이다. 필자들은 책을 통해 수원지로 향하는 이유와 접근법(조직문화를 개선해야 하는 이유와 방법)에 관해 이야기했다. 이 책이 (문화가 경영을 보이지 않는 곳에서 지원하듯) 독자분들의 조직 관리와 삶에 지원군이 되기를 염원해 본다.

2년 이상 주말마다 만나 양보 없는 토론과 고민을 함께 한 두 분의 필자님들께 감사드리며, 아낌없이 응원해준 사랑하는 보영, 지훈 그리고 다연에게 고마운 마음을 전한다.

_한승진

구성원들의 마음을 움직여
성과로 이끄는 조직문화 큐레이션

조직문화가
전략을 살린다

초판 1쇄 발행 2019년 04월 25일
초판 5쇄 발행 2022년 11월 11일

지은이 안근용·조원규·한승진
펴낸곳 플랜비디자인
펴낸이 최익성
기획 홍국주
편집 유지은
마케팅 임주성, 이유림, 김민숙
경영지원 이지원
디자인 지선 디자인연구소

주소 경기 화성시 동탄첨단산업1로 27 동탄IX타워
전화 031-8050-0508
이메일 planbdesigncompany@gmail.com
출판등록 제 2016-000001호
ISBN 979-11-89580-05-6 03320
CIP 2019012758